D1937855

HÖFLICHKEIT

Tugend oder schöner Schein

Herausgegeben von Ruthard Stäblein

Die französischen Beiträge wurden
von Eva Ludwig und Bernd Wilczek übersetzt.

Elster Verlag

© der französischen Beiträge by autrement, Paris 1991
© der deutschen Originalbeiträge sowie der Übersetzungen, soweit nicht anders vermerkt, by Elster Verlag GmbH u. Co. KG, 76530 Bühl-Moos, Engelstr. 6, 1993
Alle Rechte vorbehalten.

Satz: Fotosatz Reinhard Amann, 88317 Aichstetten
Druck: Pustet, Regensburg
Einbandgestaltung: Ines Engelhardt
ISBN 3-89151-403-4

Inhalt

Vorwort

„Ich will nicht werden, was mein Vater ist", sangen vor Jahren die *Ton, Steine, Scherben* aus der Anarcho-Ecke. „Ich wollte nie 'ne Barbie-Puppe werden" – ergänzt aus der anderen Ecke der Skinhead-Szene eine junge Glatzköpfin. Die Regeln der Gesellschaft zu überschreiten, Konventionen und Tabus zu brechen, das machte den Elan der Protest- und Jugendbewegungen aus. Der Trotzkopf will nicht erwachsen werden, aber es achtet auch niemand mehr auf ihn, wenn er nur jugendbewegt bleiben will. Der Schwung dieses Aufbruchs ist längst hin, diese Scherben werden wieder zusammengekehrt.

Dabei sind neue, viel tiefere Risse aufgebrochen. Einfache Benimm-Dich-Formeln und Ermahnungen zum toleranten Umgang miteinander können sie nicht mehr kitten. Dazu sind die Ränder der Gesellschaft zu sehr ausgefranst. Die Erschütterungen am Rande haben ihre Wellen längst ins Zentrum zurückgeschlagen, die Grenzen der Zivilisation verlaufen mitten durch die Innenstädte, über die vernachlässigten Außensiedlungen in die Dörfer (siehe den Diskussionsbeitrag von Claus Leggewie).

„‚Zivilisation' bezeichnet einen Prozeß oder mindestens das Resultat eines Prozesses. Es bezieht sich auf etwas, das ständig in Bewegung ist (...)

In den fünfziger Jahren wurde der Zusammenbruch der deutschen Kultur und „Zivilisation", den die Nationalsozialisten bewirkt hatten, mit Hilfe von Anstandsbüchern und Tanzschulen überspielt. Gewisse Unkorrektheiten sollten ausgebügelt werden; der militärische Drill wurde durch einen bürgerlichen Schliff ersetzt. Die Regeln der Erica Pappritz und des „Allgemeinen Deutschen Tanzlehrerverbandes“ diktierten den „Guten Ton“. Im Westen wie im Osten. In der DDR war man nur noch strenger, prüder und konservativer als in der Bundesrepublik. „Es gehört sich nicht“ – so die allgemeine Gebetsformel der wohlanständigen Erzieher – „die Hände in der Hosentasche zu halten“. Fürs kleinste Detail, für den seltensten Anlaß gab es Vorschriften: jeder wohlerzogene Mann wußte, wann er zum dunklen Anzug eine silbergraue Krawatte zu tragen hatte. Und daß unter dem Frackärmel auf keinen Fall eine Armbanduhr hervorschauen durfte. Eine haltlose Gesellschaft suchte den Rückhalt in erstarrten Formeln.

Der französische und englische Begriff ‚Zivilisation‘ kann sich auf Leistungen beziehen, aber er bezieht sich ebensosehr auf die Haltung, auf das ‚Behaviour‘ von Menschen, gleichgültig, ob sie etwas geleistet haben oder nicht.“
Norbert Elias: Über den Prozeß der Zivilisation

Zu Recht konnte die Aufbruchsgeneration der 60er Jahre diesen Mief und Mumpitz nicht mehr ausstehen. Aber ihre Riten bildeten nur die negative Kopie des „establishments“. Die überbehüteten Mädchen der Adenauer-Zeit, die noch lernen mußten, beim Hinsetzen die Beine zu überkreuzen, wollten ihren Kindern dieses Kreuz nicht mehr auferlegen. Um die richtige Haltung beim Essen einzunehmen, wurden sie noch gezwungen, zwischen Arme und Körper ein Blatt Papier zu klemmen. Wenn es nicht runterfiel, war die Erziehung perfekt. Und das Mädchen verklemmt. Als junge Mütter bewunderten sie dann ihre unverzogenen Kinder, tolerierten alles, was diese „reinen Wesen der Natur“ auch treiben wollten, weil ihnen selbst viel zu wenig gestattet war.

Ich selbst hatte noch Lehrer, die trotz des offiziellen Verbots der Prügelstrafe mit dem Knauf des Zeigestocks Kopfnüsse verteilten und einem mit der ausgestreckten Hand Anstand beibringen wollten. Ich vermisse diese Autoritäten nicht. Nur die neuen Lehrer, die dann alles duldeten, mußten manche Schüler, die eine direkte Reaktion und Resonanz suchten, zu gewaltigeren Provokationen reizen. Jetzt sollen diese neuen „Laschis“ am Chaos in den Schulen und auch noch an der Aggressivität jugendlicher Banden schuld sein.

Damit es nicht zu einem Scherbengericht mit billigen Schuldzuweisungen an die 68er Generation kommt, auf dem das alte Gehäuse der Opfer- und Zwangsmoral wieder zusammengekleistert wird, wie es sich die Neukonservativen von Konrad Adam bis Botho Strauß erträumen, tun kühle Analyse, Verabschiedung von Illusionen und minimale Moralität not. Der Mensch ist weder gut noch brav, er ist nicht reif für das Paradies, er kann einen Computer bedienen, aber er ist trotz der hohen technischen Zivilisation nicht zivilisiert genug, um dem Nächsten auf der Straße mit Fingerspitzengefühl zu begegnen.

Dazu müßte er lernen, wieder Handschuhe zu tragen. Höflichkeit gilt selbst streng konservativen Werteethikern als sekundäre Tugend, als schnöder Schein, der den Wolf mit dem modischen Schafsfell umhüllt. In diesem Band soll sich erweisen, daß Höflichkeit und Respekt vor der Andersartigkeit des anderen zu den wichtigsten Auszeichnungen einer zivilisierten Gesellschaft gehören. Das heißt nicht, im unbekümmerten Stil des laissez faire die Wölfe vor dem europäischen Eigenheim sich zerfleischen und uns tele-zittern zu lassen, sondern eine „Kultur des Konflikts“ (Marcel Gauchet) zu pflegen, bei dem nicht die Messer, sondern der Hut gezogen werden. Nur wer sich nicht an die Regeln halten will, wird ausgeschlossen. Höflichkeit kennt Grenzen, ist eine Form der Abgrenzung, der Gruppenbildung. Selbst die Gesten der Punks wären noch darunter zu rechnen, wie Klaus Farin bei der Feldforschung erfahren hat. Aber wer nur so tut als ob, gehört lange nicht dazu. Denn selbst die

„Eine schwere Aufgabe ist freilich die Höflichkeit insofern, als sie verlangt, daß wir allen Leuten die größte Achtung bezeugen, während die allermeisten keine verdienen.“
Arthur Schopenhauer: Aphorismen zur Lebensweisheit.

„Wer es versteht, denjenigen, mit denen er verkehrt, das Gefühl des Behagens zu geben, ohne sich selbst zu niedriger und sklavischer Schmeichelei herabzuwürdigen, hat die wahre Kunst gefunden, wie man in der Welt leben muß, um überall willkommen geheißen und zugleich geachtet zu werden.“
John Locke: Gedanken über Erziehung, Nr. 140.

höheren Nazis, die schon beim Aussprechen des Wortes „Zivilisation“ die Nase rümpften, sollen exzellent höfliche Menschen gewesen sein, wie der französische Philosoph André Comte-Sponville unterstreicht. Höflichkeit muß an Zivilisiertheit, an Respekt vor dem anderen gebunden sein.

Nur der darf an den Hof oder in den Salon oder auf die Couch, wie Julia Kristeva historisch und psychoanalytisch erläutert, der sich vor dem anderen verneigt, ohne sich ihm unterzuordnen, der den anderen hochschätzt, ohne ihn zu überschätzen.

Über die recht unterschiedlichen Floskeln, die Respekt bezeugen, vom Dandytum der Künstler über den unausgesprochenen Krawattenzwang im deutschen Bundestag (Peter Zudeick) bis zu den Umgangsformen in japanischen (Peter Pörtner) und archaischen Gesellschaften, werden in diesem Band Debatten geführt, die Michael Murer für den französischen Part mit anspielungsreichen Marginalien und anderen Randbemerkungen aus Literatur und Geistesgeschichte versehen hat.

Es soll dagegen nicht vergessen werden, daß Höflichkeit eine Möglichkeit sein kann, Herrschaft aus Distanz zu üben und auf Distanz zu gründen. Als Distinktionsform der Elite hat sie Eric Mension-Rigau untersucht.

Dennoch, auch in den europäischen Einwanderungsländern und den Zentren urbaner Mischkulturen bewirkt die Geschmeidigkeit, der leichte, ausdauernde Swing gesellschaftlich mehr als der euphorisierte Schwung, auf den der Katzenjammer folgt. Wir haben zuviel Sand im Getriebe, wir brauchen wieder Öl.

Mit Marxens Begriff der „Charaktermaske“ wurden Funktionsträger des Kapitalismus entlarvt und gleichzeitig entschuldigt. Denn Schuld sollten die Verhältnisse sein und nicht sie selbst.

Wir wollen die Maske ablegen und Charakter zeigen.

In den Gattungsformen der leichten Konversation über den Umweg der unerhörten Beschimpfung bis hin zum philosophischen Traktat, von der Fallstudie über den ethnologischen Bericht aus fernen Ländern und Zeiten bis hin zur exemplarischen Erzählung aus den Karpaten oder über die Begegnung einer alten Frau mit einem Pariser Taxifahrer reicht das Spektrum dieses Bandes zur Höflichkeit.

Ruthard Stäblein

„Höflichkeit ist eine stillschweigende Übereinkunft, gegenseitig die moralisch und intellektuell elende Beschaffenheit von einander zu ignorieren und sie sich nicht vorzurükken; – wodurch diese, zu beiderseitigem Vorteil, etwas weniger leicht zu Tage kommt."
Arthur Schopenhauer: Aphorismen zur Lebensweisheit

Claus Leggewie

Regelwerke für einen zivilisierten Umgang

Ein Gespräch mit Ruthard Stäblein

„Barbarei ist überall Teil des menschlichen Lebens. Gesellschaften sind nun mal nicht hübsch und nett …

Ruthard Stäblein: Wie man an einen Hummer oder an eine Auster herangeht, dafür hat ein „Deutscher Ausschuß für Umgangsformen“ genaue Handgriffe vorgeschrieben. Das scheint zu funktionieren. Aber wie man an den nächstbesten Fremden auf der Straße herantritt, das klappt nicht mehr.

Claus Leggewie, wie würden Sie den gegenwärtigen Stand unseres Zivilisationsprozesses beschreiben?

Claus Leggewie: Die Exotik, mit der wir umgehen, ist anders beschaffen als Hummern und Austern. Es herrscht bei den Umgangsformen, bei Formen der Geselligkeit und des Zusammenlebens eine zunehmende Unsicherheit, wie man sich zu benehmen hat. Meiner Erfahrung nach fehlt es oft an dem notwendigen Respekt – vor den anderen, mit denen man es zu tun bekommt, wie vor sich selbst. In den siebziger Jahren hat sich, zur allgemeinen Begeisterung, der „unkonventionelle“, formlose Umgang eingebürgert. Man kam sich sofort „nahe“, duzte sich sehr rasch und erzählte binnen zehn Minuten intime Lebens- und Leidensgeschichten. Schließlich zielte alles auf Enthüllungen von Geheimnissen, die noch verborgen waren, aus Verklemmtheit und falscher Rücksicht auf Hierarchien und Tabus. So hat sich ein profaner, kumpelhafter Ton eingebürgert, der sich heute, in den Talkshows, aber auch in politischen Debatten und privaten Zirkeln, ins Gegenteil verkehrt. Unter der ungezwungenen Oberfläche macht sich hohe Aggressivität breit. Empfindlichkeit und Enttäuschungsbereitschaft bedeuten aber (noch) nicht höhere Sensibilität, im Gegenteil: Es häufen sich Anklagen, Unterstellungen, Verdächte.

... Die Frage ist, wie die Gesellschaft auf Barbarei reagiert, ob sie moralische Standards kennt, die sie respektieren will." Richard Sennett, in einem Gespräch mit der „Woche" am 29. Juli 93.

Aus dieser Beobachtung läßt sich vielleicht eine Hypothese ableiten: Wir haben, nach dem Wegfall unbequemer und „verzopfter" Konventionen und Rituale, nicht recht gelernt, die Grenzen zu anderen selbst zu bestimmen und uns eigene Grenzen zu setzen. Wir überschreiten sie leichtfertig und sind immer wieder verletzt, daß uns andere zu nahe getreten sind.

Liegt das daran, daß die Intimsphäre nicht mehr gewahrt wird, daß nach dem Modell der Talkshows das Intime nach außen gekehrt wird und in Verbindung tritt mit einer Grundaggressivität in unserer Gesellschaft?

Öffentliches und Privates haben sich geradezu verkehrt. Was intim ist und diskret behandelt werden sollte, wird genüßlich hervorgezerrt und ausgebreitet, nicht mehr bloß in der gelben Presse. Was aber öffentlich werden müßte, bleibt unseren Blicken entzogen. Die politische Rest-Kommunikation ist davon betroffen und verkommt nunmehr zum Infotainment. Der Skandal, der heute ständig in der Luft liegt, entzündet sich vorzugsweise an „privatem" Fehlverhalten. Die politische Klasse sitzt in einer Glaubwürdigkeitsfalle, Fragen der Kompetenz werden zweitrangig. Politiker versuchen, dieser Entwicklung zu entsprechen und stellen sich

„bohrenden Fragen“ – die servilen Unverschämtheiten der Mikrophonträger gelten hierzulande als journalistische Leistung. Flapsige Frechheit siegt. In politischen Veranstaltungen spüre ich oft eine brisante Mischung aus Unernst und Wut, ja Haß. Auch Politiker müssen dem Grenzen ziehen und sich den hingehaltenen Mikros und Indiskretionen des Publikums verweigern: „Das geht Sie nichts an!“ – diese Formel wird bei uns ständig verwendet, nur meist am falschen Platz.

Eine der wichtigsten Forderungen der 68er-Bewegung war ja, die Grenze zwischen Privatem und Öffentlichem aufzuheben. Walter Benjamin war während seiner Moskauer Reise in den 20er Jahren von Glastüren, von offenen Wohnküchen, von der Transparenz des Kollektivs fasziniert. Die Revolution hätte durchschaubare und durchsichtige Charaktere hervorbringen sollen. Nichts sollte verborgen bleiben oder verkleidet werden.

Das wurde zum Ideal der 68er. Hat diese Bewegung für Sie noch Vorbildcharakter?

’68 war weder die Erfüllung noch die Katastrophe. Daß damals einige Pseudoautoritäten gestürzt wurden, war in der Tat überfällig und bedurfte übrigens keiner großen Anstrengung – das Establishment war wie ein Wattevorhang, den man leicht beiseiteschieben konnte. Daß diese Bewegung durchweg „antiautoritär“ war, ist sowieso eine Mär: Ihre Dreistigkeiten richteten sich gegen Leute, die eigentlich längst abgedankt hatten. Drinnen gab es knallharte Hierarchien, Klientelbeziehungen und Arkanpolitik. Ein Nachzügler vom Jahrgang 1950 (wie ich zum Beispiel) hatte sich hübsch hintenan zu stellen. Die empörten Reaktionen der Berufs-68er und ihrer Mentoren auf meine Kritik strotzt übrigens vor autoritären Phantasien – am liebsten würden sie mich mal übers Knie legen und rausschmeißen aus ihrem Veteranenverein. Ich bin überrascht, wie sich die „Kinder der 68er", die heutigen Studenten also, in diesen Mythos verstricken und sich selbst mit der Behauptung lähmen, damals sei noch Power dagewesen, heute könnte man nicht mehr viel ausrichten.

Zu Ihrer Frage nach dem 68er-Idol Benjamin: Pikanterweise verband sich der Anschluß an kollektivistische Ideale – in Verkennung des Terrors, der dahinter steckte – mit den libertären Lockerungsübungen der amerikanischen und angelsächsischen Subkultur, der Beat-Generation, Landkommunen usw. Das plumpe Genossen-Du verband sich mit der Illusion der Joint-Gemeinschaft. Es vollendete sich im weichgesprochenen Du der Sponti-Zirkel und Männergruppen der 70er Jahre, deren klägliche Rituale man heute nur noch als Parodien wahrnehmen würde. 1968 war o.k.. Aber es hat keine neue Tradition gebildet – und das rächt sich heute.

Wir haben munter abgeräumt, viel experimentiert, aber (darauf bestehe ich gegen die Harmonisierer von heute) zu wenig eigene Tradition und neue Regelwerke gebildet.

Zu alten Traditionen zurückkehren wollen bestimmte Essayisten, Schriftsteller, Journalisten. Ich nenne nur zwei Namen: Konrad Adam und Botho Strauß. Der FAZ-Kritiker Konrad Adam gibt den 68ern die Schuld daran, daß sich jetzt an den Schulen Rechtsradikale melden. Da wird der Gärtner zum Bock gemacht. Derjenige, der die Kinder pflegen, sich

„Die potentiellen Faschisten scheinen jene zu sein, die in ihrer Kindheit eher roh, ungehobelt und ‚unkultiviert' waren. Ihr Mangel an wirklich effektiver Besetzung der Familie läßt sie den Sinn für Autorität, die sie früher erworben hatten, auf ihre ‚gang' übertragen und deren Ehrenkodex von Tapferkeit und Gewalttätigkeit übernehmen, ohne daß sie irgendeinen moralischen Widerstand dagegen aufbrächten." Max Horkheimer: Nachwort von 1960 zu den „Studien über Autorität und Familie" von 1936.

entfalten lassen wollte, soll für die aggressiven Entladungen jugendlicher Randgruppen verantwortlich sein. Was halten Sie von solchen Zuschreibungen?

Diesen kritischen Kommentatoren bin ich erstmal dankbar, weil sie der linken Szene den Spiegel vorhalten, ihren Konformismus an den Pranger stellen und Lebenslügen auf den Tisch legen. Daß die Ertappten Zeter und Mordio schreien, gibt den Kritikern recht. Aber an ihnen stört mich wiederum die kulturkämpferische Attitude und diese Alte-Männer-Allüren. Sie kämpfen immer noch in der Schlachtordnung des Kalten Krieges und tun so, als habe es mit der Wiedereinführung der guten, alten Ordnung sein Bewenden. Diese Abrechnungsmentalität mißfällt mir ebenso wie die restaurative Grundhaltung, als könne die Rücknahme von 1968 und der Bildungsreform uns geordnete Schulverhältnisse, gehorsame Kinder und unaggressive Erwachsene zurückholen.

Der Streit zwischen Kreuzzüglern, Renegaten und Linkskonservativen ist ohne Kraft. Ich möchte wissen, warum eine 18-jährige oder einen 25-jährigen die SPIEGEL-Fechtereien um Botho Strauß oder Martin Walser interessieren sollten. Ich ziehe deren tastende Suche nach den pragmatischen wie transzendenten Quellen vor, aus denen das Neue kommen könnte – und da muß man eher im trash, im Schrotthaufen der Gegenwart suchen. Einer der neuen kulturellen Trends z.B., der Rap, kommt aus so einer verwüsteten sozialen Ökologie wie der South-Bronx. Der Slogan der Rapper lautet nicht zufällig (nach Aretha Franklin) r-e-s-p-e-c-t: Achtung und Anerkennung. Sie haben übrigens ein ungeheures Metierbewußtsein und Achtung vor den Meistern, also Formbewußtsein, das früher einmal hochqualifizierte Handwerker oder Facharbeiter besaßen.

Sie haben in einem Essay über die „schrecklich normalen Monster" aus der jugendlichen Gewaltszene geschrieben: „Die Revolte von rechts fordert mit ‚antiautoritären Mitteln' massiv Autorität ein – worauf in der richtigen Weise zu hören wäre." – Wie kann man richtig reagieren?

Zugegeben, die Musik, die da zu hören ist, erschreckt einen und die Begleitumstände, unter der sie gespielt wird, tragen nicht gerade dazu bei, sich in die jungen Männer einzufühlen. Aber ihre Revolte darf nicht ignoriert werden. Wo sie Mord und Totschlag begehen, gehören sie drakonisch in die Schranken gewiesen. Das ist es ja, was ihnen in vermeintlicher Liberalität bisher nicht zuteil geworden ist und wonach sie geradezu schreien. Aber sie senden auch andere Signale aus, die die Gesellschaft – Eltern, Erzieher, Publikum, Politik – hören und deuten müssen: Zeigt uns, wo's langgeht. Zeigt uns Grenzen, rettet uns vor uns selbst. Häuseranzünden hat mal einer der rechten Skins, mit denen ich gesprochen habe, mit dem Bungee-Jumping verglichen. Man könnte es auch als eine besonders abartige Variante jugendlichen Risikoverhaltens, wie U-Bahn-Surfen und Crash-Fahren, ansehen: Testen, wie weit man gehen kann.

Das ist ein typisches 68er-Verhalten: die kontrollierte Regelverletzung, die überlegte Grenzüberschreitung. Sie sollte Reaktionen provozieren.

Aber die Jugendlichen erwarten das Gegenteil: ein Ordnungssystem mit klaren Hierarchien und Repression. Es ist ein Generationskonflikt mit umgekehrten Vorzeichen, der ein Paradox in sich birgt: Auf der einen Seite werden die Jugendlichen immer rarer, weil sich die Alterspyramide auf den Kopf stellt, auf der anderen Seite wollen alle von den 10-Jährigen bis zu den 60-Jährigen jugendlich sein oder bleiben. Jugend, eine Lebensphase zwischen Kindheit und Erwachsensein, die sich soziologisch eigentlich erst mit diesem Jahrhundert ausgebildet hat, wird immer seltener und zugleich universeller. Deswegen muß eine Grenze zwischen den Generationen sein – Unterschiede der Redensarten, Kleidungsgewohnheiten, Moden und Lebensstilen.

Meine Generation muß wohl erst noch lernen, „in Würde" älter zu werden, auch damit sich die nachkommenden Generationen ihr gegenüber positionieren können. Weil das so schwer geworden ist, geschieht das jetzt auf aggressive Weise. Mir scheint, daß die jungen Leute – ich rede jetzt nicht nur von den derzeit herausstechenden Akteuren, den jungen Gewaltttätern – ein neues kulturelles Modell wollen, weg von „diskursiven" Aushandlungsprozessen, die so oft mit Heuchelei und doppelter Moral einhergingen. Mangels Alternative verfallen einige jetzt auf action, rohe Tat, Gewalt.

„Diese Kinder verhalten sich wie kleine Wilde, weil ihnen keine seelische Obhut zuteil wird und sie daher meinen, sie müßten beständig ‚für sich selbst' sorgen …"

Es wurden ja in den 70er und 80er Jahren bestimmte moralische Systeme insbesondere von Jürgen Habermas entworfen, die auf einem Diskursmodell beruhen. Für jedes Alter war eine bestimmte moralische Ausbildung vorgesehen. Auch eine Adoleszenzkrise war eingeplant. Am Ende der Entwicklung sollte eine „postkonventionelle Moral" stehen, die sich der Relativität von Konventionen bewußt sein sollte. Scheiterte das Modell von Jürgen Habermas und anderen Kommunikationstheoretikern nicht daran, daß es zu sehr an der Sprache orientiert war? Heutige Verhaltensweisen äußern sich immer weniger in der Sprache, sondern in anderen Gesten.

Wahrscheinlich. Die Verfechter der „postkonventionellen Moral", für die es eine lebensweltliche Evidenz gibt, können eigentlich die Bedeutung konventioneller Regeln und Institutionen nicht leugnen. Ihre simple Negation erbringt das, was Konservative als „Orientierungsverlust" beschreiben. Der ist heute – ohne jede kulturpessimistische Anwandlung, aber auch gegen den grassierenden Kulturoptimismus der intellektuellen Weiter-so!-Verfechter – evident. Das soll kein Plädoyer für die Rückkehr zu den alten Institutionen sein, sondern liegt eigentlich noch auf der Linie des kulturellen Umbruchs der letzten Jahrzehnte, der ja auch institutionelle Phantasie hervorgebracht hat.

Die Zivilisationskrise läßt sich also nur dadurch lösen, daß wieder zivilisierte Umgangsformen eingeübt werden.

Und dazu bedarf es wohl einiger Grundkonventionen, die man nicht als Sekundärtugenden abtun sollte, übrigens auch im öffentlichen Bereich, wo es ohne elementare Bürgertugenden nicht abgehen kann.

In einem Ihrer Aufsätze sind Sie weiter gegangen. Das klingt dann neukonservativ, sogar altpädagogisch: „Die Rohlinge müssen geschliffen werden."

In einer harten, undurchsichtigen Welt beargwöhnen sie jeden als ihren Feind und springen ihm an die Kehle. (...) Worunter sie leiden, ist wahrscheinlich nicht eine zu kräftige Familie, sondern eher ein Mangel an familiärer Bindung.« Max Horkheimer, Nachwort zu „Studien über Autorität und Familie“

Damit habe ich nicht militärischen Schliff gemeint, sondern mich am klassischen Bildungsbegriff der eruditio orientiert. Der wesentliche Unterschied zu den Anti-Pädagogen ist, daß sie Erziehung per se für Repression erklären und annehmen, man müßte die vorhandenen Talente nur aus den jungen Wilden herauskitzeln. Die Arbeit mit jungen Menschen erfordert aber, daß man selbst etwas von sich zeigt, und also etwas zu geben hat, auch „Orientierungen“ vorzugeben. Erst wenn sich einer mit einer Forderung exponiert, so oder so ist es richtig für euch und das Gemeinwesen, fordert er zum Widerspruch heraus. Aber in vielen Familien, Schulen und Jugendgruppen herrscht eine große Furcht vor der Auseinandersetzung und Ratlosigkeit über den Weg, den kommende Generationen beschreiten sollen.

Welche Richtung wollen Sie denn angeben?

In einer multikulturellen Gesellschaft – das ist für mich kein Schimpfwort – muß man besonders lernen, Distanzen zu wahren und Grenzen aufzubauen, was nicht heißt: jede kulturelle Szene bezieht sich auf sich selbst, sondern zu respektieren, daß es Differenzen gibt, die nicht sofort im Sinne einer universalistischen Moral aufzuheben sind. Man muß das Fremde wahrnehmen lernen, ohne es sich aggressiv oder selbstlos einzuverleiben. Dazu braucht es Geduld, Zeit, Höflichkeit und Respekt – aber es würde mir schwer fallen, nun einen positiven Dekalog von Tugenden des privaten Umgangs und des öffentlichen Verkehrs zu formulieren.

Das ist das Los der Kritiker. Die Angst vor dem Positiven. Umgangsformen werden heute auf Anstandsregeln und

Tischmanieren beschränkt. Dabei gibt es historische Modelle der Zivilisiertheit, der Urbanität, von der griechischen Antike über Rom zur Renaissance. Vom Hofmann leitet sich die Höflichkeit ab. Können Ihrer Meinung nach historische Vorbilder auf heutige Verhältnisse übertragen werden?

Da bekämen wir wohl Transplantationsprobleme. In einer „Kommunikationsgesellschaft“ muß man wohl als erstes wieder Regeln des Gesprächs finden. Keine Talkshow, aber auch kein durchschnittliches Seminar an einer deutschen Universität, wo der Begriff des Diskurses inflationär benutzt wird, übt solchen Umgang mit kommunikativen Regeln wirklich ein. Um sich ja nichts mehr gefallen und oktroyieren zu lassen, um sich nur ja nicht „fremdbestimmen“ zu lassen, haben sich viele angewöhnt, sich ins Wort zu fallen und sich zu benehmen, als säßen sie auf dem „Heißen Stuhl“, bekanntlich die erfolgreichste „Diskussionssendung“ in Deutschland. Auch der Moderator entfacht nur Streit, anstatt seiner Rolle gemäß darauf zu achten, daß Regeln der Fairness und des Respekts eingehalten werden. Ein anderer, ebenfalls sehr geschätzter kritischer Journalist, hat die Marotte entwickelt, sich den Leuten, denen er auf die Schliche kommen will, fast auf den Schoß zu setzen, ihnen also auf die Pelle zu rücken. Das Mikrophon wird zum Messer, das man einen an die Gurgel setzt. Ein solches Verhalten, das gemeinhin als unerschrocken geschätzt wird, bezeichne ich als verbale Attacke, die ich fast mit den „sinnlosen“ Körperverletzungen gleichsetze, die um sich greifen. Der mangelnde Respekt vor anderen senkt auch die Fähigkeit ab, sich jenseits wohlfeiler Floskeln in die Lage von jemanden zu versetzen, der durch mich seelischen oder körperlichen Schmerz

„Solange man das Bedürfnis nach wirklichen Autoritätsgestalten nicht als eine positive, dem Erwachsenen gemäße Haltung akzeptiert, bleiben die verschleierten Autoritätsgestalten unangefochten. Das Tabu muß gebrochen werden, damit die Manipulation aufhört. Eine wirkliche Autorität ist in meinen Augen kein repressiver oder tyrannischer Herrscher.“
Richard Sennett, Autorität

empfindet – und das in einer Gesellschaft, die von dem Gedanken der völligen Schmerzfreiheit geradezu besessen ist.

Dieser Verlust körperlicher Integrität entäußert nur einen Mangel an seelischer Distanzwahrung, der ohne die Krücke bürgerlicher Rituale offenbar nicht auskommt.

André Comte-Sponville

Die minimale Tugend: Höflichkeit

„Die Höflichkeit ist das Kleingeld der Tugend."
Charles Tschopp

Die Höflichkeit ist die erste Tugend, und möglicherweise Ursprung aller Tugenden. Sie ist auch die ärmste, die oberflächlichste, die angreifbarste: ist sie überhaupt eine Tugend? Auf jeden Fall eine zurückhaltende Tugend, was man auch von gewissen Damen sagt. Die Höflichkeit macht sich über die Moral lustig, und die Moral über die Höflichkeit. Was ändert ein höflicher Nazi am Nationalsozialismus? Was ändert das an dem Schrecken? Natürlich nichts, und die Höflichkeit wird treffend beschrieben durch dieses Nichts. Tugend der Form um der Form willen, schmückende Tugend, Scheintugend! Der Anschein einer Tugend also, und nichts als der Anschein.

Wenn die Höflichkeit ein Wert ist – was man verneinen kann –, dann ist sie ein doppeldeutiger Wert, in sich ungenügend (sie kann das Beste und das Schlechteste bedeuten) und in dieser Hinsicht nahezu verdächtig. Diderot beschreibt einmal die „beleidigende Höflichkeit" der Großen, und man sollte auch die Höflichkeit, sei sie übertrieben oder unterwürfig, der kleinen Leute erwähnen. Die Verachtung teilt sich unverblümt mit, der Gehorsam soll keine Umstände machen.

Es gibt Schlimmeres. Ein höflicher Dreckskerl ist nicht weniger widerwärtig als irgendein anderer, und vielleicht ist er sogar widerwärtiger. Aber warum? Weil er scheinheilig ist? Das ist fraglich, denn die Höflichkeit erhebt keinen Anspruch auf Moral. Der höfliche Dreckskerl wird leicht zum Zyniker, und das, ohne deshalb weniger höflich oder boshaft zu sein. Aber warum schockiert er dann? Durch den Widerspruch? Ganz gewiß. Mitnichten jedoch handelt es sich um einen Widerspruch zwischen dem Anschein einer Tugend und ihrem Ausbleiben (was Scheinheiligkeit wäre), denn unser Dreckskerl ist, wie wir angenommen haben, tatsächlich höflich – übrigens wer es zu sein scheint, der ist es in ausreichendem Maße. Vielmehr handelt es sich um einen Gegensatz zwischen dem Anschein einer Tugend (der auch, wie im Fall der Höflichkeit, dessen Wirklichkeit ist: das Sein der Höflichkeit erschöpft sich vollständig in ihrem Erscheinen) und dem Ausbleiben aller anderen Tugenden, zwischen dem Anschein einer Tugend und der Gegenwart von Lastern, oder auch nur des Realen, das Boshaftigkeit ist.

„Der Neidische, der Hämische, der Rangsüchtige, der Verhetzer, ist der wahre Grobe; er mag sich noch so höflich ausdrücken." Gotthold Ephraim Lessing: Briefe antiquarischen Inhalts

Wenn man ihn isoliert betrachtet, ist der Gegensatz jedoch mehr ästhetischer als moralischer Natur: er erklärt eher die Überraschung als den Schrecken, den Schock eher als den Vorwurf. Dazu kommt noch ein Gesichtspunkt, der, wie mir scheint, ethischer Natur ist: die Höflichkeit macht den Bösen noch verabscheuungswürdiger, weil sie auf eine Erziehung hindeutet, ohne die seine Boshaftigkeit verzeihlich wäre. Der höfliche Dreckskerl ist das Gegenteil von einem wilden Tier, und wilden Tieren sind wir nicht böse. Er ist das Gegenteil von einem unzivilisierten Menschen, und wir haben Nachsicht mit den Wilden. Er ist das Gegenteil der mächtigen, plumpen, rohen Bestie, die sicherlich erschreckend ist, aber deren angeborene und bornierte Gewalt wir wenigstens durch ihre mangelnde geistige Entwicklung erklären können. Der höfliche Dreckskerl ist kein wildes

Tier, kein unzivilisierter Mensch, keine Bestie: im Gegenteil, er ist zivilisiert, gebildet, wohlerzogen, und dadurch, wie es scheint, unentschuldbar. Wer kann wissen, ob der aggressive Rüpel bösartig oder einfach nur schlecht erzogen ist? Beim exquisiten Folterknecht hingegen gibt es keinen Zweifel. Da man Blut auf weißen Handschuhen mehr sieht, zeigt der Schrecken sich umso besser im Gewand der Ordnung.

„Höflichkeit ist sozusagen Kraft in der zweiten Potenz: Gewalt, die Gewalt über sich hat.“
Alain

Die Nazis, zumindest bestimmte unter ihnen, glänzten in dieser Rolle, wie ich gehört habe. Und wir verstehen, daß ein Teil der deutschen Schande sich hier abgespielt hat, in dieser Mischung von Barbarei und Kultur, von Gewalt und Zivilisiertheit, in dieser bald höflichen, bald bestialischen, aber immer grausamen Rohheit, die vielleicht eher schuldig als höflich, eher unmenschlich als menschlich in den Umgangsformen, eher barbarisch als zivilisiert auftritt. Handelt es sich um ein rüpelhaftes Wesen, so kann man es auf das Tier im Menschen schieben, auf die Unwissenheit, die Roheit, die Wirrungen einer Kindheit oder das Versagen einer Gesellschaft. Handelt es sich jedoch um ein höfliches Wesen, so gibt es keine Entschuldigung. Die Höflichkeit ist in dieser Hinsicht ein erschwerender Umstand, der offen den Menschen, die Gemeinschaft oder das Individuum verantwortlich macht, und die Gesellschaft nicht dort anklagt, wo sie versagt, sondern sich da auf sie beruft, wo sie sich bewährt. Wohlerzogen, sagt man, und damit ist tatsächlich alles gesagt.

Der Nationalsozialismus als Erfolg der deutschen Gesellschaft (Jankélévitch würde hinzufügen: „und der deutschen Kultur“, aber das konnten nur er vielleicht oder seine Zeitgenossen sich erlauben), so also werden der Nationalsozialismus und Deutschland beurteilt – ich meine das Deutschland, das Beethoven in den Konzentrationslagern spielte und Kinder mordete!

Ich bin auf dem Holzweg, aber mehr aus Wachsamkeit als aus Versehen. Angesichts der Höflichkeit ist es vor allem wichtig, nicht an der Nase herumgeführt zu werden. Die Höflichkeit ist keine Tugend und könnte keine andere ersetzen.

Aber warum soll sie dann die erste und vielleicht Ursprung aller Tugenden sein? Die Frage ist gar nicht so widersprüchlich, wie es scheint. Der Ursprung der Tugenden kann keine Tugend sein (denn dann müßte sie selbst einen Ursprung besitzen und könnte dieser nicht selbst sein), und vielleicht gehört es zum Wesen der Tugenden, das die erste nicht tugendhaft ist.

Warum die erste? Ich argumentiere im Hinblick auf die zeitliche Ordnung. Das Neugeborene hat keine Moral und kann auch keine haben. Und der Säugling ebenfalls nicht, und das Kleinkind lange Zeit nicht. Es entdeckt hingegen sehr bald das Verbotene. „Laß' das: das ist schmutzig, das ist schlecht, das ist häßlich, das ist böse ..." oder aber: „das ist gefährlich", und es wird rasch zwischen dem, was böse ist (dem Vergehen) und dem, was wehtut (der Gefahr) unterscheiden. Das Vergehen ist das eigentliche menschliche Böse, das Böse, das nicht wehtut (wenigstens dem nicht, der es begeht), das Böse ohne unmittelbare oder immanente Gefahr.

„Das Gefühl der Liebe gegen ihre Eltern rettet unendlich viele Kinder vor dem Bösen in der Stunde der Versuchung."
Johann Heinrich Pestalozzi: Über Gesetzgebung und Kindermord

Warum sollte man es also verbieten? Weil es nun einmal so ist, weil es schmutzig, häßlich, böse ist ... Für das Kind kommt zuerst der Tatbestand und dann das Recht, oder vielmehr ist Recht auch nur ein Tatbestand wie jeder andere. Es gibt das, was man darf, und das, was verboten ist, das, was man macht, und das, was man unterläßt. Gut? Böse? Die Vorschrift, die der Entscheidung vorangeht und sie begründet, genügt. Doch die Vorschrift gründet nur auf der allgemeinen Übereinkunft, ihre Berechtigung erfährt sie allein durch die Umsetzung, durch die Anerkennung des Gebrauchs: faktische Vorschrift, rein formale Vorschrift, Vorschrift der Höflichkeit! Keine schmutzigen Wörter in den Mund nehmen, nicht dem anderen ins Wort fallen, nicht schubsen, nicht stehlen, nicht lügen ...

Für das Kind sind alle diese Verbote gleich („das ist nicht schön"); die Unterscheidung zwischen dem ethischen und dem ästhetischen Aspekt kommt erst später, nach und nach. Die Höflichkeit kommt demnach vor der Moral, oder besser gesagt: die Moral ist zunächst nichts anderes als Höflichkeit: Anpassung an den Gebrauch (die Soziologen behalten hier offensichtlich recht gegen Kant, zumindest haben sie fürs erste recht, und das würde Kant vielleicht nicht bestreiten), an die eingeführte Vorschrift, an das geregelte Spiel des schönen Scheins. Das, was man tun soll, könne man nicht ableiten von dem, was man tun dürfe, sagte Kant; doch gerade dazu ist das Kind in den ersten Lebensjahren gezwungen, und nur dadurch wird es menschlich. „Der Mensch ist nichts, als was die Erziehung aus ihm macht"[1], sagt Kant in seiner Schrift *Über Pädagogik*. „Disziplin oder Zucht ändert die Tierheit in die Menschheit um."[2] Erst durch moralischen Zwang werde das Animalische überwunden und die Menschheit herangebildet. Besser kann man es nicht sagen. Der Gebrauch hat Vorrang vor dem Wert, der Gehorsam kommt vor der Achtung, die Nachahmung vor der Pflicht.

„Wohl hat Höflichkeit mit Liebe zu tun, aber nicht so, daß sie deren unmittelbarer Ausdruck wäre; es genügt, wenn sie ein Verhalten, das aus der Liebe kommt, situationsgerecht kopiert."
Arno Plack: Ohne Lüge leben. Zur Situation des Einzelnen in der Gesellschaft

Die Höflichkeit („das tut man nicht") kommt also vor der Moral („das darf man nicht tun"), die sich erst ganz allmählich bildet, gewissermaßen als verinnerlichte Höflichkeit, befreit von Äußerlichkeiten und Interessen, vollständig eingebunden in die Gesinnung (von der die Höflichkeit nur die praktische Seite kennt). Doch wie könnte die Moral zum Vorschein kommen, wenn die Höflichkeit nicht zuerst da wäre? Die guten Sitten kommen vor den guten Taten und führen zu ihnen. Die Moral ist wie eine Höflichkeit der Seele, eine Lebenskunst gegenüber sich selbst (selbst wenn es dabei vor allem um andere geht), ein Etikett des Innenlebens, ein Kodex unserer Pflichten, ein Zelebrieren des Wesentlichen. Umgekehrt ist die Höflichkeit wie eine Moral des Körpers, eine Ethik des Verhaltens, ein Kodex des Lebens in der Gemeinschaft, ein Zeremoniell des Unwesentlichen. „Kleingeld", sagt Kant, das nur den Anschein einer Tugend hat, aber der Anschein macht die Tugend liebenswert. Selbstverständlich hat er recht; aber welches Kind würde einfach so tugendhaft werden, ohne diesen Anschein und ohne diese Liebenswürdigkeit?

„Höflichkeit ist der Widerschein der Sittlichkeit." Jean Paul: Aphorismen

Die Moral fängt also ganz unten an – mit der Höflichkeit – und dieser Anfang muß sein. Keine Tugend ist natürlich: also müssen wir tugendhaft werden. Aber wie, wenn wir es schon sind? „Denn was man lernen muß, um es zu tun, das lernt man, indem man es tut"[3)], sagte Aristoteles. Wie aber sollen wir sie tun, ohne sie gelernt zu haben? Ein Teufelskreis, dem wir nur von vornherein oder durch die Höflichkeit entrinnen können. Das A priori liegt nicht in unserer Hand; aber die Höflichkeit. „Ebenso werden wir gerecht dadurch, daß wir gerecht handeln, besonnen dadurch, daß wir besonnen handeln, und tapfer dadurch, daß wir tapfer handeln"[4)], fährt Aristoteles fort.

Wie aber können wir gerecht handeln, ohne gerecht zu

sein? Mit Mäßigung, ohne maßvoll zu sein? Mit Mut, ohne mutig zu sein? Aus Gewohnheit, scheint Aristoteles zu antworten, aber die Antwort ist offensichtlich nicht zufriedenstellend: die Gewohnheit setzt die Existenz dessen voraus, an das man sich gewöhnt, und kann es folglich nicht erklären. Kant klärt uns mehr auf. Er erklärt diese ersten Trugbilder der Tugend durch die Disziplin, das heißt durch einen äußeren Zwang: das, was der Mensch mangels Instinkt nicht alleine vermag, „müssen andere für ihn tun", und auf diese Weise „erzieht eine Generation die andere"[5].

Ohne Zweifel; was jedoch ist diese Disziplin in der Familie, wenn nicht zuallererst die Achtung der Gebräuche und des guten Tons? Eine eher normative als zwingende Disziplin, die nicht so sehr die Ordnung zum Ziel hat, als vielmehr eine bestimmte angenehme Geselligkeit – nicht Disziplin der Ordnung, sondern der Höflichkeit. Durch sie, die die Umgangsformen der Tugend nachahmt, haben wir vielleicht die Möglichkeit, tugendhaft zu werden. Wenn die Höflichkeit keine Tugend ist, „gibt sie sich wenigstens den Anschein und läßt den Menschen nach außen so erscheinen, wie er im Inneren sein sollte", beobachtete La Bruyère. Von daher ist sie nicht ausreichend beim Erwachsenen, und unerläßlich beim Kind. Das ist nur ein Anfang, aber immerhin. „Bitte" zu sagen bedeutet, Achtung vorzugeben; „danke" zu sagen bedeutet, Erkenntlichkeit vorzugeben. An diesem Punkt beginnen sowohl die Achtung als auch die Dankbarkeit. So wie die Natur die Kunst nachahmt, ahmt die Moral die Höflichkeit nach (die sie ihrerseits imitiert). „Formeln von Kindern herbeten zu lassen, das dient zu nichts"[6], stellte Kant fest, und er hatte offensichtlich recht.

Aber wer würde deshalb darauf verzichten, ihnen Höf-

„Höflichkeit (Politesse) ist ein Schein der Herablassung, der Liebe einflößt. Die Verbeugungen (Komplimente) und die ganze höfische Galanterie, samt den heißesten Freundschaftsversicherungen mit Worten, sind zwar nicht eben immer Wahrheit (Meine lieben Freunde: es gibt keinen Freund! Aristoteles), …

aber sie betrügen darum doch auch nicht, weil ein jeder weiß, wofür er sie nehmen soll, und dann vornehmlich darum, weil diese anfänglich leeren Zeichen des Wohlwollens und der Achtung nach und nach zu wirklichen Gesinnungen dieser Art hinleiten."
Immanuel Kant: Anthropologie in pragmatischer Hinsicht

lichkeit beizubringen? Und was hätten wir ohne sie jemals über unsere Pflichten erfahren? Wenn wir moralisch werden können – und das ist notwendig, damit die Moral überhaupt möglich wird –, so geschieht dies nicht durch Tugend sondern durch Erziehung (Kant: „Der Mensch kann nur Mensch werden durch Erziehung“[7]), nicht um des Vorteils willen, sondern um der Form willen – aus Achtung der Gewohnheiten, nicht der Werte, „Parade“, sagte Kant, aber eine, die Besserung bewirkt. Zunächst muß man „die Manier des Guten“[8] annehmen, aber keineswegs, um es dabei zu belassen, sondern um mit ihrer Hilfe die Tugend zu erlangen, die sie nachahmt, denn die Tugend stellt sich nur durch Nachahmung der guten Manieren ein. Anders gäbe es keine Tugenden. „Mit einem Worte: aus gleichartigem Verhalten ergeben sich die entsprechenden Eigenschaften. Deshalb müssen wir unserem Verhalten einen entsprechenden Charakter verleihen; denn aus der Verschiedenheit des Verhaltens entspringt die Verschiedenheit der Eigenschaften. Es kommt daher nicht wenig, sondern sehr viel, ja alles darauf an, ob man gleich von klein auf so oder so gewöhnt wird“[9], sagte Aristoteles. Die Höflichkeit ist ein Anschein von Tugend, auf dem weitere Tugenden gründen.

Die Höflichkeit rettet also die Moral aus dem Teufelskreis (ohne die Höflichkeit müßte man tugendhaft sein, um tugendhaft zu werden), da sie die Bedingungen schafft, die für ihr Erscheinen und teilweise sogar für ihre Entfaltung notwendig sind. Zwischen einem sehr höflichen Menschen und einem einfach nur freundlichen, rücksichtsvollen, bescheidenen Menschen … sind die Unterschiede in vielen Situationen sehr gering: mit der Zeit wird man dem, was man nachahmt, immer ähnlicher, und die Höflichkeit führt unmerklich zur Moral, oder kann zumindest zu ihr hinführen. Alle Eltern wissen das, und sie nennen es Erziehung ihrer Kinder. Ich weiß wohl, daß die Höflichkeit noch nicht alles ist; in der Umgangssprache heißt wohlerzogen zu sein vor allem höflich zu sein, und das spricht Bände. Keiner von uns – es sei denn, er ist manisch oder dünkelhaft –, würde freiwillig seine Kinder tausendmal ermahnen (tausendmal, was sage ich! viel öfter ...), damit sie „bitte", „danke", „Verzeihung" sagen, wenn nicht die Höflichkeit im Spiel wäre. Aber Respekt lernt man durch diese Dressur.

„Es gibt kein äußeres Zeichen der Höflichkeit, das nicht einen tiefen sittlichen Grund hätte. Die rechte Erziehung wäre, welche dieses Zeichen und den Grund zugleich überlieferte."
Goethe: Die Wahlverwandtschaften

Ich weiß wohl, daß dieses Wort nicht gefällt; aber wer kann schon über die Sache hinweggehen? Liebe allein genügt nicht, um Kinder zu erziehen, nicht einmal, um sie liebenswert oder liebesfähig zu machen. Die Höflichkeit genügt nicht minder, und deshalb braucht man alle beide. Die gesamte familiäre Erziehung, so scheint es mir, spielt sich in diesem Bereich ab, zwischen der kleinsten Tugend, die noch nicht Moral ist, und der größten, die es bereits nicht mehr ist. Was bleibt, ist das Erlernen der Sprache. Aber wenn die Höflichkeit die Kunst der Zeichen ist, wie Alain sie definierte[10)], dann zeugt auch das Sprechenlernen davon. Wieder handelt es sich um die Achtung des Gebrauchs, der nur solange sinnvoll ist, wie er von allen respektiert wird. Der vernünftige Gebrauch (Le bon usage) könnte der Titel eines Handbuchs der Lebenskunst sein, in Wirklichkeit heißt so eine sehr berühmte und schöne französische Grammatik. Tun, was man tut, sagen, was man sagt ... Es ist entlarvend, daß man in beiden Fällen von Korrektheit spricht, die ja nichts weiter als eine minimale und gewissermaßen verpflichtende Höflichkeit ist. Die Tugend oder der Stil kommen erst später.

Die Höflichkeit ist demnach keine Tugend, sondern so etwas wie ein Trugbild, das sie sich zum Vorbild nimmt (bei den Erwachsenen) oder das ihr den Weg ebnet (bei den Kindern). In dieser Hinsicht verändert sie sich mit zunehmendem Alter, nicht ihrem Wesen nach, dafür aber in ihrer Tragweite. Wesentlich während der Kindheit, unwesentlich im Erwachsenenalter. Nur ein ungezogener Erwachsener ist schlimmer als ein unartiges Kind. Wir sind aber keine Kinder mehr. Wir sind in der Lage, zu lieben, zu beurteilen, zu wollen ... Fähig zur Tugend also, fähig zur Liebe, die die Höflichkeit nicht ersetzen könnte. Ein großzügiger Tölpel ist immer besser angesehen als ein höflicher Egoist; ein ehrbarer, aber unhöflicher Herr steht besser da als ein raffinierter Schurke. Die Höflichkeit ist eine Gymnastik des Ausdrucks, sagte Alain[11)]; es sagt schon einiges, daß sie der Körper ist – selbstverständlich kommt es auf das Herz oder die Seele an.

„Ja, man muß dem Menschen Weisheit zumuten und sie ihm als den einfachen Weg der Natur vorschreiben, aber das Verleugnen eines großen mächtigen Weltsinnes in uns ist immer Folge unseres Sittenlebens mit andern, das hängt sich einem an, daß man keinen freien Atemzug mehr tun kann, nicht groß denken, nicht groß fühlen aus lauter Höflichkeit und Sittlichkeit.“
Bettina von Arnim: Die Günderode

Es gibt Menschen, bei denen die Höflichkeit sogar stört, und zwar durch eine beunruhigende Perfektion. „Zu höflich, um ehrlich zu sein“, sagt man in diesem Fall, denn die Redlichkeit zwingt uns manchmal zu mißfallen, zu schokkieren, zu verletzen. Auch wenn viele Menschen aufrichtig sind, bleiben sie dennoch häufig ihr Leben lang Sklave des guten Benehmens und zeigen sich anderen nur noch durch das niemals ganz durchsichtige Glas der Höflichkeit. Ein für allemal haben sie die Wahrheit und die Konvention durcheinandergebracht. Viel davon ist spürbar bei den Schicki Mickis, wie man jetzt sagt. Wenn man sie zu ernst nimmt, ist Höflichkeit das Gegenteil von Glaubwürdigkeit. Die Yuppies sind wie große, zu brave Kinder, Gefangene der Vorschriften, Irregeleitete der Anstandsregeln.

Die Adoleszenz, durch die man Mann oder Frau wird, hat ihnen gefehlt – die Adoleszenz, die die Höflichkeit der ihr anhaftenden Lächerlichkeit preisgibt, die Adoleszenz, die mit dem überkommenen Brauchtum nichts mehr anfangen kann, die Adoleszenz, die nur die Liebe und die Tugend liebt; die schöne, wunderbare, ungebändigte Adoleszenz! Als Erwachsene werden sie nachsichtiger und weiser sein. Aber wenn man schon unbedingt zwischen beiden Formen der Unreife zu wählen hat, dann ist vom moralischen Standpunkt her ein ewiger Jugendlicher besser als ein Kind, das zu gehorsam ist, um zu reifen: es ist besser, wenn man zu ehrlich ist, um höflich zu sein, als wenn man zu höflich ist, um ehrlich zu sein!

„Im Yuppie schuf die Gesellschaft ein Symbol für ihre Permissivität, die sie damit gleichzeitig verdammte.“ Matthias Horx: Das Wörterbuch der 90er Jahre

Die Höflichkeit ist demnach eine kleine Angelegenheit, die große Dinge hervorbringen kann. Sie ist ein Ritual, aber ein gottloses; ein Zeremoniell, aber ohne Messe; eine Etikette, aber ohne Hof. Eine leere Form, die erst durch diese Leere gültig wird. Eine vollkommene Höflichkeit, eine Höflichkeit, die sich ernst nimmt, eine Höflichkeit, die von sich überzeugt ist; das ist eine Höflichkeit, die sich von den guten Manieren zum Narren halten läßt, und die dadurch die Regeln nicht einhält, die sie vorschreibt. Die Höflichkeit ist nicht ausreichend, und es ist unhöflich, selbstgefällig zu sein.

Die Höflichkeit ist keine Tugend, sondern vielmehr eine Eigenschaft, und zwar eine ausschließlich formale Eigenschaft. Für sich genommen ist sie zweitrangig, lächerlich sogar: neben der Tugend oder der Intelligenz ist sie wie ein Nichts, und genau das muß die Höflichkeit in ihrer feinen Zurückhaltung ebenfalls auszudrücken imstande sein. Es liegt auf der Hand, daß dies den tugendhaften und intelli-

„Es gibt eine Höflichkeit des Herzens; sie ist der Liebe verwandt. Aus ihr entspringt die bequemste Höflichkeit des äußern Betragens."
Goethe: Die Wahlverwandtschaften

genten Menschen nicht erspart bleibt. Selbst die Liebe kann nicht vollständig auf Formen verzichten; das ist es, was Kinder von ihren Eltern lernen müssen, von den Eltern, die sie so sehr lieben – ob übermäßig oder unvollkommen – und die sie ständig ermahnen, nicht vom Inhalt her (wer würde es wagen, zu seinem Kind zu sagen: „du liebst mich nicht genug", oder „du sollst mich lieben"?), sondern in bezug auf die Form.

Die Philosophen werden zu erörtern haben, ob die erste Form in Wahrheit nicht das Ganze ist, und ob das, was die Moral von der Höflichkeit unterscheidet, etwas anderes ist als eine Illusion. Im Grunde könnte es möglich sein, daß alles nur Gebrauch und Achtung des Gebrauchs ist – daß alles nur Höflichkeit ist. Das glaube ich jedoch nicht. Die Liebe bleibt, und die Sanftmut, und das Mitgefühl. Die Höflichkeit ist nicht alles, und sie ist fast nichts. Aber der Mensch ist fast ein Tier.

Aus dem Französischen von Eva Ludwig

Cora Stephan

Gesinnung und Form

Wider die Dialektik des Herzens

„Der Schrei nach korsettloser Tracht verdient nur bei sehr guten Figuren ein Echo zu finden.“

Helmuth Plessner, Grenzen der Gemeinschaft (1924)

Es gibt immer noch Leute in diesem Lande, die alle naselang „Mehr Gefühl!“ rufen, als ob wir nicht mit dieser edlen Ressource längst überversorgt seien. Helmut Kohl hat Männerfreundschaften, Norbert Blüm weint schon mal, Rita Süssmuth ist betroffen, und wir wären auch einmal fast in einer Menschen- und Lichterkette gelandet – nein, Gefühl haben wir überreichlich. Zum knappen Gut ist eher jener Pflichtmensch vergangener Zeiten geworden, der sich heuer mit seinen miesen Sekundärtugenden verschämt in den Ecken der Gesellschaft herumdrückt, während die Enkel Gefühle vorzeigen und dafür von uns lieben Frauen gelobt werden. Lang, lang ist's her, daß Männer auf der Logik der Sachen beharrten, während wir Frauen im guten Gespräch Übereinstimmungen und schöne Gefühle herstellten. Da können die Herren heute mit.

„England und Deutschland verhalten sich zueinander, wie Form und Inhalt, wie Schein und Sein. ... Der Deutsche lebt um zu leben, der Engländer lebt, um zu repräsentieren. Der Deutsche lebt um seinetwegen, der Engländer um der anderen willen.“ Theodor Fontane, Ein Sommer in London (1852)

Um es deshalb ganz direkt, ehrlich und unverstellt zu sagen: Gefühle gibt's hierzulande in jeder Diskursecke, aber was die völlig sekundäre, aber um so wichtigere Tugend des gesellschaftlichen Umgangs betrifft, so hat der Zeitgeist der

„Es ist eine große Torheit zu verlangen, daß die Menschen zu uns harmonieren sollen, ich habe es nie getan. Dadurch habe ich es dahingebracht mit jedem Menschen umgehen zu können, und dadurch allein entsteht die Kenntnis menschlicher Charaktere, sowie die nötige Gewandtheit im Leben. Denn grade bei widerstrebenden Naturen muß man sich zusammennehmen, um mit ihnen durchzukommen."
Goethe zu Eckermann, 2. Mai 1824

diesbezüglich finsteren siebziger Jahre gesiegt, in denen Fragen wie „Ist Demokratie mit guten Manieren vereinbar?" (Sybil Gräfin Schönfeldt) mit einem im Chor gebrüllten „Nein!" beantwortet wurden. Bei vielen Zeitgenossen scheint nach tiefer Menschenliebe, und zwar vor allem zu den ganz fernen Völkern, lange gar nichts und dann die weite Wüste zu kommen: Die Formeln für den alltäglichen Verkehr gelten als unwesentlich, ‚bloß formal', lästig. Ehrlicherweise treten wir einander gegenüber, wie wir sind: Viel Gefühl, kein Benehmen.

Wir sind wahrscheinlich das flegelhafteste Land weit und breit – aber das authentisch & identisch. Selbst wenn wahr wäre, was in den Zeitungen zu lesen stand: daß nämlich die Jugend wieder die Krawatte anlegt und einander mit „Herr Müller-Lüdenscheid" anredet und daß in neu-mittelständischen Haushalten auch mal wieder das weiße Tischtuch aufliegen darf – von „Förmlichkeit" ist das weit entfernt, vom entwickelten Formenreichtum der guten Manieren und des gepflegten Umgangs noch weiter, ganz zu schweigen von einer neuen Höflichkeit, der neuen Gesittetheit: das zeichnet sich noch nicht einmal als Silberstreif am Horizont ab. Nichts, aber auch gar nichts haben stieselige Alt-68er zu befürchten von einem Ansturm der Formen, ob neuer oder alter. Im Gegenteil: wir bleiben international Spitze als das unhöflichste, das rüpeligste Land weit und breit, Krawatte hin, Schlips her.

Oder etwa nicht? Die Reihe der Kränkungen, die wir uns alltäglich zufügen, ist doch jetzt schon kaum zu überschauen. Grüßen, ob beim Betreten der Arztpraxis oder des Ladens, findet hierzulande gleich gar nicht mehr statt, „bitte", „danke" sind schon lange Fremdworte im ganz gewöhnlichen kleinen Grenzverkehr. Überhaupt kommt es zu Blickkontakt bei alltäglichen Begegnungen nur im äußersten Notfall – schade also, daß nicht alle Transaktionen, die Menschen miteinander tätigen müssen, mittlerweile vollautomatisch ablaufen. Der Wunsch danach wird der Grund dafür sein, daß das Telefon absolute Priorität genießt, egal, ob es mitten ins Gespräch mit einem lebenden Kunden hineinplatzt oder der Hinzutretende erstmal belämmert im Raume stehenbleiben darf, während in die Muschel gesäuselt wird – ach, man könnte stundenlang erzählen.

Dabei waren sie einmal so wichtig und hilfreich zur Zügelung der Gemüter, zum Abtasten und Einschätzen des Gegenüber, zur Verständigung über das Nötige – die läppischen Formen des Alltags. Das Grüßen erfüllt die Funktion, dem anderen Aufmerksamkeit und Wahrnehmung abzuzwingen: Während dieser zwei Worte findet Blickkontakt statt, der Einschätzung ermöglicht – ob Freund oder Feind vor einem steht, eine Frage, die in erfreulicherweise vergangenen Zeiten lebenswichtig war. Die allerbanalsten Höflichkeitsformeln sollen heute, da die Zeiten vorbei sind, wo sie auch soziale Distanzen ausdrückten, nichts anderes leisten als zur Entspannung beitragen im aufgeladenen öffentlichen Raum, den man gemeinhin mit mehr Menschen teilen muß, als selbst Herdentieren lieb ist.

„Es gibt die richtige Rede – es ist die höfliche. Sie äußert sich in einer Unterhaltung, die von den Teilnehmern die Kunst des ‚Konvertierens', des Von-sich-absehens, verlangt. Das jedenfalls ist mit dem Wort ‚Konversation' gemeint."
Erik Grawert-May, Die Sucht mit sich identisch zu sein. Nachruf auf die Höflichkeit (1992).

Szenen, die sich auf unseren Straßen abspielen, hätten noch zu Beginn dieses Jahrhunderts zu Massenduellen oder Straßenkämpfen geführt, gelten den Eingeborenen aber als ganz normale Härte. Besonders beliebt ist dabei die sogenannte gemeine deutsche Gruppenformation, auch Rechen oder Harke genannt: man nehme zu dritt bis siebt den ganzen Bürgersteig ein und dann ab in die Gosse mit dem einsamen Gegenspieler. Weder die geschickten Ausweichmanöver, die jeder New Yorker in Manhattan beherrscht, noch das freundliche Lächeln, das einer Amerikanerin gelingt, sofern man nur ihre Blicke kreuzt (und das – um Himmels willen! – keine „authentische" Herzlichkeit ausdrückt, sondern höchstens „Ich tu dir nichts, tu mir also auch nichts" besagt, aber die Stimmung ungemein hebt) noch andere kleine Gesten der Zuvorkommenheit stehen uns zur Verfügung, wenn wir uns als das erweisen, was wir als Mitglieder der menschlichen Rasse sind: nämlich im Wege.

„Der ‚beifällige Mensch', der ‚homo plausus', wie wir ihn im Gegensatz zum ‚homo clausus' von Elias nennen wollen, schließt sich nicht in den Panzer seiner höfischen Manieren; sein Esprit zeigt Geist und Witz im ‚agrément'. Was er sagt, muß, um perfekt zu sein, plausibel klingen – als bestünden seine Worte aus reinster Japanseide." Erik Grawert-May, Die Sucht mit sich identisch zu sein. Nachruf auf die Höflichkeit (1992)

Lichterketten und viel Gefühl, Authentizität und Identität, Engagement und Humanität – all diese schönen Universalien zählen Deutsche offenbar zu ihren inneren Werten, von denen man möglichst wenig Aufhebens machen sollte, weshalb man ihnen diese Tugenden im alltäglichen Umgang auch nicht anmerkt.

Woher nur kommt die Vorstellung, Formen seien verzichtbare Äußerlichkeiten und vor allem kritikwürdige Insignien sozialer Distanz? Noch in den sechziger Jahren war Höflichkeit eine Klassen- und Schichtenfrage, erwies sich an den Umgangsformen die „gute Kinderstube", also die soziale Herkunft. Aus diesen engen Bahnen ausgebrochen zu sein, damals, als auch das blutige Mensurenschlagen noch zum studentischen Comment gehörte, kann von meiner Generation gewißlich als befreiender Akt verzeichnet werden. Heute aber ist Unmanierlichkeit längst klassenübergreifend geworden, wie jeder Flugreisende bestätigen kann, weshalb alte Schlachten nicht noch einmal geschlagen werden müßten. Doch sogar Sybil Gräfin Schönfeldt, die Autorin *des* Benimmbuchs unserer Zeit, des „1×1 des guten Tons", wird nicht müde, den heranwachsenden Lesern zu versichern, daß es ihr selbstredend nicht um die bloße Einhaltung kalter, herzloser Formalien gehe und stellt sogar die gar nicht rhetorisch dahergesagte Frage: „Ist Demokratie mit guten Manieren vereinbar?“ Daß gutes Benehmen irgendwie reaktionär bis faschistisch, freiheitseinengend, verklemmt, frauen- oder gar ausländerfeindlich oder sonst was ganz Schlimmes sei, scheint tatsächlich noch immer zum Quellekatalog progressiver Grundüberzeugungen zu gehören. Weshalb es die Fremden in diesem Lande uns zurückspiegeln: das Angebot kommunikativer Gesten und Riten, das jede Kultur kennt, die unterschiedlichste Menschen mit unterschiedlichstem Herkommen integrieren muß, fehlt hier völlig. Wer als des Deutschen nicht mächtiger Ausländer hierzulande „Was wollen?“ brüllt, muß diesen Dreisilber als landesüblich irgendwo gelernt und verinnerlicht haben.

Ja, dies Land der Menschenfreunde beweist im tätigen Umgang einen Abgrund an Rüpelhaftigkeit. Was Wunder: das Pfarrhaus, das noch heute unser Innerstes beherrscht, hält uns mit dem Imperativ der Gefühlsproduktion auf Trab. Protestantische Innerlichkeit fordert dem Bürger gleich positive Gefühle anderen Menschen gegenüber ab, wo es doch vollauf genügte, er zeigte gutes Benehmen. Aber radikal, wie man hierzulande ist, stoßen wir lieber gleich zum Kern der Dinge und auf den Grund des Wesens vor und da liegt nun mal der Mensch. Der Mensch in seinem Sosein und Dasein, ehrlich, unverstellt und ohne nutzlosen Zierat. Wir begnügen uns also nicht mit ein paar schlichten Verhaltensregeln für den alltäglichen Umgang miteinander. Wir präferieren die radikale Lösung: die Menschenliebe. Weshalb auch der ruppigste Frankfurter Taxifahrer wenigstens einen Freund hat: den Ausländer.

„Höflichkeit schafft Distanz und fördert gleichzeitig Freundschaft. Höflichkeit zeigt auch an, wie ich gerne möchte, daß mit mir umgegangen wird. Höflichkeit zeigt die Chance zur Freiheit und zur Individualität der Manieren. Denn wie höflich ich bin, hängt von mir selber ab.“ Sybil Gräfin Schönfeldt, Das 1 × 1 der guten Manieren.

Das alles beruht auf einem folgenschweren Irrtum. Es besteht nämlich zu Menschenliebe gar kein Anlaß, wie jeder wissen müßte, der sich über den Zustand des Planeten Sorgen macht. Menschenliebe hilft im übrigen auch wenig gegen ihr Gegenteil, den ungezügelten Fremdenhaß. Im Gegenteil. Die dringlichen Fragen in diesem Land lauten ganz pragmatisch und gefühlsfern: Wie ertragen Menschen einander? Wie vermeiden sie es, sich im Zuge der gerade noch nötigen Kontaktaufnahme gegenseitig zu erschlagen? Kurz: Wie gestehen wir einander ein, daß wir uns nicht leiden können, ohne deshalb dem anderen das Existenzrecht beschneiden zu wollen? Wie leben wir, Grundstimmung misanthrop, kommod nebeneinander her, ohne uns mit Gefühlen zu belästigen, seien sie positiv, seien sie negativ?

„Mit Fremden auf eine emotional zufriedenstellende Weise umzugehen und doch Distanz zu ihnen zu wahren, dies galt bis zur Mitte des 18. Jahrhunderts als das Mittel, aus dem ‚Menschentier' ein geselliges Wesen zu machen." Richard Sennett, Verfall und Ende des öffentlichen Lebens (1977).

Denn darin lag ja einmal der Sinn gewisser ritualisierter Verkehrsformen: sie sollten den einzelnen in die Lage versetzen, Umgang auch mit Menschen haben zu können, die ihm nicht bekannt waren und mit denen ihn kein Gefühl verband. „Öffentlichkeit", definiert Helmuth Plessner, ist „das offene System des Verkehrs zwischen unverbundenen Menschen". Umgangsformen waren die lingua franca zwischen einander Fremden, sie waren ein Angebot, das diese einander machten – ein Angebot nicht zuletzt, das Aggressionsverzicht signalisierte und zugleich Fremdheit und Distanz bekräftigte: alles andere also als die geläufige „Tyrannei der Intimität".

Es fällt auf, daß gerade eine Einwanderungsgesellschaft wie die USA sich des Wertes der bei uns als so verstaubt geltenden Förmlichkeit sehr bewußt ist. Gerade am vorgeblich so menschenfreundlichen Verzicht auf Riten, Regeln und

Rituale hierzulande erweist sich, wie unterentwickelt auch hier die Voraussetzungen für die Integration von mehr Einwanderern sind. Manieren sind Angebote auf Integration; Regeln sollen verhindern, daß sich die Wucht des Aufeinanderpralls unterschiedlicher Sprachen und Kulturen ins Unermeßliche steigert.

Formen, Sitten, Manieren, die kleinen Rituale der Annäherung bei Distanzwahrung, sind eben keine Fossilien aus längst untergegangenen bürgerlichen Welten, bloße Überbauphänomene des viel wichtigeren „Wesens“ der Dinge und der Menschen und daher zurecht mit Hilfe der Studentenbewegung und der Gewerkschaft Erziehung und Wissenschaft abgeschafft worden. Nein, Manieren und andere Umgangsformen wären in einer unübersichtlicher werdenden Welt Rettungsanker der Zivilität, wie sie uns derzeit schmerzhaft fehlen. Der Verdacht liegt nahe, daß auch in dieser Hinsicht Formen keine Äußerlichkeit sind: Denn man muß vom Wert der eigenen Kultur, der eigenen Maßstäbe hinreichend überzeugt sein, um sie anderen anbieten zu können.

„Zivilisiertheit ist ein Verhalten, das die Menschen voreinander schützt und es ihnen zugleich ermöglicht, an der Gesellschaft anderer Gefallen zu finden. ... Zivilisiertheit zielt darauf, die anderen mit der Last des eigenen Selbst zu verschonen ..., mit anderen zu leben, statt dem Zwang zu erliegen, ihnen nahe zu kommen.“ Richard Sennett, Verfall und Ende des öffentlichen Lebens (1977).

Womit wir bei den tieferen Wurzeln für den Verlust regulierender Sitten & Gebräuche im modernen Deutschland wären. Die deutsche Gemütskultur, wie insbesondere Norbert Elias sie analysiert, ist noch heute geprägt vom abstrakten Humanismus des zu politischer Tatenlosigkeit verdammten Bürgertums, demzufolge innere Werte weit wichtiger waren als die Welt der Politik, der Äußerlichkeit, des Scheins der „civilitas“. Dem deutschen Biedersinn, der in England den „Krämergeist“ walten sah, während es in Frankreich „verlogen“ zugehe, galt „Ehrlichkeit“ mehr als Takt und der Kompromiß als nicht prinzipienfest. Nietzsche: „Der Deutsche liebt die ‚Offenheit' und ‚Biederkeit'. Wie bequem ist es, offen und bieder zu sein. Es ist heute vielleicht die gefährlichste und glücklichste Verkleidung, auf die sich der Deutsche versteht, dies Zutrauliche, Entgegenkommende, dieses Karten-Aufdeckende der deutschen Redlichkeit."

„Öffentlichkeit beginnt da, wo Liebe und blutsmäßige Verbundenheit aufhören. Sie ist der Inbegriff von Möglichkeitsbeziehungen zwischen einer unbestimmten Zahl und Art von Personen als ewig unausschreitbarer, offener Horizont, der eine Gemeinschaft umgibt." Helmuth Plessner: Grenzen der Gemeinschaft (1924).

Die Adaption soldatischer Tugenden nach 1871, nach dem Sieg über das Heimatland der „Zivilisation", über Frankreich, verstärkte ein Muster von Gebot und Verbot, das die Notwendigkeit minimierte, selbst nach Maßgabe von Regeln und Takt Verantwortung übernehmen zu müssen. Verhandeln und Kompromißbildung, prinzipienstarken Gemütern sowieso fremd, wurden jetzt vollständig erstickt vom militärischen Modus bzw. von dem, was der Bürger darunter verstand, der, wie jeder echte Parvenü, zum Maßlosen tendierte (weshalb die durchweg kosmopolitische Seite des militärischen Ehrenkodexes in der bürgerlichen Adaption auch keine Rolle mehr spielte).

Die Abgrenzung vom militärischen Habitus der Deutschen nach 1945 knüpfte, ohne den Umweg über die „Zivilisation" etwa der Engländer und Franzosen zu nehmen, wieder am Kulturbegriff des deutschen Bürgertums des 18. Jahrhunderts an, das eine „generalisierte Moral" (Elias) pflegte. Die Abwehr eines sinnentleerten, militärisch angereicherten bürgerlichen Umgangstons fegte Ende der 60er Jahre nicht nur den hackenschlagenden „Diener" und den höfisch angehauchten Knicks von der Strecke, sondern auch die lebenspraktischeren Formen bürgerlicher, nicht spießbürgerlicher Etikette. Ritualisierte Umgangsformen als solche verfielen der Kritik – und damit auch jene, die der Distanz zu und Begegnung mit Fremden (aller Arten) dienlich sind, weil sie nicht Abgrenzung signalisieren, sondern Akzeptanz von Differenz.

„Förmlichkeit“ entlastet uns vom Unmöglichen – wir können nicht jeden Menschen lieben, mit dem wir gleichwohl gewaltfreien Umgang pflegen sollen und müssen. Und sie ist ein Integrationsangebot für Fremde, die sich den hier bereits Lebenden hinzugesellen wollen oder müssen. Manieren geben darüber hinaus Auskunft über die Maßstäbe, die in einem Land gelten. Die Kultur der Unmittelbarkeit, der Authentizität, der Identität und wie die Vokabeln der siebziger Jahre heißen, kennt indes keinerlei Maßstäbe außer denen, die sich aus Situation und Gefühlslage ergeben, was bekanntlich Unzuverlässigkeit garantiert. Insbesondere lassen Formen und Trennungen die Gefühle frei, nämlich dort, wo sie hingehören: als Privatangelegenheit beim Einzelnen selbst. Wer sich auf Regeln verlassen kann, muß nicht schon bei sich selbst mit der Reglementierung anfangen.

„Unsere moralische Haltung leidet an einer Überbetonung der Gesinnung, des Gewissens und der innerlich erfaßbaren Werte.“
Helmuth Plessner: Grenzen der Gemeinschaft (1924).

Das ist das Freiheitsversprechen der guten Manieren. Protestantische Innerlichkeit aber kennt keine Gewaltenteilung und zwingt die Menschen, sich vom Unsichersten überhaupt abhängig zu machen: von ihrem guten Charakter.

Manfred Schneider

DER BETRUG DER GUTEN SITTEN

„... führt gerade unsere Erfahrung von Literatur dazu, daß wir uns der Vorstellung eines abrupten moralischen Wandels widersetzen und daran zweifeln, daß die von uns beobachteten Verschiebungen der Moralauffassung die Glaubwürdigkeit verdienen ...“
Lionel Trilling: Das Ende der Aufrichtigkeit.

I

In der Mitte des 17. Jahrhunderts geht zum ersten Mal ein Gespenst um in Europa: Das Gespenst des Authentischen. Plötzlich überzieht sich eine aristokratische Gesellschaft mit dem Verdacht, ihre guten Sitten könnten nur Maske und Schein sein. Seit dieser Zeit arbeiten literarische Beobachter der Salons und des Hofes in Frankreich an einer Moral zweiter Ordnung. Um zwischen aufrichtiger und trügerischer Höflichkeit zu unterscheiden, ergänzen Autoren wie La Rochefoucauld und La Bruyère die aristokratische Etikette um eine Ästhetik. La Bruyère gibt das Stichwort für die gesteigerten Ansprüche an das Verhalten im geselligen Verkehr: „Auch ein Mensch mit Anstand, hoher Begabung und besten Umgangsformen kann unerträglich sein.“ (LB 160) Das Werturteil „unerträglich“ zeigt an, daß der Dégoût ein leicht reizbarer ästhetischer Affekt geworden ist. So verlangt die neue Moral der Moral, daß Auftreten und Redeweise nicht nur tadellos, sondern auch truglos und schön sein sollen. Zwar maßen auch früher schon aristokratische Anstandsbücher den Grad moralischer Perfektion an äußeren Zeichen der Kultiviertheit. In Baldesar Castigliones *Buch des Hofmanns*, das zwischen 1508 und 1516 entstand, hieß es dazu: „Unser Hofmann wird daher für ausgezeichnet gehalten werden und in allem, vorzüglich beim Sprechen, Anmut haben, wenn er die Künstelei vermeidet.“ (BC 50, 58) Das klassische Zeitalter der guten Sitten zeichnet sich hier bereits ab. Für die französischen Moralisten gilt zwar der gleiche Grundsatz; ihnen wird allerdings zunehmend der Gedanke unerträglich, daß das höfische Image des Aristokraten lediglich das Kunstprodukt virtuoser Selbststeuerung bilden sollte. Ihnen gilt die Ästhetik der Gesten und Worte nicht als Strategie des moralischen Anscheins, sondern als Prüfstein der Authentizität. Darum lenken sie ihre ganze richterliche Aufmerksamkeit auf die Unscheinbarkeit und die Anmut des Auftretens. Dabei bleibt das Register des Anstands, der guten Manieren, der Höflichkeit, der *politesse* oder *civilité*, durchaus in Kraft. Doch sollen alle Qualitäten in vollendeter Weise mit der Person verschmolzen sein. Die Umgangsformen dürfen keinen Rest von Künstlichkeit aufweisen, die sich als Spuren von Erziehung oder als Rücksicht auf die Konvention beobachten ließe. Daher drängt sich der paradoxe Befund auf: Für die Moralistik erfüllt die alte Moral ihre neue ästhetische Norm im Fading. Das Fading ist eine paradoxe Form des Verschwindens, weil dabei Signale noch gesendet werden, sie sich aber auf dem Wege zum Empfänger verflüchtigen. Höflichkeit – als Inbegriff guter Sitten im sozialen Kontakt der Menschen – entgeht der Kritik nur durch vollkommenes Verschwinden aus der Welt der Blicke. Die höchste Perfektion erreicht allein der Artist der Leichtigkeit. So erklärt es La Bruyère: „Es kostet beinahe nichts, um für stolz, unhöflich, arrogant, undankbar gehalten zu werden; noch weniger gehört dazu, in allem für das Gegenteil zu gelten.“ (LB 160) Die Moral zweiter Ordnung verlangt die restlose Verflüchtigung der Moral erster Ordnung.

„Das leere Wort, wenn nicht die ganze Natur des Wesens sich verleugnet, ist eine Lüge, und es ist entsetzlich, was die Menschen sich selbst und andere belügen und überreden wollen".
Hegel: Wastebook 1803–1806

Wo sich Gebärden und Worte noch als Elemente eines Repertoires beobachten lassen, da geht das Gespenst des Authentischen um, und der Verdacht steigt auf: Ist die höfliche Geste auch aufrichtig? Kommt sie vom Herzen? Ist sie nicht Teil eines Spiels oder raffinierte Maskierung? Der moralische Zweifel kann nur durch ästhetische Perfektion getilgt werden, das heißt: Er darf gar nicht erst aufkommen. Die wahre Höflichkeit erzielt ihre Wirkung durch Entzug und Unzugänglichkeit für den Blick. La Rochefoucauld kennt daher nur *eine* Probe auf den Wert einer Handlung: ihre Unsichtbarkeit: „Die vollkommene Tapferkeit besteht darin, ohne Zeugen das zu vollbringen, was man vor aller Welt zu vollbringen vermöchte." (LR 432, Nr. 216)

Zwar erlaubt die neue rigorose Ästhetik eine scharfe und radikale Kritik. Doch verfängt sich damit der Diskurs, die moralistische Analyse in einem Dilemma: Über die Höflichkeit läßt sich nur noch als Abwesenheit sprechen, und in der Folge scheinen sich diese Abwesenheiten selbst gespenstisch zu vervielfältigen. Die neue Moral zweiter Ordnung erörtert gleich drei Varianten:

1. Die perfekte Abwesenheit. Kommt die authentische Höflichkeit ins Spiel, dann verzehrt sie sich in ihrer Perfektion selbst und läßt sich allenfalls am Wohlgefallen der anderen beobachten. La Bruyère erklärt: „Mir scheint, daß der Geist der Höflichkeit in einer gewissen Aufmerksamkeit liegt, indem wir durch Worte und Gesten andere in Zufriedenheit mit uns und mit sich selbst versetzen." (LB 161) Dazu verlangt er in einer Kette von Befehlen, daß sich jedes Wort vollkommen in seinem Kontext verliert: „gut sprechen, leicht sprechen, richtig sprechen, im rechten Augen-

blick sprechen.“ (LB 157) Die neue Norm läßt den höflichen Anstand so ins Unmerkliche gleiten.

2. Abwesenheit durch Ostentation. Wenn die Höflichkeit ihren Part jedoch so souverän beherrscht, daß sie sich unablässig zur Geltung bringt, dann läßt sie sich sogleich als Maske erkennen. La Rochefoucauld glaubt sogar, daß der Verlust des Authentischen definitiv und die Verstellung universell gültig sei. Daher gilt für ihn das Gesetz: „Die Höflichkeit ist ein Verlangen nach ihr selbst und der Wunsch, für höflich gehalten zu werden.“ (LR 438, Nr. 260) Im Herzen des Hofmannes wurzeln keine edlen Gesinnungen, sondern jede höfliche Geste gibt auf ostentative Weise zu verstehen, daß sie auf höfliche Antworten und gute Meinungen zielt. Die Moral zweiter Ordnung entdeckt an den guten Sitten den Zeichenwert und damit die virtuelle Zweideutigkeit aller liebenswürdigen Anstrengungen. La Rochefoucauld entziffert bereits das Wort *poli* als Warnung der Sprache, da es eben „höflich“ und „poliert“ heißen kann. Die deutschen Kritiker der französischen Kultur denunzieren das offensichtlich Konventionelle an den Umgangsformen im anderen Land als Steifheit und Kälte. Der Freiherr Knigge geißelte die Hofleute mit den Worten: „Entfernung von der Natur; Gleichgültigkeit gegen die ersten und süßesten Bande der Menschheit (...), Kälte gegen alles, was gut, edel und groß ist.“ (FK 591 f.) Doch selbst durch edle, aber ostentative Gesten fällt die Höflichkeit als Künstlichkeit ins Auge. Dadurch verletzt der Anstand gerade sein eigentliches (neues) Gesetz und verwirkt die Anerkennung als ethisch/ästhetische Leistung.

„Eine gewisse Bildung, zumal wenn sie streng ist in ihren Grundsätzen, begünstigt diese Art Verderbtheit, die sich gern in den Mantel der Ehrbarkeit hüllt ...“
Hermann Melville: Billy Budd.

3. Die barbarische Abwesenheit. Die offensichtliche Unhöflichkeit treibt bereits im Jenseits der Kultur ihr Unwesen und stößt daher in jeder Gesellschaft auf betretene Gesich-

„Ein Kanadier, der noch Europens übertünchte Höflichkeit nicht kannte."
Johann Gottfried Seume: Der Wilde.

ter. Dennoch liefern barbarische Sitten das Material einer neuen „natürlichen" Moral, die sich im 17. Jahrhundert bereits abzeichnet. La Bruyère spricht schon davon, daß es Gegenden gäbe, wo der Bauer sanft und liebens-würdig, der Städter jedoch sein vollkommenes Gegenteil sei. (LB 351 f.) Und daher rechnet die aristokratische Kultur auch damit, daß sie selbst einmal das barbarische Jenseits bilden wird. La Bruyère deutet das an: „Mit einer so reinen Redeweise, mit unserer Sorgfalt in der Wahl der Kleider, unseren verfeinerten Sitten, mit so schönen Regeln und einer makellos weißen Haut, gelten wir für manche Völker als Barbaren." (LB 352 f.)

Durch den Raum dieser drei Abwesenheiten geistert das Gespenst des Authentischen, dem sich zunächst der Diskurs über die Höflichkeit im 17. und 18. Jahrhundert verschreibt. Bald aber fällt die moralistische Analyse selbst der Dynamik der Selbstauflösung anheim. Offenbar konnte sich das paradoxe Gesetz über die Abwesenheit solche Geltung verschaffen, daß sich die Rede von der Höflichkeit unter ihrer eigenen Regie sogar selbst verzehrte. Das Statut über das unmerkliche Abgleiten der guten Sitten in eine zweite Natur, wo sie sich aller Beobachtung entziehen, brachte nicht nur die moralistische Beobachtung und psychologische Analyse zum Erliegen; vielmehr schloß sich an die Selbstauflösung der Moralistik zunächst ein philosophischer Diskurs über die Notwendigkeit dieses Verschwindens (Kant) an. Und endlich folgte in unserem Jahrhundert eine historische Erklärung zum Aufstieg und Verfall dieser Moralen erster und zweiter Ordnung (Elias). Theorie und Historie stehen so immer noch im Banne des Gesetzes aus dem 17. Jahrhundert,

„Die Höflichkeit ist nicht das Übertünchte, sondern im Gegenteil die Tünche."
Otto Gildemeister: Essays.

das ein Fading der Höflichkeit in der Dimension des Zeigens und des Betruges verlangte. Daher soll es in den folgenden Überlegungen auch nicht um die verschiedenen Definitionen von Höflichkeit – also um ein Begriffs- oder um ein Sprachproblem – gehen, sondern um das Dilemma des Diskurses selbst. Wie könnte dieses Dilemma vorläufig umrissen werden? Ein Gesetz, das „Natürlichkeit" (Authentizität) verlangt, leidet unter zwei Komplikationen: daß sich zum einen das „Natürliche" nicht befehlen läßt und daß zum anderen Gesetze und Normen in der Neuzeit keine andere Referenz (keine andere autoritäre Macht) mehr kennen als die Natur selbst.

„Pflicht! du erhabener, großer Name, der du nichts Beliebtes, was Einschmeichelung in sich führt, in dir fassest ..." Immanuel Kant: Kritik der praktischen Vernunft.

II

Wenn die Moralisten des 17. und 18. Jahrhunderts ihre Beobachtungen notieren, dann erörtern sie also stets diese Abwesenheit von Moral. Ein Triumphgesang über kollektive soziale Tugenden oder eine moralische Didaktik wie noch bei Castiglione ist nicht mehr ihre Sache. Damit aber empfängt die neue Höflichkeit im kritischen Diskurs nur das Leben eines Phantoms. Sie selbst ist ja – gemäß der Moral zweiter Ordnung – zeichenlos und immateriell, so daß sie auch zu keinem Sinn mehr spricht. Anwesend ist diese unsichtbare Tugend nurmehr in der Klage über ihre beiden Arten der Absenz: der ostentativen und der barbarischen Absenz.

Hier sind erneut aufschlußreiche Varianten zu unterscheiden. Der Herzog von La Rochefoucauld ist keineswegs der Entdecker der sozialen Maskierung. Auch der Hofmann Castiglione oder der skeptische Essayist Michel de Montaigne kannten bereits das Schauspiel der Konventionen und den

„... wie Grußformeln oder Ehrenbezeugungen, die einem, meist zu Unrecht, den Ruf eintragen, bescheiden und höflich zu sein." Michel de Montaigne: Essays.

„Der Beobachter macht stets weniger Lärm als der Beobachtete."
Michel Serres: Der Parasit.

Betrug. Doch die Beobachtungen und Analysen, mit denen der Herzog von La Rochefoucauld die Gesten und Zeichen in der aristokratischen Gesellschaft bedenkt, folgen einer radikalen Psychologie bewußter und unbewußter Verstellung. Wie korrekt diese Psychologie im einzelnen auch sein mag: La Rochefoucauld entdeckt den Betrug und den Selbstbetrug als Grund des Sozialen. Nach seiner Analyse lebt keine der großen Tugenden, keine der kleinen Höflichkeiten aus eigener Kraft; alle zehren sie von den Urkräften der Eigenliebe. Das Motto, das er seinen *Reflexionen oder Sentenzen und moralischen Maximen* gab, lautete daher: „Unsere Tugenden sind in den allermeisten Fällen nichts als verkleidete Laster." (LR 385) Solche Verkleidung oder Maskierung spielt ein durchsichtiges und genau darum auch ein betrügerisches Spiel. Denn es gibt keine vollendete Maskierung. Sie ist stets unvollkommen, und der Satz „die Gesellschaft besteht allein aus Masken" (LR 438, Nr. 256) fällt der Beobachtung wie von selbst zu. Allerdings zergeht in diesem universalen Spiel des Betruges, das von dem Grundaffekt des *amour propre*, der Eigenliebe, gesteuert wird, zuletzt doch die Frage nach dem Ursprung und nach der Möglichkeit vollkommener Aufrichtigkeit. Denn alle Tugenden arbeiten als Maske der Eigenliebe, die Treue ebenso wie die Liebe oder die Freundschaft: „Das Eigeninteresse spricht die verschiedensten Sprachen und spielt alle möglichen Rollen, sogar die der Selbstlosigkeit." (LR 408, Nr. 39) Aber die Eigenliebe führt keineswegs immer souverän Regie in der theatralischen Verstellung, die sie in Gang bringt. Nicht selten wird sie mit in den Wirbel der Maskeraden gezogen, und während das von ihr erfundene Simulakrum triumphiert, verfällt sie der Selbstvergessenheit: „Es scheint, als würde die Eigenliebe von den guten Absichten betrogen und als vergäße sie sich selbst, indem wir uns für das Wohl der anderen einsetzen." (LR 435, Nr. 236)

Das 17. Jahrhundert eröffnet durch die Methode einer psychologischen Kritik dem Phantom der Aufrichtigkeit seine Spielräume. Die geistigen Umweltschäden dieser Erfindung in Europa konnten Jahrhunderte nicht entsorgen. Das Gespenst des Authentischen läßt sich jedoch nur aus seiner Anti-Materie formen: aus dem Betrug. Die Kraft zu dieser theoretischen Innovation kam aus einem Verlust: Die französische Aristokratie, Trägerin der moralistischen Psychologie, hatte ihre Monopolstellung am Hofe verloren und sah sich plötzlich von lauter Kopien ihrer selbst umstellt, die sich aus dem neuen Amtsadel in den Vordergrund drängten. Die vielfältigen Zeichen der Distinguiertheit wurden nach und nach jedermann zugänglich, und die Embleme der Aristokratie wanderten inflationär in den Habitus aller Klassen. La Rochefoucauld gab seinem Erstaunen darüber beredten Ausdruck:

„Dies ist das einzige Bild eines Menschen, genau nach der Natur und in seiner ganzen Wahrheit gemalt, das es gibt."
Rousseau: Vorwort zu den Confessions.

„So mancher Generalleutnant nimmt ganz die Haltung an, als sei er bereits General! Wieviele kleine Staatsbeamte eifern töricht dem Staatskanzler nach, und wieviele Bürgersfrauen geben sich das Ansehen von Herzoginnen!" (LR 508)

Als elitäre Reaktion richteten die Autoren die Moral zweiter Ordnung ein, die alles soziale Verhalten einer ganz neuen Distinktion unterwarf und es nach einem ästhetischen Code beurteilt wissen wollte. Wie aus der Kunst, sollte auch aus der Ästhetik des Verhaltens jede Spur der Anstrengung getilgt sein. Mit einem Mal geben die guten Sitten ihren Charakter als Normen zu erkennen. Während die stoische oder auch die christliche Ethik mit ganzer Schärfe den Widerpart erkannten, den Affekte und Triebe den sozialen Normen entgegensetzen, will die neue Ethik und Ästhetik das Gute und Schöne aufs Konto einer ersten Natur buchen. Die Moralistik vermag ihr neues Beobachtungsfeld nur über das Betrugstheorem zu konstituieren, dessen Schatten das Authentische bildet. La Rochefoucauld ist der radikalste von allen, denn er vollzieht den Schritt zu einer allgemeinen Psychologie der Täuschung. Er läuft dadurch aber das Risiko, daß seine Bemerkungen restlos den Paradoxien verfallen, die sie formulieren. Wenn doch die Maskierung universell ist, ist sie dann immer noch Betrug? Nur einen Fluchtpunkt läßt La Rochefoucauld seiner Kritik: Er schreibt den Verlust einer ersten moralischen Natur der sozialen Evolution zu. Es gibt – Rousseau wird es später eifrig bestätigen – einen Sündenfall des Sozialen, der den Betrug in die Welt gebracht hat. Jetzt hat die Welt ihre Originale definitiv verloren, und es pflanzen sich nur noch Kopien fort. In einer der nachgelassenen *Reflexionen* La Rochefoucaulds heißt es:

„... was für eine Menge Truthühner gibt es hier unten! Truthühner, die als Adler angesehen werden und das Rad schlagen wie die Pfauen.“ Gustave Flaubert an Louise Colet.

„Jeder möchte ein anderer sein und nicht das verkörpern, was er ist: Sie suchen nach fremden Haltungen und nach einem anderen Geist als dem eigenen; Sprechweise und Verhalten nehmen sie ganz zufällig an; sie probieren an sich aus, ohne zu bedenken, daß nicht jedermann zusteht, was für wenige natürlich ist. Es gibt keine allgemeinen Regeln für Sprechweise und Verhalten, und vor allem gibt es keine guten Kopien“. (LR 507)

Der Zufall und das Unechte sind die Mächte, die die alten Ordnungen und Werthierarchien der Gesellschaft untergraben haben. Es gibt keine truglose Kontinuität mehr zwischen sozialen Stellungen und ihren natürlichen Zeichen. Die Entdeckung des Betrugs gehört freilich nicht nur in die

Geschichte einer alten Aristokratie, die mit Bitterkeit und Spott erkennt, daß ein neuer Amtsadel ihre Verhaltensstile mit Leichtigkeit annimmt und überbietet; zugleich verdankt die Welt der neuen technischen Reproduzierbarkeit von Diskursen und Sachen die Entdeckung des Authentischen und seiner trügerischen Anti-Materie.

Während die französische Moralistik eines La Rochefoucauld, La Bruyère, Vauvenargues, Chamfort auf unterschiedliche Weise die Sichtbarkeit und damit den Betrug der Moral inkriminiert, um auf diese Weise gegen den Auftritt einer neuen Elite zu polemisieren, läßt sich die deutsche Moralistik des 18. Jahrhunderts exakt von den entgegengesetzten Kräften tragen: Mit Lichtenberg oder Goethe empört sich eine neue selbstbewußte bürgerliche Elite gegen die Herrschaft eines künstlichen Codes aristokratischen Verhaltens. Aber die Argumente sind die gleichen. Nur verbindet Goethe seine Kritik noch entschiedener mit Grundsätzen der neuen Ästhetik. Die Kunsttheorie des jungen Goethe und seiner Genossen kann sich allerdings risikolos gegen den Verlust auflehnen, indem sie an die Antike oder an Shakespeare anknüpft. Aber auch die neue Doktrin der Kunst und Moral formuliert sich als Ästhetik zweiter Ordnung. Keine Regeln, keine Vorschriften, keine Künstlichkeit der Kunst: Das Repertoire wächst dem Dichter aus der Natur zu. Die Werke des Genies zeigen keine Spur der Arbeit: Herzensdinge, Seelenregungen, Gefühle und Ereignisse sind ein natürlicher Code, der nur nach einer leichten Hand für den Transfer in die Kunst verlangt. Denn auch der Natur merkt man ja keine Anstrengung an, und Gottes Stirn blieb stets trocken. Die deutsche Moralistik und Psychologie erarbeitet sich die gleiche Sphäre und die gleiche Methode der Beob-

„... indessen ist auch jetzt noch bei jedem Spaziergang im Garten ein außerordentlicher Aufwand an Takt und Mäßigung von meiner Seite erforderlich, um wirkliche Skandalszenen zu verhindern.“ Daniel Paul Schreber: Denkwürdigkeiten eines Nervenkranken.

„Sie glauben oft um ein schöner Geist zu sein müsse man etwas liederlich leben, und gleichsam das Genie mit verdorbenen Sitten fett machen."
Lichtenberg: Sudelbücher.

achtung wie ihre französischen Vorgänger: Die aristokratische Ethik und Ästhetik, die auch lange Zeit in Deutschland normbildend gewirkt hat. Goethes Werther leidet stellvertretend an den alten Moralen und an den alten Ästhetiken:

„Was das für Menschen sind, deren ganze Seele auf dem Zeremoniell ruht, deren Dichten und Trachten jahrelang dahingeht, wie sie um einen Stuhl weiterhinauf bei Tisch sich einschieben werden. (...) Ich stehe wie vor einem Raritätenkasten, und sehe die Männchen und Gäulchen vor mir herumrücken, und frage mich oft, obs nicht optischer Betrug ist.„ (*Werther* 57f. Brief vom 8. und 20. Jan. 1772)

Eine unstillbare Sehnsucht nach dem Code des Ursprünglichen läßt Werther aus der Gesellschaft beim Gesandten, wo er eine kurze Zeit lang eine diplomatische Karriere einzuschlagen versucht, in die Natur entfliehen, wo er die *Odyssee* aufblättert, um nachzulesen, wie Odysseus „von dem trefflichen Schweinehirten bewirtet wird." (*Werther*, 61. Brief vom 15. März 1772) Anders als die Moralistik des 17. Jahrhunderts weiß diese neue Beobachtung und Kritik jedoch, wie das Natürliche seine (authentische) Moral wieder zur Geltung bringen kann. Man ahnt, daß die Feier des Grobschlächtigen und Originären, die der Sturm und Drang betrieb, mit der Theorie einer natürlichen Moral zusammenhing. Die Enkel des homerischen Sauhirten, die feineren und gröberen Sprachprotze oder Kraftgenies wie Götz von Berlichingen oder Karl Moor, sind aus dem zivilisatorischen Urschlamm des Natürlichen und Spontanen gewonnen. Und auch die neue Herzenshöflichkeit muß aus der groben Materie des Barbarischen gesponnen werden. Rousseau wollte seinen imaginären Zögling Emile ausdrücklich als kleinen Barbaren aufwachsen lassen. Lieber sollte er sich grober

Worte bedienen, als erlernter Formeln einer „Höflichkeit, bei der nichts anderes herauskommt als Falschheit und Herablassung.“[1] Ein schönes neues Paradox, aus dem sich die Humanwissenschaften noch längst nicht herausgearbeitet haben (vielleicht ist es auch ihr Unbewußtes), machte sich daran, die bürgerliche Welt durch unzählige literarische Kopien auf eine Moral der absoluten Originale einzuschwören. Aber bereits Goethes *Werther* löste eine Kettenreaktion, ja eine Massenansteckung durch Seelensprachen aus. Die Ursprache des Gefühls, die sich im reinen Seelenverkehr originärer Zeichen aus der Welt der Kopien, Masken und des konventionellen Betruges verabschiedet, reduziert den Ausdruck auf Serien von empfindsamen Tränenstürzen. Ich weine, also bin ich wie du.[2] Erst Nietzsche sollte diese Moral der Spontaneität und des Authentischen einer (wirkungslosen) Kritik unterziehen, um (ebenso vergeblich) eine positive Theorie des Scheins zu formulieren. In mancher Hinsicht ist ihm Kant vorangegangen, der in der *Metaphysik der Sitten* das Paradox der Moral zugleich erkannt und vor dem Betrugsvorwurf in Schutz genommen hat, ohne dem Schein die absolute Herrschaft einzuräumen. Dabei zeigte sich Kant allen zeitgenössischen Moralisten überlegen. Über die Pflicht zu angenehmen Umgangsformen heißt es in der *Metaphysik der Sitten*:

„Dies sind zwar nur Außenwerke oder Beiwerke (*parerga*), welche einen schönen, tugendähnlichen Schein geben, der auch nicht betrügt, weil ein jeder weiß, wofür er ihn annehmen muß. Es ist zwar nur Scheidemünze, befördert aber doch das Tugendgefühl selbst durch die Bestrebung, diesen Schein der Wahrheit so nahe wie möglich zu bringen, in der Zugänglichkeit, der Gesprächigkeit, der Höflichkeit, Gastfreiheit, Gelindigkeit (im Widersprechen, ohne zu zanken), insgesamt als bloßen Manieren des Verkehrs mit geäußerten Verbindlichkeiten, dadurch man zugleichen andere verbindet,

„... kurz, die Moralen sind auch nur eine Zeichensprache der Affekte.“ *Nietzsche: Jenseits von Gut und Böse.*

die also doch zur Tugendgesinnung hinwirken, indem sie die Tugend wenigstens beliebt machen.“ (Kant VI, 473f.)

Während Kant tatsächlich meint, alle Welt wüßte, daß die höflichen Umgangsformen in der Sphäre des Scheins spielen und einer vom Willen gesteuerten Moral unterliegen, arbeitet sich die Moralistik und ästhetische Kritik seiner Zeit an diesem einfachen Sachverhalt zu Tode – wenn man ihre Sturm-und-Drang-Exponenten ernst nehmen will. Daß aus der Tatsache des Scheins Tragödien gebaut werden können, ist das Danaer-Geschenk der neuen Moral zweiter Ordnung.

III

Doch hatte sie damit noch längst nicht alle Geschenke gemacht. Der Diskurs brachte sich zunächst selbst zum Verschwinden. Indem sich der Glaube an eine Transformation der guten Sitten ins Natürliche mit den Mitteln literarischer Propaganda ausbreitete, geriet die moralistische Beobachtung in jene Selbstvergessenheit, die La Rochefoucauld der Selbstliebe als Rückwirkung ihrer betrügerischen Kunst attestiert hatte. Erneut war es Kant, der den großartigen Gedanken faßte, daß der Betrug, wenn er nur lange genug dauerte, in Wahrheit verwandelt werden könnte, bis der Schein zuletzt die Wirklichkeit überwältigen würde. In der *Kritik der reinen Vernunft* heißt es hierzu:

„... daß das Wort ‚Kultur‘ die ganze Summe der Leistungen und Einrichtungen bezeichnet, in denen sich unser Leben von dem unserer tierischen Ahnen entfernt.“ Freud: Das Unbehagen in der Kultur.

„Es giebt eine gewisse Unlauterkeit in der menschlichen Natur, die am Ende doch wie alles, was von der Natur kommt, eine Anlage zu guten Zwecken enthalten muß, nämlich eine Neigung, seine wahren Gesinnungen zu verhehlen und gewisse angenommene, die man für gut und rühmlich hält, zur

Schau zu tragen. Ganz gewiß haben die Menschen durch diesen Hang, sowohl sich zu verhehlen, als auch einen ihnen vortheilhaften Schein anzunehmen, sich nicht bloß civilisirt, sondern nach und nach in gewisser Maße (!) moralisirt, weil keiner durch die Schminke der Anständigkeit, Ehrbarkeit und Sittsamkeit durchdringen konnte, also an vermeintlich ächten Beispielen des Guten, die er um sich sah, eine Schule der Besserung für sich selbst fand. Allein diese Anlage, sich besser zu stellen, als man ist, und Gesinnungen zu äußern, die man nicht hat, dient nur gleichsam provisorisch dazu, um den Menschen aus der Rohigkeit zu bringen und ihn zuerst wenigstens die Manier des Guten, das er kennt, annehmen zu lassen; denn nachher, wenn die ächten Grundsätze einmal entwickelt und in die Denkungsart übergegangen sind, so muß jene Falschheit nach und nach kräftig bekämpft werden, weil sie sonst das Herz verdirbt und gute Gesinnungen unter dem Wucherkraute des schönen Scheins nicht aufkommen läßt." (Kant III, 489f.)

Das ist schönster Idealismus. Aber auch kluge Philosophie. Wieder werden Paradoxien, die aus der sozialen Beobachtung resultieren, in ein historisches, um nicht zu sagen, pädagogisches Argument aufgelöst. Der Schein und der Betrug, die alle Moralistik inkriminierten, lassen sich auch für Kant nicht mehr leugnen. Aber sie sind notwendig. Die Didaktik kann dazu bemerken, daß der Betrug inzwischen eine gewisse Perfektion erreicht hat und damit allmählich in sein Gegenteil übergehen kann: in die Wahrheit der Moral. Eine wunderbare Propädeutik hat die Menschheit aus der Lüge zur Aufrichtigkeit geleitet. Die Teleologie der guten Sitten kann aber von den Lippen Kants herab noch eleganter (und paradoxer) argumentieren: Der Schein, die Maske, die „Schminke" dienten dem Selbstbetrug des Betruges. Alle ihre Täuschungen gehörten dem Reich der Notwendigkeit an. Zwar hatte auch La Bruyère bereits die Möglichkeit erwogen, daß sich eines Tages die Tugend und das Laster ohne Maske öffentlich erklären und das Zeitalter der ewigen Auf-

„... daß die Inschriften der menschlichen Herzens, befleckt und durcheinander wie sie durch Heucheln, Lügen, Nachahmen und Irrlehren sind, nur von demjenigen gelesen werden können, der die Herzen erforscht."
Hobbes: Leviathan.

„Betrug ist überall schändlich, nur im Krieg ist er lobenswert und rühmlich."
Machiavelli: Discorsi.

richtigkeit einläuten würden. (LB 353) Aber wie La Rochefoucauld traute er allenfalls der Kritik zu, dem universellen Betrug den Garaus zu machen. Kant hingegen riß die Paradoxie des Betrugs aus dem Strudel der ewigen Allgemeinheit und überantwortete sie der wohltätigen Macht einer geschichtsträchtigen pädagogischen Vernunft: Das Theater der Höflichkeit währt nur so lange, wie die Akteure sich noch selbst für Schauspieler halten; vergessen sie erst einmal die Tatsache des Spiels, dann gibt es nur noch den Ernst und die Wahrheit. Die Psychologie wird später zur Beschreibung dieses Vergessens von „Verinnerlichung" sprechen. Es ist eine Denkfigur der Zeit, daß man die Vorsehung mit den Gesten eines großen weisen Schulmeisters ausstattete. So schrieb Lessing in der *Erziehung des Menschengeschlechts* auch die biblischen Offenbarungen einer religiösen Propädeutik zu, die inzwischen ihr Ziel erreicht hätte. Kant fügte eine moralistische Erziehung der Menschen hinzu. Schiller endlich reservierte die Pädagogik des schönen Scheins allein der Kunst, die irgendwann, wenn alles menschliche Tun die Selbstverständlichkeit des ästhetischen Spiels angenommen haben würde, auch ihren Dienst quittieren kann. Allerdings bleibt ein kleiner paradoxer Rest, der nicht im großen Schoß der Geschichte, der Kunst oder der Pädagogik verschwindet. Die Sache mit dem Schein ist niemals ganz erledigt. Jedes Einzelsubjekt muß erneut durch die Paradoxien der Moral, und kaum eine Generation löst sich von dem Reglement ihrer Lehrer ohne lauten Protest.

„So ist also die Wahrheit in der Zeit jene abwegige und fruchtbare Lüge, die wir mit unseren Tränen und unserem Blut bezahlen."
Edmond Jabès: Das Buch der Fragen.

Die Theorie konnte es aber bei der Kantschen Lösung der Paradoxien erst einmal bewenden lassen. In einer langsamen Evolution werden danach die „Parerga" des sozialen Umgangs erst hervorgebracht, anschließend mechanisch und nur zum Schein in Spiel umgewandelt, bis sich am Ende ein wohltuendes Vergessen über die Konventionen und ihre Künstlichkeit senkt, das den Menschen zuletzt die Authentizität ihrer selbstgeschaffenen Regeln beschert. Zweite Natur im hellen Glanz einer ersten. Im 20. Jahrhundert, in der Barbarei zweier Weltkriege, als die guten Sitten auch aus dem Gedächtnis der Innerlichkeit fielen, da erinnerten eifrige Historiker noch einmal an die Urgeschichte jenes Vergessens, das Kant analysiert hatte. Das große Werk von Norbert Elias *Über den Prozeß der Zivilisation* steht immer noch im Banne der Hypothesen La Bruyères oder Kants, die eine Naturalisierung der guten Sitten ankündigten. Aus den Dokumenten der Literatur und sogenannter Anstandsbücher versucht Elias den gleichen Prozeß zu rekonstruieren, den die Moralisten beobachteten und den Kant von den Ketten der Paradoxie befreite: Ein allmähliches Heraustreten der guten Sitten aus einer Umwelt groben, ungezügelten, triebhaften Verhaltens und ihre allmähliche Transformation in eine (anscheinend) natürliche Kultur. Das Dogma des Verschwindens, das die Moralistik hervorgebracht hatte und das in der Theorie Kants eine teleologische Begründung erhielt, tritt mit Elias seine Herrschaft in der historischen Erzählung an: Die Höflichkeit erlebt ihre letzte Verflüchtigung durch eine Theorie der Internalisierung. Das alte Modell einer Evolution der Zivilisation durch metaphysische oder kulturelle *Pädagogik* spielt in diese Überlegungen immer noch hinein, indem Elias mehrfach daran erinnert, daß die moderne Gesellschaft ihren früheren Zustand nur noch an den barbarischen Sitten ihrer Kinder studieren könnte. (Elias, LVIII sowie LXXIV [Einleitung]) Keineswegs zufällig setzt Elias' Studie mit einer Untersuchung zum Begriffsfeld *Höflich-*

„Hierauf ging er zu den Knaben, wo Cupido schuldig befunden wurde, denn er hatte in seinem Nachttopf die schönsten Dreckwürste, die man sehen konnte. Der Herzog bemächtigte sich ihrer und aß sie, während der junge Mensch ihm den Schweif ableckte."
Marquis de Sade: Die 120 Tage von Sodom.

keit, courtoisie, civilité, politesse ein. Sprachwandel signalisiert Bedeutungswandel. Aber die Referenten der Begriffe: Hof, cour, cives zeigen auch das Problem der Instituierung an: Auf wen kann ich mich berufen, wenn ich neue Gesetze oder soziale Regeln in Kraft setzen möchte? Die von der französischen Moralistik beanstandete Imitation des höfischen Verhaltens entsprang ja gerade einer solchen Machtwirkung: Kraft ihrer sozialen Stellung brachte die Aristokratie ihre Anstandsregeln zur Geltung. Elias stellt einen entscheidenden Wandel der Normen in der Epoche nach der Renaissance fest. Seit dieser Zeit betreiben die sozialen Systeme Europas die Internalisierung der guten Sitten. Die neue Zivilisation bringt jenen Typus hervor, den David Riesman den „innengeleiteten"[3] nennen wird. Gehört diesem Typus aber die neuere Geschichte? Gibt es Grund für den Triumph der Zivilisation, daß sich die guten Sitten in die Tiefe des Unbewußten eingeschrieben haben und es keine Beobachtbarkeit mehr gibt? Die Erfahrung zeigt jedoch, daß sich die schlechten Sitten nach wie vor beobachten lassen. Und vielleicht macht jede Generation die paradoxe Erfahrung, daß ihre Kinder entschieden am Ruin des Anstands arbeiten. Können die guten Sitten aber immerfort schlechter werden? Kann es ein ewiges Verschwinden der Höflichkeit geben? Wenn es, wie Elias korrekt feststellt, heute keine Lehrbücher mehr gibt, die das Spucken und Schneuzen untersagen, die den Gebrauch von Messer und Gabel lehren und öffentliches Schamverhalten predigen, dann ist nur etwas über den *Diskurs* gesagt und nicht über die Gesellschaft, auf die er einfach bezogen wird. Diese Unterscheidung zwischen Diskurs und Sitten ist für eine Soziologie schmerzlich, die nichts als Bücher heranziehen kann, wenn

„Der puritanische, innen-geleitete Mensch lernte, daß er sich ständig beherrschen müsse und daß er sich ohne dauernde Selbstaufopferung gehenlassen und getrieben werden würde …"
David Riesman: Die einsame Masse.

es um die Rekonstruktion vergangener Einstellungen und Verhaltensweisen geht.

Warum aber gibt es heute keinen Diskurs über Höflichkeit oder *civilité* mehr? Nicht, weil der zivilisatorische Prozeß mit seinem Auszug aus den Büchern und seinem Einzug in die Seelen auch an sein Ende gelangt wäre. Das kann nur die schöne Poesie der sozialen Evolution glauben. Vielmehr ist der Diskurs verstummt, weil er das Ende seiner Begründbarkeit erreicht hat, die seit dem Mittelalter erst den Klassen (cour, civis) und anschließend den Phantomen (Natürlichkeit, Menschlichkeit) zufiel. Entweder lebt eine Moral von kulturellen Begründungen oder von der Gewalt der Sanktionen.

Jede Moral, das zeigt eine Analyse ihrer Reden, benötigt zur Begründung eine Referenz, die ihre Autorität festlegt. Der Name Höflichkeit (franz. courtoisie) trägt also noch die Spur des Vorgangs, wie die Sitten im Namen des höfischen Modells und seiner unbestrittenen „Vorbildlichkeit" erlassen wurden. Dies ist die Autorisierung „im Namen von", die alle Gesetze kennen.[4] Eine rätselhafte, um nicht zu sagen *mystische*[5] Notwendigkeit läßt Gesetze und Regeln nicht ohne den Namen und ohne die Autorität ihres Ursprungs und ihrer drohenden Sanktionen funktionieren. Auch Höflichkeit ist ein Ensemble von Regeln.

„Die Tora ist der Name Gottes, weil sie ein lebendiges Gewebe, einen ‚Textus' im präzisen Verstande darstellt, worin der eine wahre Name, das Tetragrammaton, in verborgener und indirekter Weise eingewebt ist ..." Gershom Scholem: Zur Kabbala und ihrer Symbolik.

IV

Die Vorstellung, daß sich kulturelle Normen wie die der Höflichkeit in einem gleichförmigen Evolutionsprozeß entfalten, war für eine gewisse Zeit ein tragfähiges geschichtliches Denkmodell. Heute lassen sich damit keine befriedigenden Erklärungen mehr formulieren. Der historische Prozeß verläuft in Ketten und Brüchen, nämlich in Ereignissen und Wiederholungen. Ereignisse sind beispielsweise Entdeckungen wie die der Mikroorganismen und Krankheitserreger im 19. Jahrhundert, die ein ganzes Repertoire neuer hygienischer Gesten hervorgebracht hat. Wiederholungen operieren in zwei Dimensionen: In der Dimension der Nachahmung (dessen z. B., was La Rochefoucauld als „Kopien" denunzierte) kulturellen Verhaltens; oder auch in den Prozessen der Instituierung und Re-Instituierung von kulturellen Normen. In ähnlichem Zusammenhang habe ich dafür den Begriff des „Recycling" eingeführt.[6] Offenbar verfügt jede Kultur über das Bedürfnis, seine Grundnormen immer wieder in einem kulturrevolutionären Prozeß neu in Kraft zu setzen. Dies läßt sich besonders deutlich auch an der Geschichte des Naturrechts verfolgen. Dabei wurde früher zumeist die Referenz gewechselt: im Namen Gottes, im Namen des Königs, im Namen des Volkes etc. erhielten die Normen eine neue Autorität. Die sozialen Regeln, die eine gewisse Zeit lang unter dem Namen der „Höflichkeit" geführt wurden, hatte eben der Name des Hofes – die aristokratische Elite – in Kraft gesetzt. Die Kulturrevolutionen und die Opposition gegen diese Konventionen setzte aber nicht erst im 18. Jahrhundert ein, sondern bereits im Jahrhundert der französischen Klassik. La Rochefoucaulds *Reflexionen* enthalten Spuren und Belege dafür, daß bereits zu seiner Zeit Jugendrevolten ein neues Verhalten im Namen der Natur rechtfertigten. Im Zeichen des „Sturm und Drang", der revolutionären Doktrinen des 19. Jahrhunderts oder der zahllosen Jugendbewegungen des 20. Jahrhunderts, von den Wandervögeln bis zu den Spontis unserer Tage, wie-

„Ein wenig mehr Aufmerksamkeit gegenüber der Geschichte des europäischen Juridismus vermittelte auch … eine Ahnung davon, wie der Gott-Gesetzgeber in einem Prozeß der Anpassung kommt und geht, wie sich diese absolute Referenz in einem periodischen Recycling erneuert." Pierre Legendre: L'Amour politique de Dieu.

derholt und erneuert sich die gleiche Kritik: der Protest gegen die „unnatürlichen" Sitten der sozialen Klasse oder der Generation, die die kulturellen Normen repräsentiert und durch Sanktionen bewahrt. Die Bemerkung bei La Rochefoucauld lautet: „Der größte Teil der jungen Leute hält sich für natürlich, während sie lediglich ungezogen und grobschlächtig sind" (LR 452, Nr. 372). Offenbar erlebte auch schon die französische Aristokratie jene (barbarische) Abwesenheit von Höflichkeit („mal polis") bei jungen Leuten, über die sich auch der Freiherr Knigge beinahe mit den gleichen Worten beklagte:

> „Viele von ihnen kommen mir äußerst ungeschliffen und plump vor; Es scheint mir, als suchten sie etwas darin, Bescheidenheit, Höflichkeit und Zartgefühl zu beleidigen, stumm, ungefällig gegen Frauenzimmer und Fremde zu seyn, selbst ihren Körper zu vernachlässigen, ohne alle Grazie beim Tanze herumzuspringen, krumm und schief und gebückt zu gehen, keine Kunst, keine Wissenschaft gründlich zu lernen." (FK 603)

Diese Klage ist seit dem 17. Jahrhundert nicht verstummt. Sie richtet sich an eine jüngere Generation, die mit der Kreation einer neuen Moral nichts anderes tut, als im Namen der Natur die alte zu recyclen. Dies gilt allerdings nur für solche Kulturrevolutionen, die in irgendeiner Weise programmatisch sind. Es gibt auch üble Sitten (dies gilt wohl für die Mehrzahl), die ganz ohne Theorie oder Politik auskommen. Interessant sind also nur solche Absenzen und Fadings von Höflichkeit, die sich auf Beobachtung stützen und eine neue Moral im Namen einer neuen Referenz ankündigen. Wie sich nicht nur bei La Rochefoucauld oder Knigge belegen läßt, wird in der Neuzeit als Referenz mit Vorliebe die Natur in Anspruch genommen. Es gilt offenbar stets das gleiche: Sobald Sitten und Verhaltensweisen beobachtbar werden,

„Guter junger Mensch, sei aufrichtig und wahr, ohne Hochmut; verstehe es, unwissend zu sein, dann wirst du dich und die anderen nicht betrügen. Sollten dich deine Gaben jemals befähigen, zu den Menschen zu sprechen, dann tue es nur im Einklang mit deinem Gewissen, ohne dich um ihren Beifall zu sorgen." Rousseau: Emile.

„Die beiden entgegengesetzten *Werte ‚gut und schlecht', ‚gut und böse' haben einen furchtbaren, Jahrtausende langen Kampf auf Erden gekämpft; und so gewiß auch der zweite Werth seit langem im Übergewichte ist, so fehlt es doch auch jetzt noch nicht an Stellen, wo der Kampf unentschieden fortgekämpft wird." Nietzsche: Zur Genealogie der Moral.*

indem ein Code die Differenz von gut/schlecht einführt, verlieren sie auch schnell an Autorität. Denn Autorität ist undifferenziell; kein Gesetz läßt sich gleichzeitig im Namen des Königs und im Namen des Volkes in Kraft setzen. Ein solcher kritischer Code kann wiederum in wenigstens zwei Richtungen argumentieren: Das Schlechte ist entweder schlecht, weil es seiner eigenen Norm nicht entspricht (das Aristokratische ist nicht aristokratisch, das Natürliche ist nicht natürlich), oder es ist schlecht, weil es seine eigene Norm nur zum Schein erfüllt: Dann schlägt die Stunde des Betrugsvorwurfs. Aber auch dieser subversive Code erneuert sich in unaufhörlichen Recyclings. Daß die Menschen nur unechte Kopien (der Originale) sind, ist ein kritisches Argument, das sich heute in der wuchernden Klage über die Simulationen wiederholt und von der pädagogischen Beamtenschaft der Medienkritiker inflationiert wird. Die Wiederaufbereitung dieses Arguments läßt sich exakt an der Geschichte medientechnischer Innovationen verfolgen. La Rochefoucaulds Erschrecken vor den „Kopien" ist ein Affekt der Gutenberg-Galaxis.

Nun zeigt die Neuzeit ein deutliches Erblassen auch der Autoritäten und Referenzen. Die Natur ist offenbar die letzte und äußerste Referenz, und ihr Name muß bereits in verschiedene Unternamen und Nebenparadigmen zerteilt werden, um noch eine Wirkung zu gewährleisten: Solche Namen sind beispielsweise das „Volk", das „Proletariat", die „Gesundheit", das „Gefühl", die „Spontaneität", das „Authentische", das „Kindgerechte", die ganze Reihe der Neuschöpfungen, die mit „Bio" indiziert sind. Aber wann immer, was sich gewiß nicht ausschließen läßt, eine Bio-Moral kreiert werden sollte, es wird keine Höflichkeit mehr sein.

Es gibt keine Kraft, keinen Namen, die den Diskurs über die Höflichkeit wiederbeleben könnten – außer dem historischen, der hier zu lesen ist. Das Verschwinden des Diskurses ist vollkommen. Um so klarer und dramatischer tritt in den Blick, was die Höflichkeit wohl von Anbeginn an war, bis sie jemand denunzierte: ein notwendiger Betrug.

„Grau ist die Genealogie; ängstlich und geduldig ist sie mit Dokumenten beschäftigt, mit verwischten, zerkratzten, mehrmals überschriebenen Pergamenten."
Michel Foucault: Nietzsche, die Genealogie, die Historie.

Guy Bedos

Die Höflichkeit des verzweifelten Komikers

„Reine Liebenswürdigkeit und ächter guter Wille sind die höchsten menschlichen Eigenschaften, gegen welche alles thatkräftige Heldenthum mit seinem Glanz und Ruhm zurücktritt."
Karl August Varnhagen von Ense: Tagebücher

Höflichkeit besitzt für mich einen hohen Stellenwert, obwohl ich als aggressiv und schroff gelte. Auf den ersten Blick könnte man meinen, ich sei nicht nett. Dennoch setze ich mich für Höflichkeit in der Gesellschaft ein. Ich bin beispielsweise ein Anhänger von Höflichkeit in Lebensgemeinschaften. Wenn der Rost der Zeit ansetzt, nehmen Männer und Frauen manchmal keine Rücksicht mehr aufeinander. In diesem Fall besteht die Höflichkeit darin, sich immer und immer wieder den Augenblick in Erinnerung zu rufen, als man sich kennenlernte und man natürlich versuchte, den anderen zu bezaubern und mit ihm gut auszukommen.

Die Leute, die sich zu verbalen oder gar tätlichen Ausfällen hinreißen lassen, sollten sich ihres guten Benehmens zu Anfang der Beziehung erinnern. Alles eine Frage des Gedächtnisses. Natürlich ist das nicht immer einfach. Man muß seine Launen, seine Dialogfähigkeit schulen. Etwa so wie bei einem Geplänkel zwischen Verkehrsrowdys. Man muß dem anderen in seiner eigenen Sprache antworten. In diesem Fall sucht man sich den Ton des Stückes, in dem man spielt, nicht aus. Es gibt mehr als nur einen Autor. Es handelt sich um eine Gemeinschaftsproduktion, und manchmal läßt man sich eine Rolle einflüstern, die man eigentlich gar nicht übernehmen will. Hat man aber ein bestimmtes Alter erreicht, dann kann man sich dazu entschließen, „nie wieder mitzuspielen", selbst wenn man die Rolle beherrscht. Ich meinerseits kann mich sehr gut streiten. Ich weiß sehr gut, wo es wehtut, und es gab einmal eine Zeit, in der fand ich diesen Sport aufregend. Sein Reiz hat sich für mich aber verbraucht, und ich kann ruhigen Gewissens behaupten, daß ich mich mit meiner jetzigen Frau noch niemals gestritten habe und mich auch niemals streiten werde.

Ich glaube nicht, es dem Publikum gegenüber an Höflichkeit mangeln zu lassen. Ich suche so etwas wie Einverständnis, Dialog. Diese Situation birgt für mich immer etwas Geheimnisvolles in sich. Wenn man auf der Bühne steht, hat man nicht alles unter Kontrolle. Es gibt eine Art Spaltung zwischen dem privaten und dem öffentlichen Menschen, also eine Überschreitung der eigenen Persönlichkeit. Ich glaube, daß ich die Leute sehr wahrscheinlich langweilen würde, wenn ich auf der Bühne derselbe Mensch wäre, der ich im normalen Leben bin. Im Alltag habe ich nicht so viel Sinn für Humor, wie man glauben könnte. Ich bin ziemlich leicht verletzbar und etwas paranoid ...

Man hat mir manchmal vorgeworfen, Zuschauer böswillig bloßzustellen. Das gehört zum Spiel. Im allgemeinen hervorgerufen durch ein tatsächliches Vorkommnis im Publikum. Ich bin gestört worden. Ich befolge also die Regeln der Commedia dell'arte: Ich arbeite den Vorfall ins Spiel ein. Schließlich muß man sich wehren! Aggressionen können auch vom Publikum ausgehen. Am Premiereabend im Pariser „Cirque d'Hiver" befand ich mich seit einigen Minuten in der Manege und hatte den in dieser Situation üblichen Bammel. In der ersten Nummer erzählte ich einen Traum, in dem ich Staatspräsident war, usw. Plötzlich fängt ein Typ an, die Marseillaise zu grölen ... Das muß man erst einmal ver-

„Jetzt kämpft, Bürger, kämpft! / Bataillone, sprungauf! / Marschiert! / Verruchtes Blut / Der Acker sauf'!" Refrain der Marseillaise

dauen, wie man so schön sagt. Ich habe mich so verhalten, daß die Leute glauben konnten, das würde zur Nummer gehören. Im Inneren sagte ich mir, daß dieser Trottel mir alles vermiesen würde. Ich war außer mir vor Wut und Angst. Aber Höflichkeit verpflichtet ... Die Höflichkeit des Zirkus besteht darin, sich das Mißgeschick nicht anmerken zu lassen. Man streut Sägemehl über das Blut.

Boris Vian sagte, der Humor sei die Höflichkeit der Verzweiflung. Das trifft es genau. Wäre ich kein Komiker, wäre ich mit Sicherheit sehr verzweifelt, und selbst als Komiker bin ich nicht davor gefeit. In einem meiner neueren Sketche geht es um Katherine Hepburn, um ihre Parkinsonsche Krankheit, usw. Dabei ist Masochismus im Spiel. Als ich sie in diesem Zustand im Fernsehen sah, habe ich mich selbst bedroht gefühlt, weil ich so viel Zuneigung zu ihr empfinde. Hierbei spielt es keine Rolle, ob man ein Mann oder eine Frau ist. Ich bin über die Spuren des Alters und alle Formen von Behinderung und Verfall genauso entsetzt wie eine Frau; und natürlich habe ich mich selbst gesehen, als ich sah, wie diese wunderbare Frau an diesem Gebrechen litt.

„Höflichkeit bedeutet meistens, daß man den Leuten nicht sagt, was man denkt.“
Katherine Hepburn

Ich bin nicht sicher, ob das Publikum mich versteht, aber ich habe es aufgegeben, um Verständnis zu heischen. Mit dem Rassismus, der Frauenfeindlichkeit ... habe ich das gleiche Problem. Diese mögliche Zweideutigkeit hängt mit dem Humor zusammen. Auf sie zu verzichten bedeutet, auf den Humor zu verzichten. Genau hierin besteht die Originalität der von Jean Vilar entwickelten Konzeption des Volkstheaters. Wenn ich im „Zenith“ auftrete, dann ist das mein persönliches TNP (Théâtre National de Paris)?[1)] ... Wenn man alle ansprechen möchte, wobei nicht alle über das gleiche Maß an Bildung oder Intelligenz verfügen, dann geht man das Risiko ein, falsch verstanden zu werden. Man kann aber seinen Unterricht nicht nur für die Faulpelze abhalten, und es gibt Fälle, in denen Abschlüsse nichts taugen.

Das Publikum versteht es manchmal nur schwer, wie ich mich in all diese abscheulichen Charaktere, die ich darstelle, hineinversetzen konnte. Und es ist auch besser, wenn man nicht so genau weiß, wie das möglich ist. Die Bühne ist wohl eine Art öffentlicher Beichtstuhl, so etwas wie eine metaphysische Sauna. Sie hat den gleichen Effekt wie eine Psychoanalyse, und ist dazu noch billiger! Da ist sie, die Höflichkeit der Verzweiflung, und sie steht in der Tradition der großen Autoren von Komödien; bei Molière gab es diese Projektion und diese Verzerrung in bezug auf sein eigenes Leben. Er geht sehr grausam mit Arnolphe um; Arnolphe ist er selbst! Alceste ist lächerlich, und dennoch ist er es wiederum selbst; und als er totkrank ist, schreibt er *Der eingebildete Kranke*, danach stirbt er. Er weiß, daß er sterben muß. Es ist so etwas wie ein Versteckspiel mit sich selbst.

„Was mir an Herrn Fleurant, meinem Apotheker, gefällt, ist die höfliche Form, in der seine Rechnungen jedesmal abgefaßt sind."
Argan in Molière: Der eingebildete Kranke I, 1

Die andere Eigenschaft der Höflichkeit des Humors besteht darin, daß man möglicherweise weniger leidet. Er kann dieses Ventil sein, das vor der Grausamkeit des Alltags schützt. Manchmal weiß ich nicht weiter, weil es keine humoristische Antwort auf alles und jeden gibt. Um mit Saint-Just zu reden: keine Höflichkeit für die Feinde der Höflichkeit, keine Toleranz für die Feinde der Toleranz!

Man sollte in allen Lebenslagen versuchen, die Dinge nicht allzu schwermütig und düster zu betrachten. Marguerite Yourcenar sagte: „Wenn man älter wird, sollte man versuchen, den anderen nicht zur Last zu fallen." Ich fände es erstrebenswert, dies nicht nur auf das Älterwerden zu beziehen und hieraus eine allgemeine Lebenseinstellung zu machen. In meinem ganzen Leben mußte ich mich noch niemals operieren lassen, mit allem, was dazugehört, wie die Narkose und so. Und dann war es auf einmal soweit. Ich hatte Angst. Einer der unangenehmsten Augenblicke war das Erwachen aus der Narkose. Ich konnte nicht normal atmen. Ich dachte für immer in diesem Zustand bleiben zu müssen. Ich war klar bei Verstand, konnte aber nicht sprechen. Nun gut, langsam kam ich wieder auf die Beine. Ich befand mich auf der Schwelle zwischen diesen beiden Welten, an der Grenze zwischen dem kleinen Tod der Narkose und dem Bewußtsein. Ich hörte, daß man um mich herum Englisch sprach, und die ersten Worte, die ich zweifellos deshalb herausbrachte, um dieses besondere Publikum aus Krankenschwestern nicht zu enttäuschen, waren: „Sind Sie Amerikanerin? – Nein, ich bin Engländerin. – Was haben Sie dann im amerikanischen Krankenhaus zu suchen?“ Das war völliger Blödsinn. Sie lachten darüber. Am Ende meines Krankenhausaufenthaltes verlieh mir das Pflegepersonal den Patienten-„Molière“[2]. Ich hatte Schmerzen, aber dafür gibt es schmerzstillende Mittel, und soweit man dazu in der Lage ist, muß man diesen Leuten, die eine bewundernswerte Arbeit leisten, mit entsprechender Unterhaltung dienen, selbst wenn man eine schwere Zeit durchgemacht hat. Diese Einstellung kann man sogar mit Leuten teilen, die man nicht gerade besonders mag. Es geht das Gerücht, daß Reagan, als er nach dem Attentat, durch das er schwer verletzt wurde, in den Operationssaal gebracht wurde, den Ärzten sagte: „Ich hoffe, Sie sind alle Republikaner!“

„Ich öffnete die Augen, sah mich benommen um und ließ langsam den Blick an mir hinunterwandern. Noch heute kann ich nicht beschreiben, was ich empfand, als ich an die Stelle griff, wo eigentlich meine Beine hätten sein müssen.

Bei alledem geht es darum, nicht zu sehr seinem eigenen Narzißmus zu verfallen. Wenn ich mit Devos bei der Verleihung des „Molière“ meinen Zirkus veranstalte, dann verwandele ich meinen Narzißmus in ein komisches und damit friedliches, in ein lächerliches Schauspiel. Ohne ein Wort zu sagen, mache ich dem Publikum das Lächerliche jeder Selbstzufriedenheit verständlich. Natürlich ist die ganze Sache etwas komplizierter, und ich wäre ein totaler Heuchler, wenn ich behaupten würde, ich sei nicht narzistisch. Schon die Wahl meines Berufes setzt bereits einen gewissen Narzißmus voraus. Ich muß mich – auch physisch – für meine Person interessieren, wenn ich will, daß die anderen sich dafür interessieren. Es muß mein Wille sein, vom Publikum, von der Menge gesehen und gehört zu werden. Selbstverständlich ist damit auch Angst verbunden. In einem anderen Genre hat beispielsweise die Garbo die Liebe zu ihrem Bild bis zur Tollheit getrieben, indem sie sich völlig von der Öffentlichkeit zurückzog. Das ist eine phantastische Art der Weigerung anzuerkennen, daß man der gewöhnlichen Menschheit angehört.

(...) Und jetzt kam die Frage – dieser kurze Text, der mich so viele Tage verfolgt und gequält hatte: ‚Wo ist der Rest von mir?‘“
Ronald Reagan: Woher ich komme. Erinnerungen

„Der Mensch, welcher nur sich liebt, fürchtet nichts so sehr, als mit sich allein zu sein.“
Blaise Pascal: Gedanken. Über die Menschen

Alle Themen, die mich umtreiben, wie etwa der Rassismus, der Machismus ..., sind ein Teil von mir, und wenn ich sie auf meine Art und Weise behandele, dann bedeutet das eigentlich, bestimmte Probleme mit mir selbst zu regeln, sie sowohl dem Christentum als auch der Psychoanalyse zu entziehen. Mein Anspruch, der auch Hochmut genannt werden kann, besteht aber auch darin, gleichzeitig mit mir die anderen behandeln zu wollen. Wenn es etwas gibt, worüber man unwiderlegbare Informationen besitzt, dann wohl über sich selbst. Jeder von uns weiß sehr gut, was in ihm vorgeht. Man weiß sehr genau, daß wir von Trieben beherrscht werden, die vollkommen widersprüchlich sind, was nicht immer unbedingt sehr angenehm ist. Für mich ist Humor eine Möglichkeit, sich etwas zugleich einzugestehen und dagegen anzukämpfen. Der Anteil des Kämpfens scheint mir größer als der des Eingeständnisses, und zwar zunächst einmal ganz einfach deshalb – man muß ja nichts übertreiben –, weil ich kein Ungeheuer bin. Mir müßte schon allein deshalb die Absolution erteilt werden, weil ich auf mich selbst Einfluß nehme. Und wenn man die öffentliche Erörterung des einen oder anderen schwerwiegenden oder brennenden Themas zuläßt, dann, so glaube ich, wird die ganze Bedeutung des Anteils der Reflexion am Kampf und an der Satire offensichtlich.

Höflichkeit ist nicht der Zwang, ein anderer zu sein. Vor einiger Zeit trat ich in einer Fernsehsendung auf, dessen Moderator – vorsichtig gesagt – in einer völlig anderen Welt lebt als ich. Ich sagte ihm: „Ich warne dich, ich werde Dinge von mir geben, die dir aggressiv vorkommen, ich habe aber nichts gegen dich persönlich. Ich komme nicht hierher, um dich kaltzumachen. Du kannst deine Masche durchziehen, laß mich also auch meine eigene Sprache sprechen." Wir haben miteinander eine Art Abkommen geschlossen. Er hat sein Ding durchgezogen, reines Understatement, durchweg honigsüß, durchweg „nett", und ich meinerseits habe die Leute so angesprochen, wie sie es, glaube ich, von mir erwarten.

„Der Anstand ist in dieser Hinsicht mehr wert als Höflichkeit. Die Höflichkeit schmeichelt den Fehlern anderer, der Anstand hält uns ab, unsere Fehler ans Licht treten zu lassen; er ist eine Schranke, welche die Menschen zwischen sich errichten, um ihre gegenseitige Verschlechterung zu verhindern." Charles Louis de Secondat Montesquieu: Geist der Gesetze

Auch mit dem Publikum schließt man ein Abkommen. Es ist ein Art Reflex. Ich glaube, ich weiß heute, was die Leute an mir mögen. Ich will sie nicht enttäuschen. Ich bin nicht böswillig genug, um sie in ihrer Erwartung zu enttäuschen. Von Harlekin erwartet man, daß er wie Harlekin ist, und von mir, Guy Bedos, erwartet man, daß ich wie Bedos bin. Manchmal nehme ich es denLeuten übel, wenn sie mich dazu zwingen, mein Register in aller Öffentlichkeit zu verlassen. Letztes Jahr im Mai, bei der Demonstration „nach Carpentras“[3)] gab es Leute, die mich fragten: „Wollen Sie uns nicht eine Nummer vorspielen?“ Also nein, ich weiß nicht, jedenfalls nicht hier, nicht jetzt gleich. Offensichtlich gibt es also diesen berühmten Reflex ... Einem Freund, der mit mir auf der Demonstration war, flüsterte ich zu: „Zum Glück sind viele Leute da, wenn nämlich nur wenige gekommen wären, hätte man sagen können, daß das hier ein Reinfall[4)] ist.“ Furchtbar, nicht wahr, ich bin nicht stolz darauf, aber ich kann nichts dagegen machen. Es spielt aber auch eine Rolle, wer etwas sagt, von wem es kommt.

Ich weiß, daß diese Art Humor verletzend sein kann. Mir ist beispielsweise klar, daß ich bei der Verleihung des „Molière“ Laurence Simonin verärgert habe, als ich in bezug auf ihn von Provinz-Komik sprach. Manchmal überrascht es mich, welche Schäden ich anrichte. Ich glaube nicht, daß das, was ich sage, von Bedeutung ist. Dieser Glaube haftet mir seit meiner Kindheit an. Die Bedeutung, die man dem, was ich sagte oder tat, beimaß, hat mich immer überrascht. Und das ist immer noch so. Ich bin eine Art Wortaufwühler. Ich habe den Eindruck, durch meinen Status als öffentlicher Spaßmacher geschützt zu sein. Ich benutze eine bestimmte Sprache, einen Dialekt, und habe so etwas wie eine Konzession. Wird mir auf der ersten Bedeutungsebene auf etwas geantwortet, was ich auf der zweiten oder dritten Bedeutungsebene gesagt habe, dann bin ich hilflos, weil ich keinen Beweis dafür an der Hand habe, niemandem schaden zu wollen. Manchmal müßte man wohl aus Rücksichtnahme auf eine humoristische Bemerkung verzichten können, aber ich habe oft gegen diese Regel verstoßen ... Danach tat es mir dann oft leid. Da ich die Vorstellung von meiner Mission als

„Zwingt uns der Rang, der alles dekken soll, / Tagtäglich hundert Narren anzuhören? / Und müssen wir uns so erniedrigen, / Bei ihrer Frechheit höflich noch zu sein?“ Eraste in Molière: Die Plagegeister I, 6

Spaßmacher und Satiriker, die die Pflicht zu Respektlosigkeit und zur Grobheit mit einschließt, in den Vordergrund gerückt habe, sind Leute schon mal von mir in Schwierigkeiten gebracht worden. Das ist mein eigenes Glaubensbekenntnis, auch wenn der Berufskodex diesbezüglich in der Tat eher vage bleibt. Ich kann sehr verletzend sein. Danach muß man sich schnell aus dem Staub machen. Es kann auch sein, daß die betroffenen Leute sterben, und da fangen dann die Gewissensbisse an …

Wenn man zu sehr nachdenkt, ist nichts mehr lustig. Würde ich einen moralischen Standpunkt einnehmen, dann könnte ich meinen Laden dichtmachen. Zu fast allem läßt sich sagen: „Achtung, zerbrechlich“, es sei denn, der Humor kommt aus dem Widerstand oder aus den Ghettos. Da spielt es keine Rolle, ob man verletzt. Mir ist es egal, wenn ich Le Pen verletze. Um einen Panzer macht man sich doch keine Sorgen. Als wir im Fernsehen die Bilder von den Ereignissen am Tienanmen-Platz gezeigt bekamen, habe ich mehr um diesen einen Menschen gefürchtet, der auf den fahrenden Panzer kletterte, als um die Schäden, die man am Panzer anrichtet, vor allem deshalb, weil man diesen Menschen töten könnte. Ich mag gar nicht an all das verflossene Blut denken … das wird man anschließend wegwischen müssen!!!

Ich habe keinen Leibwächter. Ich bin niemals angegriffen worden. Eher im Gegenteil. Trotz meiner angeblichen Bösartigkeit auf der Bühne werden mir viel Zuneigung und Ermutigungen zum Weitermachen entgegengebracht. Ich bin offenbar der Bote des Schweigens der anderen, das ich in Worte übersetzen muß. Jetzt stößt man an die Grenze zum Größenwahn. Ich bin ein Mensch der Masse, der aus der Masse heraustritt. Es handelt sich um eine Art Selbstdelegierung, die nicht unproblematisch ist. Aber schließlich kann man über die meisten Politiker das gleiche sagen! Das, was ich tue, enthält immer ein nachprüfbares Element: ich bringe die Leute zum Lachen. Rührung läßt sich im Gegensatz zum Lachen nicht messen. Natürlich gibt es auch Lacher, derer man sich schämt. Auch das ist wieder eine Frage der Moral, die ich mit mir selber ausmachen muß. Ich weiß ungefähr, wie weit ich gehen kann, wenn ich ernste Themen behandle. Ich fordere aber auch das Recht auf Leichtigkeit, auf Unschuld, auf Harmlosigkeit, auf das Lachen um des Lachens willen. Ich will nicht, daß alles, was ich sage, als Botschaft verstanden wird, das beängstigt mich. Ich verfüge weder über die Kraft noch über die Mittel, um irgend etwas am Lauf der Dinge zu verändern. Man soll mich in Ruhe das machen lassen, was ich mache.

„Es lacht wirklich befreiend, weil es genau weiß: dem Clown macht dies nichts aus. Der Clown ist über alles erhaben. Ich glaube, es lacht deshalb sogar aus Bewunderung.“
Walter Matthias Diggelmann

Ich bin mir meiner Zerbrechlichkeit vollkommen bewußt, und zwar deshalb, weil ich sterblich bin. Ich bin nicht mehr als irgendein armer Typ in irgendeiner Ecke. Man wechselt sehr schnell vom Licht in den Schatten hinüber. Anders gesagt, wenn ich Filme von Woody Allen und Chaplin oder Stücke von Molière oder Marivaux sehe, weiß ich, daß ich, verglichen mit ihnen, ein Versager bin. Damit finde ich mich ab. Ich besäße nicht die Geschmacklosigkeit, mich mit Genies zu vergleichen, und trotzdem betrachte ich mich weiß Gott auch nicht als den letzten Dreck. Ich weiß, daß es in einem bestimmten Bereich, auf der Ebene, die ich gewählt habe, um mich dort auszudrücken, schlechtere als mich gibt ... Manchmal kann ich es noch nicht einmal ertragen, mit anderen auf eine Stufe gestellt zu werden, die sich des gleichen Registers wie ich bedienen und nicht an mich heranreichen. Ich verabscheue beispielsweise den Begriff „Komiker". Ich will Humorist sein. Ich kann sogar das Risiko eingehen, die Leute nicht zum Lachen zu bringen.

„Die Komik vieler Humoristen ist nur die Überformung ihrer Melancholie. Sie leiden an dem Abstand der realen Welt von einer gedachten, idealen Welt. Der Humor durchschaut die Armseligkeit der Welt vor der Idee, er vernichtet sie geistig durch den Vergleich mit der Idee, läßt sie aber real bestehen." Fritz Usinger: Die geistige Figur des Clowns in unserer Zeit

Pierre Desporges ging sehr weit mit der Höflichkeit. Er war so etwas wie ein rechter Anarchist, und ich bin eher ein linker Libertin, einer der sehr kritischen Linken, aber unsere Weltsicht stimmte in einigen Punkten überein. Wir waren uns ähnlich. Er war ein Vertreter dieser typischn Haltung der Rechten, nicht wirklich an den Menschen zu glauben, ein absoluter Pessimist. Ich dagegen neige aufgrund meines Wesens und meiner Erziehung eher dazu, den Menschen ein wenig Hoffnung zu geben. Es ist nicht sehr rücksichtsvoll, den Menschen während einer Vorstellung ihre vollkommene Hilflosigkeit vor Augen zu führen. Aber wie alle Humoristen habe ich eine Vorliebe für schwarzen Humor. Der Tod ist eines meiner Themen. Es geschieht ganz unbewußt, denn der Tod umgibt uns ... Freunde wie Desporges und Michel Drach verschwinden ... Es ist schwer, nicht dauernd zwischen dem Allgemeinen und dem Privaten hin und her zu wechseln. Wenn man die ganz persönlichen Empfindungen zum Ausgangspunkt nimmt, kann man die Dinge deutlicher, fleischlicher zum Ausdruck bringen.

Bei meinen Kindern dulde ich keine sprachlichen Schlampereien. Das hat etwas mit Respekt zu tun. Wenn meine Kinder sich dazu hinreißen lassen, unnötig schmutzige Wörter zu gebrauchen, korrigiere ich sie. Ich halte es für überflüssig, bei jeder Gelegenheit Wörter wie Fotze, Ei, Schwanz, Scheiße von sich zu geben. Meine Kinder lachen, wenn ich auf der Bühne schmutzige Wörter benutze. Zwischen Grobheit und Vulgarität gibt es aber einen Unterschied. Meine Kinder werden niemals vulgär sein. Allerdings sind sie manchmal ziemlich unflätig, und ich versuche, das zu korrigieren. Und zwar, um sie zu schützen, damit sie sich in der Gesellschaft sehen lassen können. Mich persönlich stört es nicht, wenn meine siebenjährige Tochter zu Hause von den Eiern ihres Bruders spricht. Es macht ihr Spaß.

Auf der Bühne lebt eine Art Kindheit in mir auf, die dafür sorgt, daß Grobheit zu einem Vehikel für die Freizügigkeit des Ausdrucks wird. Die Zensur der Sprache wird sehr schnell auf die Gedanken ausgeweitet. Dabei fällt mir das Beispiel des amerikanischen Humoristen Lenny Bruce ein, der vom damaligen System abgeschossen wurde, weil er – nach offizieller Version – grob gewesen sei. Er konnte nicht einmal mehr zwei Worte auf der Bühne artikulieren, ohne daß man ihm nicht den Prozeß gemacht oder ins Gefängnis gesteckt hätte. Er nahm Drogen und ist zum Alkoholiker geworden. Wegen meiner schmutzigen Wörter hat man mich mit ihm verglichen. Im Augenblick hat sich meine Situation aber verbessert.

Für mich ist Vulgarität eine Attitüde, die man annimmt, um über Dinge zu sprechen, von denen man nichts versteht, wie beispielsweise in einigen Fernseh-Kultursendungen. Wenn ich Eve Ruggieri sehe, wenn ich sie in ihren Kleidern sehe, mit ihren Frisuren, die sie in jeder Einstellung wechselt, wenn ich sie über Musik sprechen höre, dann erinnert sie mich mehr an die erste Friseuse von „Carita“ als an Madame de Sévigné! Die Vorgaukelung von Qualität ist vulgär. Mit ihrem Hühnerarschgesicht macht sie auf mich den Eindruck, als würde sie mir ihre Musik verkaufen wollen. Ich frage mich, wieviel sie wohl kosten mag! Und doch ist all das sehr distinguiert, man ist unter sich. Für mich ist das genauso abgeschmackt wie Patrick Sabatier mit seiner wöchentlichen Unterhaltungssendung „Avis de recherche“.

„Ich selbst vergesse oft eine oder die andere von diesen eitlen Prunkpflichten: so wie ich in meinem Hause, so viel ich nur kann, alle Zeremonien abkürze. Diesen oder jenen verdrießt es; was soll ich tun? Es ist besser, ich mache ihm einmal Verdruß, als mir tagtäglich, und einen endlosen Zwang." Michel de Montaigne: Essays. Zeremonien bei Zusammenkünften der Könige

Es fällt mir nicht leicht, Anekdoten über die Unhöflichkeit bei sogenannten wichtigen gesellschaftlichen Anlässen vorzubringen. Leute, die sie mitten im Satz stehen lassen, weil sie befürchten, jemanden Wichtiges nicht mehr zu treffen usw. An den Premiereabenden beispielsweise bin ich sehr glücklich, wenn alles gut geklappt hat, und bei den anschließenden Treffen bin ich sehr unglücklich. Es sind immer eine Menge Leute da, denen ich eigentlich nichts zu sagen habe, aber ich denke, daß das in unserem Beruf nun einmal so ist. Die zwischenmenschlichen Beziehungen folgen einer bestimmten Dramaturgie. Ich habe das Leben im Theater kennengelernt, bei Shakespeare, Molière, Marivaux. Da habe ich alles über Politik, Moral und Liebesbeziehungen gleichzeitig gelernt. Das Theater kann Sie zum Leben zurückführen. In einem seiner Filme hat Fellini alle Personen als Clowns gesehen. Ich neige gleichfalls zu der Ansicht, daß es so etwas wie eine notwendige Inszenierung gibt ... Die Premieren, ... Cocktails ..., dem kann man sich nicht entziehen. Der Text wird uns von so etwas wie einem Demiurgen eingeflüstert, der uns zwingt, so zu sein, wie wir nicht sein wollen. Im allgemeinen besteht die Rache der Leute, die sich in diesen Sphären bewegen, darin, sich den anderen gegenüber giftig zu verhalten. Das hat etwas von einer Selbstgeißelung. Will man dieses Problem für sich selbst zu einem guten Ende bringen, geht man einfach nicht hin.

Man kann die Situationen, in denen man auf Unhöflichkeit stößt, in eine Reihe typischer Abteilungen untergliedern, beispielsweise die Rüpelhaftigkeit beim Autofahren. In einem meiner Sketche sage ich: „Es gibt Situationen, da bedauert man, daß man nicht Psychologie studiert hat, und dann stellt man auf einmal fest, daß es noch besser gewesen wäre, Judo gelernt zu haben." Es gibt Situationen, in denen Höflichkeit unangebracht ist. Ich selbst fahre kein Auto, aber meine Frau, und ich flehe sie immer an, nicht auf jede Beschimpfung und jede Provokation einzugehen. Man beschimpft sie oft als Nutte, obwohl es dafür keine Beweise gibt, das ist sehr übertrieben. Ich fürchte nur, daß sie darauf eingeht. Ich kenne Typen, die meiner Frau bei einem Cocktail die Hand küssen würden und ihr bei anderer Gelegenheit die Faust ins Gesicht schlagen. Eine Frau zu schlagen, betrachte ich als absolutes Tabu. Dafür kann ich mich mit Typen prügeln, denn das ist die einzige Sprache, die sie verstehen. Männer sind unglaublich feige. Einmal saß ich neben meiner Frau im Auto; man hatte mich nicht gesehen – ich bin nicht sehr groß –, und dann fingen die Beschimpfungen wegen einer Parkplatzgeschichte an, woraufhin ich aus dem Wagen aussteige und auf den Typen zugehe, der wie zufällig weggeht – und ich bin nicht gerade gebaut wie Tarzan! Das ist eine Fremdsprache, die man lernen muß, selbst wenn man sie für vollkommen absurd hält.

„Ob es sich nun um selbstsichere Industrielle handelt oder um Kleriker – sie erwarten Prügel, und seitdem mir das bewußt geworden ist, bin ich nicht mehr bereit, Prügel, wenn auch nur scheinbare, auszuteilen." Heinrich Böll: Frankfurter Vorlesungen

Eine andere Abteilung: das rassistische Geschwätz in Taxis. In Marseille habe ich einmal drei Taxis nacheinander genommen. Die Fahrer sind genau so über die Araber hergezogen, wie man es von ihnen erwartet. Immer dasselbe Geschwätz, man konnte den Eindruck gewinnen, sie hätten sich jeweils das Stichwort gegeben. Und ich habe halt geschwiegen. Zunächst einmal – Berufskrankheit –, weil ich wissen wollte, wie weit sie wohl gehen würden. Normalerweise bin ich aber enttäuscht: unglücklicherweise habe ich dieses Thema schon lustiger behandelt. Ich laß sie ihren Mist erzählen. Keine Zeit: Wenn einer seit fünfzig Jahren ein Idiot ist, dann werde ich ihn nicht in einer Viertelstunde ändern,

„Ein Mann wird nicht arm, wenn er höflich spricht."
Ägyptische Weisheit

soll er doch daran verrecken! Wenn man's genau nimmt, dann ist es leichter, eine Rede, die ich für gut halte, in die Welt zu setzen, ohne unterbrochen zu werden, und nach der jeder beim Hinausgehen sehen muß, wie er damit zurecht kommt, als mit irgendeinem Dahergelaufenen zu diskutieren. Man muß sich wohl damit abfinden, daß in dieser Art von Diskussionen nicht immer das die Oberhand behält, was wir selbst für klug halten. Ich habe erlebt, wie sich bemerkenswerte Leute von vollkommenen Idioten den Mund haben stopfen lassen. Offenbar eine Frage der Dezibel, des Luftvolumens, der Energie; es gibt eben dumme Leute mit einem unglaublichen Tonus. Das ist entmutigend.

Neben diesen klassischen Abteilungen der Unhöflichkeit oder der Vulgarität gibt es scheinbar entgegengesetzte Situationen schleimiger Höflichkeit. Hierbei denke ich an das Gesäusel der bourgeoisen Konversation, an die Diners in der Stadt, bei denen nichts gesagt wird, weil es keine affektive Beziehung zwischen den Menschen gibt. Niemand empfindet etwas für den anderen, aber alle sprechen miteinander. Man fädelt Perlen auf. Das ist höflich, aber es fällt einem auf den Wecker. Es bringt einen zur Raserei, weil es nicht nett ist, seine Zeit zu verlieren. Manchmal habe ich mir an solchen Abenden eine hysterische Konfrontation mit Leuten erspart – derselbe Kampf wie mit den Taxifahrern –, von denen ich wußte, daß sie auf jeden Fall zu alt wären, um sie von ihrer Dummheit, die sie seit so langer Zeit mit sich herumschleppten, heilen zu können. Meine Frau geht bei Nichtigkeiten auf die Palme. Sie sagt, daß sie nicht wie ich in der glücklichen Lage sei, sich auf der Bühne in aller Öffentlichkeit ausdrücken zu können. Im Jahr der Zweihundertjahrfeier der Französischen Revolution habe ich miterlebt, wie sie sich mit einem fanatischen Anhänger der Monarchie über Marie-Antoinette in die Haare kriegte. Das war vollkommen unnütz.

Worin besteht Höflichkeit? Zweifellos darin, den unmittelbaren Reflex zu überwinden, selbst wenn man ein Anhänger von Wahrheit und Ungezwungenheit ist, ohne dabei zu einer dieser Karikaturen der Höflichkeit zu werden, wie es Heuchelei und Lüge sind. Höflichkeit ist die Bereitschaft, dem anderen das zu geben, was man selbst für sich im alltäglichen Umgang erwartet.

Wird man selbst schlecht behandelt, fällt einem das schwer. Ich kann mich an eine Zeit erinnern, so um 1974/75, da hatte ich praktisch Auftrittsverbot im Fernsehen. Bestimmte Kritiker bestimmter Zeitungen versuchten, mich abzuschießen. Man sagte, ich sei verbittert und eifersüchtig, und da ich nicht im Fernsehen zu sehen war, glaubten viele Leute auch daran. Ich habe jedoch eine eher gute Erziehung genossen und spucke nicht auf die Teppiche meiner Gastgeber. Dieser dauernde Ketzerprozeß hatte allerdings zur Folge, daß ich ein ganz klein wenig „unhöflicher" wurde. Jedesmal, wenn ich mich einer Kamera oder einem Mikrophon näherte, war ich also der Fanatiker vom Dienst, der ich zu sein hatte. Jetzt haben sich die Dinge geändert. Seitdem die Linke an der Regierung ist, haben sich die Leute verändert, andere sind umgeschwenkt. Aus Vasallen der Rechten werden hervorragende Vasallen der Linken!

Im Grunde trete ich für Höflichkeit ein, weil sie die Achtung des anderen, die seines Andersseins usw. bedeutet. Ich habe aber nicht die Absicht, eine verschwommene linke Engelsrede etwa folgender Art zu halten: „Ich bin nicht Ihrer

Meinung, aber dafür, daß Sie ihre Gedanken frei äußern können, würde ich mich töten lassen." Stellen wir uns einmal eine Fernsehdiskussion vor, in der Anne Frank das zu Hitler sagen würde! Etwa so wie in Atomkraftwerken kommt der Moment, in dem Alarm ausgelöst wird. Im Frühjahr 1990 ist die Schwelle zur Intoleranz fast überall überschritten worden. Was die Sache schwierig macht, ist die Tatsache, daß aus den Opfern von gestern die Henker von heute werden können. Was in Paris wahr ist, muß es nicht notwendigerweise auch in Beirut oder in Jerusalem sein. Die größtmögliche Unhöflichkeit ist die Diktatur, der Genozid, aber der Begriff Genozid darf von niemandem monopolisiert werden. Es gibt weniger schlimme, aber genauso unhöfliche Fälle, beispielsweise Leute auf die Straße setzen und sie in einer Grünanlage kampieren zu lassen. Unhöflichen Leuten gegenüber darf es keine Höflichkeit geben. In bestimmten Situationen sind sowohl Humor als auch Höflichkeit unangemessen. Im Augenblick kämpfe ich dafür, daß das Heim von Izieu[5] eine Gedenkstätte wird. Ich weiß, daß der Humor hierbei nicht im Vordergrund stehen wird.

„Unhöflich sind der Niedrigkeit Genossen."
Goethe: West-östlicher Divan. Buch der Betrachtungen

Aus dem Französischen von Bernd Wilczek

Max Goldt

Ich möchte Maria Distel nicht kennenlernen[1)]

„Es gibt zwei Arten schlechter Lebensart: einmal blöde Verlegenheit und zum andern ungehörige Nachlässigkeit und Unhöflichkeit in unserem Benehmen; beides vermeidet man, wenn man eine einzige Regel genügend beachtet: nicht zu gering von sich selbst und nicht zu gering von anderen denken."
John Locke: Gedanken über Erziehung.

Unhöfliche Menschen sind schier einfach überhaupt nicht zum Aushalten. Ich notiere diese durchaus unoriginelle Ansicht, um den Kolumnenkonsumenten schonend darauf vorzubereiten, daß ihm allerlei Auslassungen über die Unhöflichkeit ins Haus stehen, da ich finde, daß es höchste Eisenbahn ist, mit der Unhöflichkeit hart ins Gericht zu gehen. Ich bin der Meinung, daß ich dies unbedingt tun sollte, da der Zeitschriftenmarkt von Artikeln über die Unhöflichkeit nicht gerade trieft. Statt dessen las ich z.B. gestern in einer sogenannten Schundzeitschrift einen Artikel über den *Orgasmus*. Frauen haben, so stand da, bestimmte Punkte am Leib, auf die sie nur geschickt drücken müssen, um Orgasmen von fast beliebiger Länge zu erzeugen. Von einer britischen Hausfrau wurde berichtet, daß sie sich einen vier Stunden langen Orgasmus gedrückt, man ist fast geneigt zu sagen: programmiert haben soll. Ich hoffe aber, das greift nicht um sich. Es kann ja auch nicht im Interesse der Männer liegen, wenn am Abend die Freundin anruft und sagt: „Du, ich kann heute leider nicht mit ins Kino kommen. Ich habe gerade einen Orgasmus." Und wenn man bei *Bolle* nach Käse ansteht, will man doch auch lieber, daß die Verkäuferin normal ist, denn ein Orgasmusmarathon dürfte kaum höflichkeitssteigernd sein. Mit der Höflichkeit im Hause Bolle ist es aber ohnehin nicht gut bestellt. Die Verkäuferinnen haben ein beachtliches Talent, den Kunden auch ohne Worte wissen zu lassen, daß sie es für eine bodenlose Unverschämtheit halten, daß man am hellichten Tag faul Einkaufswagen vor sich herschiebt, während sie sich abrackern müssen. In völlige Ungnade versinkt man, wenn man eine Bolle-Frau mit dem Ansinnen konfrontiert, Pfandflaschen zurückzugeben. Leere Flaschen berühren zu müssen, ist in den Augen dieser Frauen eine furchtbare soziale Demütigung. Sollte auch nur ein winziges Stäubchen an den Gefäßen sein oder gar ein Flüssigkeitsrest darin, werden die schlimmsten Grimassen gezogen, und vorwurfsvoll wischen sie sich die Hände am Kittel ab. Am besten, man poliert die Flaschen mit samtenen Lappen und läutert sie in Rosenwasser, bevor man sie zu Bolle bringt. Eine schöne Standpauke erwartet einen auch, wenn man versehentlich mit einer Flasche einhergetanzt kommt, die man in einem anderen Geschäft gekauft hat. Meine Bude ist voll von Pfandflaschen, die ich nirgendwo abgeben kann, weil ich mich nicht erinnern kann, wo ich sie gekauft habe. In diesem Zusammenhang lobe ich mir Wien. Dort kann man jede x-beliebige Flasche in jedem Geschäft abgeben. Gerne erinnere ich mich an eine Pfandflaschengrille, in der *Ursula Hübner*, eine fantastische Frau und Malerin, die ihre Abende nicht ungern in alkoholisierter Geselligkeit verbringt, eine tragende Rolle spielt. Die Flasche pflegt sie dann immer sorglos in den Flur zu stellen. Eines Tages bekam sie Besuch, dem angesichts der Flaschenmyriaden einige launige Mutmaßungen über ihren Alkoholkonsum entfuhren, was Ursel wohl etwas wurmte, denn am nächsten Tag ersuchte sie mich, mit ihr beim Supermarkt Renner eine Flaschenentsorgung vorzunehmen. Wir brach-

„Wir sind in hohem Grade durch Kunst und Wissenschaft kultiviert, wir sind zivilisiert bis zum Überlästigen zu allerlei gesellschaftlicher Artigkeit und Anständigkeit.“ Immanuel Kant: Ideen zu einer allgemeinen Geschichte in weltbürgerlicher Absicht.

ten es zustande, in meinem alten Interrail-Rucksack und diversen Reisetaschen ca. 200 Flaschen unterzubringen, welche die Verkäuferin völlig klaglos entgegennahm, was insofern erstaunlich war, da die Flaschen nicht nur zentimeterdick mit schmierigem Wohngemeinschaftsstaub bedeckt und mit dicken Schimmelbatzen angefüllt waren, sondern aus einer während der Rückgabe ein ziemlich abstoßendes Insekt herausflog. Die Verkäuferin begrüßte das sich bald im Supermarkt verkrümelnde Kerbtier mit einem herzlichen ksch, ksch und händigte uns freundlich das aus, was man in Österreich den *Floschnzättl* nennt.

„Man muß, selbst widerstrebend, suchen, mit den andern zu harmonieren.“ Johann Peter Eckerman: Gespräche mit Johann Wolfgang von Goethe

Ich wollte mit dieser Schilderung nicht in die Richtung generalisieren, daß man in der Alpen-, Skandal- und Tasse-Kaffee-kostet-vier-Mark-Republik höflicher als in Deutschland sei. Gestern bezahlte ich in einem Wiener Schallplattengeschäft einen Tonträger – den Umstand, daß ich eben nicht geschrieben habe: gestern bezahlte ich in einem Schallplattengeschäft eine Schallplatte, bitte ich lediglich als eine Konzession an das zu verstehen, was man fälschlicherweise als guten Stil bezeichnet –, also, gestern bezahlte ich in einem Wiener Tonträgergeschäft eine Schallplatte, und während der Verkäufer meine Öschis einsackte, würdigte er mich keines Blickes, sondern unterhielt sich mit einem irgendwelche Zettel ordnenden Kollegen über eine Frau *Maria Distel*, die ich nicht kenne und auch nie kennenlernen wollte. So etwas kann ich auf den Tod nicht ausstehen. Es ist weit mehr als eine Unhöflichkeit, nämlich eine Monstrosität, mit jemand anderem zu plaudern, während man einen Kunden bedient. Durch fünfmaliges mechanisches Servus- und Dankeschönblöken wird hier auch nichts ausgeglichen. Obendrein kaute der Typ Kaugummi. Daß er seinen Arbeitsplatz weiterhin besetzt hält, verdankt er allein meiner pazifistischen Schrulle, Schallplattengeschäfte im allgemeinen unbewaffnet aufzusuchen.

Leider begegnet man dem Phänomen der Unhöflichkeit auch außerhalb des Einzelhandelsmilieus. Ein Steckenpferd, das Unhöfliche mit besonderer Leidenschaft reiten, ist z.B. der *unangemeldete Besuch*. Einmal klingelte es bei mir, ich war bereits im Schlafanzug, da es an Mitternacht heranreichte, und ich fragte durch die Wohnungstür hindurch, wer denn da den Wunsch habe, mich zu stören. „Wir waren bei deiner Lesung in Minden und wollen dich mal besuchen." Ich öffnete die Tür nicht, gab lediglich zurück, daß ich ab einer gewissen Tageszeit nicht mehr unangemeldet empfange, und es trollten sich zwei, die jetzt sicher fehlmeinen, daß ich der Unhöfliche gewesen sei. In unangemeldeten Besuchen erkenne ich einen gräßlichen Mangel an Weltläufigkeit und Urbanität. Lediglich im Beitrittsgebiet ist das gang und gäbe, weil die Menschen dort keine Telefone haben. Deswegen herrscht dort eine ständige Besucherei. Unentwegt hocken sie beieinander und verströmen ihre berühmte menschliche Wärme. (In Wirklichkeit: Streit, Saufen, Sexgeschichten, öde Gespräche.)

Höflichkeit ist die Kunst des Zuhörens, Takt die Kunst des Weghörens." Verfasser unbekannt

Das Telefon ist eine vortreffliche Sache, so man versteht, es dosiert zu nutzen. Vor jedem Telefonat sollte man sich fragen: Ist das jetzt wirklich nötig? Rechtfertigt es mein Anliegen, den anderen Teilnehmer aus möglicherweise besten Gedanken oder Gebeten zu reißen? Ließe sich das nicht auch schriftlich erledigen? Leider ist das Telefon der Unhöflichen liebstes Marterinstrument, dessen sie sich hemmungslos bedienen. Neulich rief eine Frau von einer Schundzeitschrift bei mir an und sagte: „Wir machen eine

Umfrage. Was war ihr bislang witzigstes Erlebnis in einem Fahrstuhl?" Ich reagierte heftig! Man merke sich: Bei einem Menschen, den man nicht persönlich kennt, muß dem ersten telefonischen Kontakt grundsätzlich ein schriftlicher vorausgegangen sein. Als Ausnahmen könnte man Notärzte etc. dulden. Ganz allgemein sollte man dem Schriftverkehr wieder mehr den Vorzug geben. Kernstück einer gelungenen Kommunikationskultur sollte weniger der Brief (lästiges Aufreißen, Papierverschwendung, herumfliegende Papierstreifen) als die Postkarte sein. Das kleine Format hält zu bündiger Formulierung an, und mit den Abbildungen auf Ansichtspostkarten kann man viel Freude bereiten. Viele sammeln ja Tierpostkarten. Der Zeichner Tex Rubinowitz sammelt z. B. Postkarten von Schafen, auf denen Fliegen sitzen. Drei verschiedene hat er bereits. Ich sammele hingegen Karten mit häßlichen modernen Plastiken, klobigen Mehrzweckhallen oder Fußgängerzonen, in denen zufällig irgendwelche bescheuert aussehenden Menschen herumlaufen. Mein Nachbar hat eine Karte von der Fußgängerzone in Kopenhagen, wo ein Mann sich am Sack kratzt. Ich beneide ihn sehr darum, obwohl ich es nicht sehr höflich finde, seine Geschlechtsteile in der Öffentlichkeit zu rearrangieren. Höflich hingegen sind, um ein zusammenfassendes Schlußwort zu finden, Menschen mit kurzen Orgasmen, denen man dreckige Flaschen in die Hand drücken kann und die einem zum Dank Postkarten mit scheußlichen Brunnen schicken.

Marc Wetzel

Beschimpfungen im Radio, live

„Höflichkeit ist ein vielgestaltiges Ritual, das plumpe Vertraulichkeit ausschließt, die Härte einer Auseinandersetzung mildert, den tatsächlich ausgeübten Druck aber auch verschleiert."
Arno Plack: Ohne Lüge leben. Zur Situation des Einzelnen in der Gesellschaft

Ganz friedlich befragte ich im Rahmen der Reihe „Über Werte reden" auf France-Culture im Sommer 1988 den Soziologen Yves Bartaud ausgerechnet zum Thema Höflichkeit, als nach der Hälfte des Gesprächs etwas passierte, das die Redaktion als so gravierend einschätzte, daß sie es durchsetzte, gleich die gesamte Sendereihe zu „kippen". Im folgenden wird der Vorfall wortwörtlich wiedergegeben. Da die Angelegenheit verwaltungstechnisch abgeschlossen ist, mache ich von Yves Bartauds freundlicher Genehmigung Gebrauch, den Vorfall zu veröffentlichen und dabei seine einzige Auflage zu respektieren: seinen Titel zu übernehmen.

Marc Wetzel: Dieses dritte Gespräch innerhalb der Reihe kommt nicht von ungefähr. Da die beiden vorangegangenen Themen (Großzügigkeit und Genügsamkeit) als Tugenden unangefochten sind, macht uns die Höflichkeit in dieser Reihe eher stutzig.

Yves Bartaud: Nicht im etymologischen Sinne. Wenn man davon ausgeht, daß Tugend Seelenstärke, rationale Beherrschung des eigenen Verhaltens, besondere Gabe in der Kunst des Zusammenlebens ist, dann ist die Höflichkeit sicherlich eine Tugend, die ihren letzten beiden Gesprächsthemen mindestens ebenbürtig ist.

Das setzt aber voraus, daß Höflichkeit niemals ein Laster ist, während Unhöflichkeit immer eines ist ...

Aber das versteht sich von selbst: die Höflichkeit bringt kein unumstößliches Recht ins Wanken, sie schafft eine Gegenseitigkeit, die weder verrufen noch verdorben ist, und sie beruft sich auf eine naturgemäße Allgemeingültigkeit: wenn das Gute sich mehr in den Vordergrund stellen würde, käme das Böse weniger zum Zuge. Aus diesem Grund gibt es auch keine lasterhafte Höflichkeit. Schlimmstenfalls – und das ist das einzige Zugeständnis, das man einräumen kann – schlimmstenfalls also ist die Höflichkeit ein geringeres Gut, aber niemals ein Übel, genauso wie umgekehrt die Gewalt im besten Falle ein kleineres Übel ist, aber niemals etwas Gutes.

Sie dürfen uns gleich alle diese Punkte erläutern, aber mir fällt an Ihnen eine ethische Offenheit auf, eine ausgesprochene moralische Parteinahme, was selten ist oder ganz einfach unerwartet von Seiten eines Soziologen, der Normen und Gebräuche in der Gesellschaft untersucht.

Warum eigentlich?

Wir hatten Sie auf dem neutraleren Gebiet der Beschreibung oder der Klassifizierung von Verhaltensweisen, von sozialen Ritualen angesiedelt ...

Und über welches Gebiet habe ich gerade gesprochen?

Ganz offensichtlich über das der Moral. Sofort zu behaupten, daß Höflichkeit immer gut sei, daß die Höflichkeit das in die Tat umgesetzte Gute sei, das ist erstaunlich für einen Geisteswissenschaftler, einen Spezialisten, der Normen distanziert betrachten sollte!

Geben Sie ruhig zu, daß Sie mich genau deshalb eingeladen haben!

Entschuldigung … für was?

Um den Hörern das objektivistische Blabla zu ersparen! … Wissen Sie, warum die gesamte Soziologie nichts über die Höflichkeit zu sagen weiß? Weil sie selbst der Gipfel der Weisheit in Sachen Höflichkeit ist, sie hat sich immer gerühmt, die ehrfürchtige Beobachterin zu sein, die ganz bewußt nicht stören will und sich höflich zeigt gegenüber den sozialen Strukturen, der sozialen Veränderung und – als Gipfel der Galanterie, der Selbstbeweihräucherung! – sogar gegenüber den Sozialwissenschaften! Die Soziologie, verehrter Herr Wetzel, ist die Höflichkeit der Vernunft in bezug auf ihre eigenen gesellschaftlichen Leistungen, ihre tragikomischen institutionellen Verkörperungen, und demzufolge bleibt sie darauf beschränkt! Der peinlich genaue und allseits überprüfbare Versuch der Selbstverwaltung der sozialen Ratio!

Sie scheinen ihr gegenüber nicht die Höflichkeit zu empfinden, der Sie sie bezichtigen. Und wenn andererseits die gesamte Soziologie, wie Sie sagen, eine erkenntnistheoretische Höflichkeit ist, eine gedankliche Gefälligkeit, eine formelle Feinfühligkeit der Vernunft im Verhältnis zu ihren eigenen kollektiven Leistungen, wie können Sie dann im selben

Atemzug behaupten, daß Höflichkeit immer gut ist und daß sie grundsätzlich den Respekt verdient, den sie einflößt?

Wem ist schon ernsthaft daran gelegen, die Soziologie zu verdammen? Nicht doch, sie ist ganz reizend, und ihr Anspruch der objektiven Unvoreingenommenheit nach dem Motto: „Die soziale Wirklichkeit hat das Recht, so beschrieben zu werden, wie sie ist"! bildet, wie ich schon gesagt habe, eine sehr bequeme Anpassung an das Ideal der Achtung, der grundsätzlichen Anerkennung des Rechts auf Selbstbejahung!

Aber wenn Sie das sagen und vom ethischen Prinzip der Objektivität herleiten, machen Sie sich über diese Objektivität lustig!

Nur über ihre Selbstgefälligkeit! ... Es stimmt, daß die Objektivität so beschränkt bleibt: sie ist der Glaube an die unüberprüfbare Unabhängigkeit der Vernunft!

Ist sie demnach so schlecht fundiert?

Sie ist so schlecht fundiert, wie sie es von sich selbst annimmt! Es geht um folgendes: die Vernunft wagt sich irgendwie auf das Terrain des Denkens und sagt: erstens erhält das Wahre nur durch Beweise Gültigkeit, zweitens bin ich, die Vernunft, die Grundlage jeden möglichen Nachweises, folglich bin ich drittens das Fundament der Wahrheit. Objektivität bedeutet: warum soll es wahr sein, daß die Vernunft die Grundlage der Wahrheit bildet? Weil ohne Objektivität das Wahre an der Wahrheit flötengeht. Da also jeder Fundamentalsatz zunächst einmal ein Entgegenkommen ist, bin ich ein Verfechter der Objektivität aus Höflichkeit!

Unseren Hörern dürfte es schwerfallen, Ihrer Argumentation zu folgen …

Die Hörer werden verunsichert, werter Herr Wetzel, wenn Sie sie dazu bringen! Aber ich werde erklären, was ich meine. Was also verbindet alle rationalen Erkenntnisse miteinander? Die Objektivität. Was unterscheidet sie voneinander? Ihr Gegenstand, ihre Zielsetzung, die Selbstwahrnehmung und die Wahrnehmung der anderen, die partikulare Sicht ihrer Gemeinsamkeiten. Echte Personen, die der Vermittlung bedürfen, um das Aufeinanderprallen ihrer Eigenheiten zu verwalten: der Vermittler der Objektivität. Die Definition der Höflichkeit lautet: das Interpersönliche ist unpersönlich. Die Höflichkeit ist die Interimspersönlichkeit, so wie die Wissenschaft die Interobjektivität ist.

„Wissenschaft und Höflichkeit paaren sich nicht immer: / Öfters ist ein hölzern Haus, wo ein goldnes Zimmer." Friedrich von Logau: Sinngedichte

Daraus soll man nun schließen, daß alle Wissenschaft die Höflichkeitsform der Wirklichkeit ist!

Das allerdings ist unbestreitbar! Das Comment des einen inszeniert das Warum des anderen!

Aber jede Inszenierung ist die Reinszenierung der Beziehung zum anderen im Hinblick auf dessen Unzulänglichkeit … ist also Lüge!

In diesen Worten wiegt der gesunde Menschenverstand sich in Sicherheit!

Der gesunde Menschenverstand, den Sie anführen, wünscht mit Sicherheit einige nähere Erläuterungen ihres Standpunkts!

Sehr gut. Nun: was hält die Wissenschaft im allgemeinen von der Vernunft?

Nur Gutes.

Sehr gut. Gibt es eine Wissenschaft – eine genügt! – die sich rühmen könnte, die Vernunft für sich allein zu beanspruchen?

Dieser Anspruch würde ihren Status ruinieren.

Sehr gut. Nun: muß eine Wissenschaft wissen, was die anderen Wissenschaften von ihrer Wissenschaftlichkeit halten, um sich selbst zu denken?

Nein.

Wie beurteilt eine Wissenschaft, die ihren Namen verdient, die Gültigkeit einer anderen Wissenschaft: nach ihren eigenen Regeln oder nach den Regeln der anderen Wissenschaft?

Nach den Regeln der anderen, natürlich.

Wie also bezeichnet man jeweils: so zu leben, wie man selbst annimmt, daß die anderen es sich vorstellen, und andererseits: sich so zu verhalten, wie der andere meint, daß man es selbst für richtig hält?

„Denn es ist eine unhöfliche Anmaßung, alles herabzuwürdigen, was nicht nach unserem Geschmacke ist."
Michel de Montaigne: Essays

Eitelkeit, dann Höflichkeit.

Also steht fest: keine Wissenschaft ist vergeblich, alle Wissenschaften sind höflich.

Aber ist die Ehrerbietung der Wissenschaften untereinander nicht ohne Hintergedanken?

Womit sonst, wenn nicht durch einen Gedanken, soll ein Gedanke, ihrer Meinung nach, sein Hinteres behaupten?

Das frage ich mich langsam.

Wie bitte?

Ich sage, wie andere Hörer vielleicht – aber es steht mir nicht zu, den Hörern etwas zu unterstellen – ich frage mich also: was könnte die reale Grundlage ihrer bevorzugten Denkweise sein?

Welche Denkweise ist das?

Jeder hat sich davon überzeugen können: der Kalauer.

Ich nehme an, daß Sie scherzen?

Vielleicht in dem Sinne, daß der Versuch, darüber zu lachen, nunmehr vergeblich wäre, ja …

Ihnen ist bewußt, nehme ich an, daß Sie Ihren Interviewpartner auf höchst sonderbare Weise live bloßstellen!

Ich werde mit Ihnen antworten: aus diesem Grund haben Sie sich doch hierher einladen lassen!

Um mich beleidigen zu lassen?

Eine Herausforderung ist noch keine Ohrfeige!

Aber das wäre die Gelegenheit dazu!

Aber Gott sei Dank verhindern ja die Höflichkeit und die mutmaßliche Objektivität ihrer Vernunft jeden Rückgriff auf solche Gewalttätigkeiten!

Seien Sie sich bitte nicht allzu gewiß, daß ich die beiden direkten Konfrontationen weiter auseinanderhalten kann: den Rundfunk ... und den Boxkampf!

Ich nehme Notiz von dieser Drohung, aber möchte Sie daran erinnern, daß das Ballen der Faust im Radio unvergleichlich schlechter hörbar ist als zum Beispiel eine Beschimpfung!

Aber es gibt Mondgesichter, die den auf sie zielenden Fäusten einen satten Klang verheißen!

„Mancher glaubt schon darum höflich zu sein, weil er sich überhaupt noch der Worte und nicht der Fäuste bedient.“ Christian Friedrich Hebbel

Aber ein synchroner Schlag in ihres würde durch Interferenz alle Wellen auslöschen!

Ich finde es recht armselig, dieses Gespräch über Höflichkeit mit einem privaten Boxkampf zu füllen.

In diesem Fall bin ich gerne bereit, Sie zu unterstützen und Sie bei unseren Hörern für Ihre Feigheit zu entschuldigen.

Nehmen Sie sich in acht, guter Mann, daß Sie die Ironie nicht zu weit treiben ... Sie könnten in ein Schlamassel geraten, aus dem sie alleine nicht mehr rauskommen.

Ihre Androhungen sind im wesentlichen richtig ...

Ich fürchte, daß die Zeit, die Ihnen für Ihre Ausführungen zur Verfügung steht, auf einmal knapp werden könnte!

Nun gut. Durch Ihre unbestreitbare Offenheit wird uns die Verachtung möglicherweise leichter fallen, zumindest aber wird es einfacher, auf sie zurückzugreifen – obgleich dies zugegebenermaßen keine einfache Angelegenheit ist!

Sind Sie sich wenigstens darüber im klaren, welchen Skandal Sie hier gerade verursachen?

Mein Herr, ich tue, was zweihunderttausend Ohren von mir wollen: ich übe meinen Beruf aus!

Erklären Sie doch bitte zweihunderttausendundzwei Ohren die Beziehung zwischen Ihrer haarsträubenden, aggressiven Gehässigkeit und Ihrem Beruf als Wissenschaftsjournalist!

Ich habe einen Fachmann für Normen und Gebräuche in der Soziologie eingeladen. Ich treffe – und das kann immer vorkommen, ohne an sich schon ein Reinfall zu sein – auf einen Dummkopf. Aber ich mag sie lieber, wenn sie lederhart sind, so massiv, daß sie mich regelrecht inspirieren. Ich bin enttäuscht und hadere, daß ich mich mit Ihnen abquälen muß!

Geben Sie zu, daß Sie mir keine andere Wahl lassen, als Sie in Kürze niedergeschmettert oder sofort unversehrt zu verlassen!

Beachten Sie die Mehrdeutigkeit der direkten Rede: wer schmettert wen nieder? Wer geht von wo fort, und wovon bleibt er unversehrt?

Ich rate dem schlauen Fuchs, den Sie gespielt haben, zu beten …

Ich höre schon diejenigen darüber lachen, die sich auf der Seite des Humors wähnen!

Mein Herr, ich werde tatsächlich meine Gelassenheit verlieren, mich erheben und Ihnen die Fresse polieren, ganz egal, ob der daraus resultierende Haken radiophon ist oder nicht. Ich kann unter keinen Umständen dieses Spielchen weiterspielen!

Schlagen Sie das Spiel aus, wenn Sie wollen, aber rühren Sie nicht an die Regeln!

Ihre Regeln!

Aber Ihr Interview. Wir sind quitt.

Wen oder was haben Sie eigentlich über den Höflichkeitsexperten herausgefunden, mein Herr? Den Winkel des Kinnhakens und die Dichte des Speichels? Wie gestern vielleicht bei Ihrem Fachmann des Maßhaltens die Fettleber und den Verschleiß des Schwanzes?

Ich danke Ihnen für diese Worte, die uns ungewollt eine exakte Definition des Vulgären liefern: die Vorliebe, zu mißfallen!

Das haben Sie mir schon mit dem ersten Atemzug einblasen wollen! Sie sind es vielmehr, aberwitziger Herr Wetzel, der Gefallen daran findet, zu mißfallen!

Wenn ich ihren Neid vernehme, möchte ich lieber mißfallen als gefallen!

Ihre Genügsamkeit genügt Ihnen, das ist logisch!

Aber gleichviel macht Ihre Unzulänglichkeit Sie unzufrieden!

Ich habe Mitleid mit Ihrem Mitleid, Sie armer Schlaumeier!

Ihre gemarterte Schulmeisterseele kotzt mich an!

Bevor ich Sie erschlage, mache ich unmittelbar vorher an dieser Stelle mildernde Umstände geltend!

Alle Medien in Frankreich werden davon sprechen: der Mann, der mit dem Knüppel zuschlug …

Alle unglücklichen Franzosen, die uns in diesem Augenblick zuhören, werden begriffen haben, daß Sie sich von Anfang an über mich lustig machen!

Nur über Ihre Maske!

Über mich!

Über Sie eingebildeten Dunkelmann!

Nur ein Spinner verwechselt „Einbildung“ mit dem Wunsch, eine Frage zu beantworten!

Sie haben schon beim kleinsten Pieks aufgejault!

Eben! Wer annimmt, daß ich mir ungestraft widersprechen lasse, muß schon verrückt sein! Überlegen Sie mal!

Sie haben soeben Ihre Chance einer Reflexion vermasselt, weil Ihr unsinniges Bedürfnis nach Anerkennung sich angegriffen fühlte!

Machen Sie es doch erst mal besser! Man kann jemanden nicht gleichzeitig zum Schweigen bringen und seine Ironie den Sieg davontragen lassen! Nicht durch K.O. gewinnt die Ironie, sondern nach Punkten!

Ich bin nicht ironisch! Wenn meine Strähne Humor sich in Ihren Augen in Ironie verwandelt hat, dann rate ich Ihnen, Ihr eigentliches Ziel näher ins Auge zu fassen: Sich selbst!

Aber das bedeutet, die Ironie umzukrempeln, mein Herr!

Aber das bedeutet, den Mangel an Humor zu benennen, mein Herr!

Im Angesicht des Wahnsinns Humor an den Tag zu legen wäre reine Dummheit!

„Wenn aber Taktlose dich umringen, / Das wird dich zur Verzweiflung bringen."
Paul Heyse: Spruchbüchlein

Allein die Nichtigkeit ihres Fachwissens über die Höflichkeit erklärt schon meine Wut!

Aber die „Nichtigkeit" ist unvermeidlich, wenn man nichts fordert!

Mein Herr, ich habe hinlänglich den Versuch unternommen, meine Fragen zwischen Ihr Gähnen einzuflechten, meine genaueren Angaben zwischen Ihre Rülpser, und das übrige zwischen Ihr übriges ... das Maß meiner Bemühungen ist überschritten!

Sehr gut. Sie Trottel, schlagen wir einen anderen Ton an. Lassen Sie uns endlich einen anderen Ton anschlagen.

Meine Einschaltquote und ich rechnen nur mit einem Ton ... Wir vernehmen ihn bereits.

Bevor ich aufstehe, um Ihnen einen halben Tisch weiter den Garaus zu machen, könnten Sie der Reihe nach diese denkwürdigen Fragen über die Höflichkeit wiederholen, die Sie mir angeblich gestellt haben, Sie Dämlack?

Mit Vergnügen stimme ich in diese andere Tonlage ein, Quacksalber. Ich ermahne Sie hiermit zu recht kurzen Antworten, um die Abrechnung, die auf jeden Fall folgen wird, nicht zu sehr hinauszuzögern!

Ich glaube jedenfalls nicht, daß Sie auf eine Frage kommen, und sei es nur eine einzige, auf die ich mir mehr einfallen lassen müßte, als einmal tief Luft zu holen!

Ich habe zunächst gefragt, ob Höflichkeit immer etwas Gutes ist …

Ich sage noch einmal ja, mit Rücksicht darauf, daß Anstand immer eine staatsbürgerliche Tugend ist, oder daß Uninteressiertheit schlimmstenfalls Uneigennützigkeit ist.

Genau das hatte ich vorhin vernommen: das Fehlen einer Antwort. Ich habe dann gefragt, ob Höflichkeit nicht Lüge ist, da sie ganz explizit unsere Subjektivität schützt.

Ich sage noch einmal, daß ich noch einmal sage, daß sie den Sinn läutert, und daß sie schlimmstenfalls die Gefahr eines Widersinns bannt durch einen minimalistischen Rekurs auf den Un-Sinn.

Aber die daraus entstehende Scheinheiligkeit, sagte ich?

Da die Glaubwürdigkeit versagt, garantiert das Ich einen Notdienst.

Aber die ausgehöhlte Sprache, das „hohle Geschwätz" auf beiden Seiten?

Es gibt nichts Hohles: „Guten Tag" zu wünschen heißt, daß man schon eine gemeinsame Vorstellung vom „Guten" und eine gemeinsame Vorstellung vom „Tag" hat; Sie sehen also, daß das einfache „Guten Tag" eine ethische und kosmologische Brüderlichkeit birgt!

„Ein Gefühl bedarf umso mehr der Höflichkeit, je aufrichtiger und delikater es ist. Ein Geschäftsmann, der sagt, scheren Sie sich zum Teufel, glaubt zweifellos zu sagen, was er meint; aber da beginnt die Täuschung. Alles Unmittelbare in unserem Leben ist falsch."
Alain

Aber wenn ich jemandem an den Kopf werfe: „Guten Tag, Sie Arschloch", welche Gemeinsamkeit setze ich dann stillschweigend voraus?

Genau die Sprache der versteckten Anspielungen. Aber das Entscheidende ist, daß es keine unnütze Banalität gibt: das Nichts, das man benennt, kaschiert das Nichtssagende. Das wenigstens behauptet Alain.

Das hat er mit Sicherheit nie gesagt!

Die großen Schriftsteller schreiben viel nach ihrem Tod ...

Ich verstehe ...

Was verstehen Sie?

Den Heuchler, der seine Trauer für das Evangelium hält ...

Ich widerspreche Ihnen mit einem postumen Satz von Valéry. „Höflichkeit ist das Kleingeld des Wir", sagte er. Nicht schlecht, oder!

Sie hören die Toten?

Der Satz ist widerwärtig, aber reizvoll ...

Ach? ... Ich habe eher mit einer ordentlichen Entrüstung oder mit den Wallungen des letzten Redestroms gerechnet ...

Ach? ... nicht doch ... Sie waren fast witzig, das heißt: fast so komisch wie Ihr Bedürfnis, witzig zu sein.

Ach? … Wie reizend … Mit dieser Bemerkung könnten Sie schon fast einen Punkt machen.

Jeder hat dem anderen den Tod gewünscht, und, als sei nichts gewesen, plaudern wir jetzt auf einmal wie die dicksten Freunde. Ist Ihnen das auch schon aufgefallen?

Ja. Wir kommen vom Heldentod im Duell zum katzbukkelnden Garaus im Gespräch …

Diese Wendung gefährdet Ihre Einschaltquote …

Aber nicht doch, unsere …

Wieder ganz reizend.

Aber halt Höflichkeitsfloskel …

Schade … wie angesprochen fühlte ich mich eben, weil ich einen Moment lang irrtümlicherweise an Ihre Aufrichtigkeit glaubte.

Aber darin lag Wahrhaftes, wenn auch nur in der Betonung …

Danke.

Ich danke Ihnen.

Wissen Sie was? … Wir sind einfach zu höflich, um über Höflichkeit zu reden … Wäre dies ein normales Gespräch, würden die Hörer sagen: die sprechen zu viel über Höflichkeit, um es zu sein.

„Es ist geradezu beängstigend, wenn man beobachtet, wie Mitarbeiter von Hörfunk und Fernsehen, die über professionellen Sachverstand verfügen oder zumindest davon überzeugt sind, mit nichtprofessionellen Gästen umgehen. Die Überheblichkeit, die hier zutage tritt, bekräftigt allenfalls die Vorurteile, die die Öffentlichkeit so oft gegenüber den Medienmachern hat. Sie verhindert, daß eine Brücke zwischen dem Medium und seinem Publikum geschlagen wird und errichtet stattdessen neue Barrieren." Bernd-Peter Arnold / Hanns Verres: Radio. Macher, Mechanismen, Mission

Fragen wir doch nach. Liebe Hörer, rufen Sie an. Sagen Sie uns, welche Version unserer öffentlichen Intersubjektivität Ihnen am besten gefallen hat: die neutrale, die aggressive, oder die gegenwärtige, die höfliche. Rufen Sie sofort an, innerhalb der zwei noch verbleibenden Minuten.

Ist das das Prinzip der Sendung?

Das ist ihr Resultat …

Aber Sie werden gestatten, daß ich mit dieser Umfrage keineswegs einverstanden bin. Wenn die Hörer uns lieber friedlich wollen, wird unsere alte Streitlust doch nicht geringer, und einer von uns wird Federn lassen. Aber wenn man uns wütend den Vorzug gibt, strebe ich ein wohlwollendes Einverständnis an. Was halten Sie davon?

Ich denke, daß der Beweis längst erbracht ist: mit Gewalt keine Vernunft, mit Banalitäten kein Einverständnis.

Einverstanden. Liebe Hörer, rufen Sie also an, wenn Sie folgendes verstanden haben: die Interauthentizität erfordert Klarheit und Unantastbarkeit der Anwesenden. Wir wollen also wissen, warum man eine Übereinstimmung finden kann und muß. Ich war der Ansicht, daß allein die Höflichkeit diese gewähren könnte. Mein Gesprächspartner hingegen war der Überzeugung, daß sie dies verhindern würde …

Richtig. Trotz der Kluft, die durch gegenseitiges Verschulden zwischen uns entstanden ist, sind wir uns in diesem Punkt einig. Also, liebe Hörer, rufen Sie nicht mehr an, Ihre Meinung ist gegenstandslos geworden.

Wir werfen die Menge auf sich selbst zurück, und diese Ablehnung der Meinungsmache live erscheint mir logisch und mit Recht eine der höflichsten …

Ihre Gründe dafür zu erfahren, das wäre jetzt ein Schlußwort …

Das kam mir nur in den Sinn, weil wir, Sie und ich, der Allgemeinheit nichts zu sagen haben …

Wovon könnten wir überhaupt irgend etwas verstehen? … Yves Bartaud, ich danke Ihnen.

Danke … Wetzel, dieser Idiot in der Regie, der die ganze Zeit gegrölt hat, leuchten Sie dem heim. Und lassen Sie uns zur Versöhnung einen trinken.

Ja, gehen wir.

Aus dem Französischen von Eva Ludwig

Peter Zudeick

„Anzug beliebig, aber erwünscht"

Krawatten im Bundestag und andere Protokollnotizen

Staatsgala. Sechsspännige Prunk-Kaleschen, Kavallerie-Parade, goldenes Thron-Gestühl, Brokatroben, goldbetreßte Fräcke, glitzernde Parade-Uniformen, Schleppsäbel und Federhüte, Scharen von livrierten Lakaien – nein, so bunt treiben sie es nicht, die da oben in Bonn, wenn sie repräsentieren. Nicht ganz so bunt. Sehr zum lebhaften Bedauern mancher Protokoll-Beamter und Diplomaten. Wenn Bonn hofhält, geht es schlichter zu. Seit gekrönte Häupter offiziell nichts mehr zu sagen haben, muß der repräsentative Charme des roten Kokosläufers ausreichen: Das 30 Meter lange und fünf Meter breite Stück Staats-Teppich sorgt unter republikanischen Verhältnissen dafür, daß diejenigen sich als etwas Besonderes fühlen, die darauf wandeln dürfen.

Übermäßig nützlich ist das Hoheitszeichen nicht: Schutz vor Schmutz oder unebenem Boden ist heutzutage kaum mehr nötig, auf Flughafen-Rollfeldern zumal kann man vermutlich sicherer ohne Teppich laufen, und für erlauchte Damen ist das Ding ohnehin eher ein Risiko: Schon die thailändische Königin Sirikit blieb 1966 mit ihren unköniglichen Pfennigabsätzen im deutschen Kokos hängen, Englands Premierministerin Margaret Thatcher tat es ihr 1985 beim Weltwirtschaftsgipfel in Bonn nach, was den erfahrenen Stolperer Ronald Reagan, damals US-Präsident, zu dem galanten Ausruf veranlaßte: „Watch it, Maggie!"

Freilich: Die vom roten Kokos ausgehende Suggestivkraft muß enorm sein. Kaum einer, der Anspruch auf Teppich hat, verzichtet darauf, und wer nicht, setzt einiges daran, draufzukommen. Als Bundeskanzler Konrad Adenauer am 21. September 1949 bei den drei Hohen Kommissaren der West-Alliierten auf dem Bonner Petersberg das Besatzungsstatut in Empfang nehmen sollte, verließ er den zugewiesenen Platz und stellte sich zu den Kommissaren *auf* den roten Läufer. Das war eine Demonstration von Souveränität, die jeder Anwesende verstand. Die Kommissare ärgerten sich, die Diplomaten und Journalisten waren stolz auf den alten Fuchs, dem deutschen Volke wird's wohl wurscht gewesen sein.

Unmöglich, dieses Staatssymbol in Flaggenrot abzuschaffen. Gustav Heinemann hat das versucht, als er Bundespräsident war, und er ist auf empörten und hartnäckigen Widerstand des Protokolls gestoßen. Die Herren setzten sich durch. Und auch den Frack hat der „Bürgerpräsident“ den Zeremonienmeistern der Nation nicht ausreden können – allerdings hat er das auch gar nicht versucht, obwohl dies immer wieder eifrig kolportiert wird. Heinemann hat lediglich – neben Frack und Cutaway – auch den Smoking als „offiziellen“ Anzug zugelassen und im übrigen einmal ironisch angemerkt, er würde auf offizielle Einladungen gerne drukken lassen: „Anzug beliebig, aber erwünscht“.

„Der Zylinder gehört als Ergänzung zu Cut und Frack. Auf festlichen Veranstaltungen, zu denen Frack getragen wird, erscheint er als Chapeau claque in stumpfseidenem Schwarz. Tagsüber weist er glänzendes Haar auf und ist nicht zusammenklappbar.“ Karlheinz Graudenz / Erica Pappritz, Das Buch der Etikette, 1956.

Seine Bemühungen, dem Staatszeremoniell auszubüchsen, sind jedenfalls bemerkenswert erfolglos geblieben. Als er 1969 Staatsgast in den Niederlanden war und unter den Zwängen des Protokolls ächzte, versprach er seinem Gastgeber Prinz Bernhard, beim Gegenbesuch werde es weniger förmlich zugehen. Er hatte nicht bedacht, daß ein monarchi-

„An eine Macht, die zwar vorhanden ist, aber nicht sichtbar im Auftreten des Machthabers selbst in Erscheinung tritt, glaubt das Volk nicht. Es muß sehen, um zu glauben."
Norbert Elias

sches Zeremoniell einem bürgerlichen Gast gegenüber viel lässiger sein kann als das „bürgerliche" Protokoll in Bonn einem Prinzgemahl gegenüber. „Weder schwinden die Gardebataillone auf osteuropäischen Paraden oder bei Flugplatzbegrüßungen, noch werden bisher die Haushaltsansätze für berittene Kürassiere, Bärenfellmützen oder die Unterhaltung von Repräsentationsschlössern in den Metropolen westlicher Demokratien gestrichen." Diese Voraussage von Graf Podewils, von 1971 bis 1975 Protokollchef des Auswärtigen Amtes, ist in seinem Osteuropa betreffenden Teil inzwischen erheblich relativiert worden, aber insgesamt scheint der Glaube an den Ewigkeitswert des Staatszirkus so weit verbreitet wie rational unbegründbar zu sein. Das Brimborium des staatlichen Repräsentierens hat für seine flammenden Befürworter etwas gleichsam Naturwüchsiges, und es gilt als wichtiges Erziehungsmittel. „Mit dem Sturz der Monarchie wurden Stil und Rahmen staatlicher Glanzentfaltung so gründlich zerstört wie vieles andere. Bald sollte sich zeigen, wie segensreich der höfische Zwang für ein Volk gewesen war, das immer dazu neigte, Formlosigkeit für Freiheit zu halten."[1)] Selbst wenn man nicht so unverblümt formuliert wie Hans-Georg von Studnitz, der als Referent im Auswärtigen Amt von 1940 bis 1945 staatliche Glanzentfaltung einzuschätzen lernte – die Meinung, daß dergleichen hierzulande zu kurz komme, ist recht verbreitet.

In der Tat geht es in Bonn bei Staatsbesuchen – verglichen mit feudalem oder bananenrepublikanischem Zeremoniell – vergleichsweise bescheiden zu. Aber daß „Stil und Rahmen staatlicher Glanzentfaltung" mit der Monarchie „gründlich" zerstört worden sei, wird man kaum behaupten können. Vielmehr hat die westdeutsche Republik feudalstaatliche Repräsentationsformen übernommen – wenn auch verhalten und gleichsam verschämt auf das reduziert, was man einer demokratisch verfaßten Gesellschaft glaubte zumuten zu können. Denn Protokoll ist Politik. Da muß differenziert werden zwischen Staatsoberhäuptern und Regierungschefs, denn nur Staatsoberhäuptern stehen 15 Mann Motorrad-Eskorte zu und der Empfang mit militärischen Ehren und das Staatsbankett mit dem Bundespräsidenten. Welche Katastrophe, daß am Anfang der Bundesrepublik solche Unterscheidungen noch nicht gemacht wurden und auch die Visite des griechischen Ministerpräsidenten „Staatsbesuch“ hieß. Wieviel besser war man da doch 1987 dran, als Erich Honecker kam – Regierungschef *und* Staatsoberhaupt der DDR –, dem man zwar 15 Motorräder und Beflaggung und DDR-Hymne zubilligte, aber keinen Empfang mit militärischen Ehren und nur ein Mittagessen beim Bundespräsidenten. Das deutsche Volk wird den immensen Unterschied wohl gemerkt haben.

Erst wenn zum Staatsbankett auf Schloß Augustusburg zu Brühl gerufen wird, geht die Republik so richtig aus sich heraus. Üppiger Blumenschmuck, erlesene Speisen, edles Geschirr, anmutige Tischmusik, allerlei livrierte Dienerschaft, große Roben, der Bundespräsident empfängt die Gäste wie weiland Clemens August oder ein anderer Kölner Kurfürst auf der Treppe, die Balthasar Neumann im Stile der barocken Repräsentations-Treppenhäuser gebaut hat – da kommt Stimmung auf. Walter Henkels, der als eine Art Bonner „Hofberichterstatter“ allzu kritischer Distanz zum Staatszeremoniell nicht geziehen werden kann, schrieb über den ersten großen Staatsempfang der Westrepublik, den Bundeskanzler Adenauer im Juli 1954 für den griechischen Mini-

„Das Staatszeremoniell ist meist berechnet entweder auf Hervorbringung eines geeigneten Eindrucks gewisser wichtiger Staats- oder Regierungshandlungen, oder auf Darstellung der Würde und Erhabenheit der Regierung selbst, oder der Person und der Familie des Regierenden gegenüber dem Volke.“
Karl von Rotteck / Theodor Welcker, Staatslexikon, 1864.

sterpräsidenten Papagos gab: „So viele Großmeister, Großoffiziere, Komture, Ritter und Edelleute hatte man in der Bundeshauptstadt noch nicht beieinander gesehen. Einige Herren des Corps diplomatique waren in ihren Uniformen erschienen, Zweispitz oder Dreimaster und Galanteriedegen dazu, wie sie uns der vierzehnte Ludwig nachgelassen hat. Endlich dann die Militärattachés! Ohne Zweifel, wer sie sieht, dessen bemächtigt sich eine gewisse Aufregung. Respekt vor ihrer Institution und Rücksicht auf das Auswärtige Amt hindern einen, weitschweifig zu beschreiben, wie nahe sie mit Operettenstatisten verwandt sind."[2] André François-Poncet, in den 50er Jahren Frankreichs Botschafter in Bonn, pflegte zu solchen Anlässen zu sagen: „Heute werden wir uns wieder sehr imponieren." Bemerkenswert bei alledem, daß in einem Land, das 1918 die Monarchie abgeschafft und den Adel „entstaatlicht" hat, staatliche Repräsentation gleichsam automatisch in vordemokratischen Formen verläuft. Die internationalen Gepflogenheiten, das Völkerrecht, diplomatische Rücksichtnahme und dergleichen mehr – so wird argumentiert – machen bestimmte Formen des Staatszeremoniells unausweichlich.

„Daß derjenige / welcher sich in publiquen Affairen gebrauchen lassen will / nothwendig wissen muß, wie große Herren / freye Republiquen / und hohe Standes-Personen in Europa einander in Briefen zu tractieren pflegen / ist wohl eine gantz ausgemachte Sache."
Johann Christian Lünig, Schau-Platz des Europäischen Kantzley-Ceremoniels, 1720.

Man hätte natürlich in einer jungen Republik wie der Bonner selbstbewußt definieren können, was man unter demokratischen Bedingungen an staatlicher Höflichkeit für notwendig und was für überflüssiges Brimborium hält. Aber das ist nicht geschehen. Zum einen, weil genau dieses Selbstbewußtsein historisch nicht entwickelt war, zum anderen, weil man in diesen Dingen unsicher und im Zweifelsfall restaurativ reagierte. Der erste Besuch eines Staatsoberhaupts – der von Äthiopiens Kaiser Haile Selassie im November 1954 – setzte Maßstäbe, die Protokoll-Verantwortlichen des

Auswärtigen Amtes, ohnehin Traditionalisten, hatten das Sagen, und bei allen vergleichbaren Folge-Ereignissen konnte man hinter den Aufwand von 1954 nicht zurück, ohne die neuen Staatsgäste zu beleidigen. Und im übrigen gefiel es der feinen Gesellschaft, die in der jungen westdeutschen Republik zum Repräsentieren angetreten war, sehr wohl, sich mit adliger Entourage zu schmücken. Der Wohlstandsgesellschaft der Adenauerschen Restauration mit ihrer von den Siegern verordneten Demokratie standen Anleihen bei der Feudalgesellschaft eben recht gut zu Gesicht – *sie* hatte den Feudalismus und die Monarchie schließlich nicht überwunden, weder buchstäblich noch symbolisch.

„Soweit entsprechende Sensibilität vorhanden ist und auf gepflegte Umgangsformen Wert gelegt wird, finden beim historischen Adel vielfach die aus vorweimarischer Zeit überkommenden Titulierungen Anwendung.“ Theodor Graf Finck von Finckenstein, Protokollarischer Ratgeber, 1992.

Es kommt nicht von ungefähr, daß Erica Pappritz, stellvertretende Leiterin des Protokolls im Auswärtigen Amt, in den 50er und 60er Jahren zu einer bundesrepublikanischen Institution wurde. Von 1956 bis 1970 wurde ihr „Buch der Etikette“ zwölfmal aufgelegt, die Nachfrage nach einer Anleitung zum feinen Benehmen – orientiert an den Sitten der oberen Klassen – war offensichtlich enorm. Frau Pappritz, die Bonner „Hofmarschallin“, dekretierte, daß und wie bei offiziellen Anlässen Frack zu tragen sei, nämlich auf gar keinen Fall mit Armbanduhr, wie das der bürgerliche Banause Theodor Heuss getan hatte. Und daß das Frackhemd steif wie ein Brett sein muß, wußte Frau Pappritz auch. „Dieser Panzer hat den Vorteil, zu einer Haltung zu zwingen, deren mancher bedarf.“[3] Zwar wurde über Frau Pappritz auch herzlich gelacht: Ihr Diktat, daß lange Unterhosen „unmännlich und häßlich“ seien, daß „der Schirm zur ‚unauffällig-eleganten Erscheinung des gut angezogenen Herrn‘ gehört, auch im Hochsommer“, ihre Anweisung „zur diskreten Neutralisierung unerwünschter Geräuschkulissen“ auf der Toilette: „Während und nicht erst nach der Benutzung wolle man sich der berühmten Kette bedienen"[4] – darüber konnte zum Beispiel Konrad Adenauer herzlich lachen. „Haben Se denn auch die alten Unterhosen wechjeschmissen?", soll er Kabinettsmitglieder gefragt haben.

„Dies ist der Sinn der Etikette. Nicht um eine bloße Zeremonie handelt es sich, sondern um ein Instrument zur Beherrschung der Untertanen."
Norbert Elias

Aber sie haben sich doch alle an die Regeln der Frau Pappritz gehalten – Adenauer trug Cutaway und Frack, Heuss zog keine Uhr mehr zum Frack an, und die einfachen Leute lasen nur zu gern bei Frau Pappritz, wie die feinen und vornehmen Leute sich benehmen und was man daraus auch für den Alltag lernen könne.

Protokoll und Etikette werden auch heute noch möglicherweise belächelt und zuweilen als lästig empfunden, selten aber wirklich in Frage gestellt. Im Juli 1987 hat sich der Petitionsausschuß des Bundestages mit dem Vorschlag einer Hamburger Friedensinitiative beschäftigt, ausländische Besucher nicht mehr mit militärischen Ehren, sondern mit einer Abordnung von Schornsteinfegern, Hausfrauen und Kindern zu empfangen. Der Vorschlag wurde indes nicht weiterverfolgt. Solche innovativen Anregungen bleiben die Ausnahme, wohl auch deshalb, weil die meisten Bürger wie viele Staatslehrer der Meinung sind, daß die Außendarstellung eines Staates ein wichtiges Identifikationsmittel für den Bürger sei. „Gerade in der Gegenüberstellung mit anderen Staaten erfährt und erlebt der Bürger Existenz und Einheit des eigenen Staates", schreibt Jürgen Hartmann, unter Ministerpräsident Helmut Kohl Protokollchef der Landesregierung Rheinland-Pfalz, inzwischen Staatssekretär im thüringischen Landwirtschaftsministerium.[5] Wohin eine solche These führen kann, zeigt Hartmann gleich selbst: „Extremfall dieser Sichtbarmachung ist der Krieg, der erst in jüngster

Zeit seine hohe Integrationswirkung einzubüßen scheint. Der Vietnam-Krieg hat in den USA bereits desintegrierend gewirkt, während der relativ unbedeutende Falkland-Konflikt in Großbritannien noch eine deutliche Integrationswirkung entfalten konnte.“[6] Hartmanns Buch über das „Staatszeremoniell“ erschien in zweiter Auflage im Jahr 1990. In einer nächsten Auflage wird er den Leser mit der Erkenntnis beruhigen können, daß ausgangs des 20. Jahrhunderts Kriege – Golfkrieg, Somalia – doch wieder hohe Integrationswirkung entfalten können. Was die „Sichtbarmachung“ von Existenz und Einheit des Staates in der zeremoniellen „Gegenüberstellung mit anderen Staaten“ sicherlich nicht überflüssig machen wird, möglicherweise aber einsichtiger.

Allzuviel sichtbar Zeremonielles gibt es in der Innendarstellung der Bundesrepublik dagegen nicht. Bonn hat den staatlichen Orden wieder eingeführt, den die Weimarer Republik abgeschafft hatte, im Laufe der Jahre ist daraus eine Art Firmenjubliäumsmedaille für Staatsdiener und Politiker geworden. „Bundesbedienstetenkreuz am Fließband“, so spottet man in Bonn. Auch im Bundestag legt man offiziell wenig Wert auf äußere Formen. Das liegt aber eher daran, daß solche Fragen lästig oder peinlich sind. Eugen Gerstenmaier hat Anfang der 50er Jahre den Cutaway als Amtstracht des Bundestagspräsidenten eingeführt und auch dafür gesorgt, daß ein gewisses Zeremoniell zu Beginn der Bundestagssitzungen eingehalten wurde: Der Präsident, begleitet vom Bundestagsdirektor und angekündigt durch ein Glockenzeichen und den Ruf „Der Präsident“, schreitet an der Regierungsbank vorbei zu seinem Platz, die Abgeordneten erheben sich, der Präsident eröffnet stehend die Sitzung.

„Staatliche Orden und Ehrenzeichen können dazu beitragen, ein integrierendes Band zwischen dem Staat und seinen Bürgern zu knüpfen; sie können somit die Staatsmoral stützen.“
Theodor Heuss

Aber dieses Ritual geriet in Vergessenheit, inzwischen

kündigt nur noch ein Gong die Präsidentin an, die kleidet sich ohnehin nach eigenem Gusto, wird sie von einem der Vizepräsidenten vertreten, trägt der zur Sitzungseröffnung Frack oder Cutaway, sonst schwarzen Anzug. Für die Abgeordneten gibt es überhaupt keine Kleidervorschriften. Die Geschäftsordnung sagt lediglich, daß dem Präsidenten die Wahrung der „Würde" des „Hohen Hauses" obliege, die ist aber nicht weiter definiert.

Wie sehr diese Würde aber an Äußerlichkeiten festgemacht wird, zeigt sich immer dann, wenn über Kleiderfragen diskutiert wird, dann freilich munter auf dem Niveau von Benimmbüchern à la Pappritz. Als 1970 zum ersten Mal eine Frau im Hosenanzug das Hohe Haus betrat, gab es einiges Aufsehen und heftige Diskussionen, und als 1983 die Grünen die staatstragende Uniformität der gedeckten graublauen Anzüge durcheinanderbrachten, da kam es im Plenum zu tumultartigen Szenen, weil viele Abgeordnete die Würde des Hohen Hauses mit Anzug, Hemd und Krawatte identifizierten. Aber als es zum Schwur kommen sollte, da war es den meisten Volksvertretern denn doch zu peinlich, dem Antrag des CSU-Abgeordneten Matthias Engelsberger auf Erlaß einer Anzugsordnung für den Bundestag zuzustimmen. Im Zweifelsfall gilt die grundgesetzlich verbriefte Unabhängigkeit des Abgeordneten dann doch mehr als der tiefsitzende Glaube an die ordnungs- und sinnstiftende Kraft der Etikette.

„In den Bundestag kommt mir keine Frau mit Hosen."
Richard Jäger (CSU), 1965

Wie die Akteure des demokratischen Staatswesens sich zueinander verhalten sollen, das ist – unterhalb der Ebene von Recht und Gesetz – nirgendwo verbindlich geregelt. Das heißt: An die Stelle des höfischen Rituals ist kein republikanisches Äquivalent getreten, auch der deutsche Parlamentarismus nach 1945 hat nichts Entsprechendes entwickelt. Norbert Elias hat die Entstehung des Höfischen beschrieben als die „Verhöflichung der Krieger“.[7] Das besagt: Die Notwendigkeit geregelten Zusammenlebens an immer größer werdenden Feudalhöfen des 17. und 18. Jahrhunderts hat zur Voraussetzung den Verzicht auf die Sitte, einander die Köpfe einzuschlagen. Gewalt als Konfliktlösung tritt zurück zugunsten eines sozialen Regelwerks, das Macht und Einfluß anders definiert als durch Gewaltausübung, nämlich durch den Status im höfischen Beziehungsgeflecht. Dieses Geflecht garantiert dem Feudalherrscher sein Herrschaftsmonopol, es hat aber auch Schutzfunktion für die weniger Privilegierten der höfischen Gesellschaft: Sie können sich darauf verlassen, daß auch „die da oben“ die Regeln des Höfischen einhalten. Und außerdem dient das Höfische tendenziell als Vorbild für Sozialsysteme außerhalb des Hofes.

Am Beispiel des französischen Absolutismus schildert Elias, wie die höfischen Formen, zum Regelwerk der Etikette ausgebaut, schließlich zu einem System von Machterhalt und Machtkontrolle werden. Die einzelnen Elemente der Hofzeremonie – Aufstehen, Ankleiden, Essen, Besuche, Feste – werden mit einem besonderen Sinn ausgestattet, die Teilnahme an der Zeremonie wird zum Privileg. Das Zuteilen dieser Privilegien ist Funktion der Ausübung von Herrschaft. „Wie für seinen Adel, so ist für Ludwig XIV. sein eigenes Dasein als König durchaus Selbstzweck. Aber zu diesem Dasein gehört als eines seiner Attribute das Monopol des Herrschens. Sah der König also auf der einen Seite die Etikette unter dem Gesichtspunkt seines Herrschaftszwekkes an, so war doch letzten Endes der Zweck der Herrschaft wiederum er selbst, sein Dasein, sein Ruhm, seine Ehre. Der sichtbarste Ausdruck für diese völlige Abgestelltheit der Herrschaft auf die Person des Königs und ihre Erhöhung oder Anhebung ist die Etikette."[8]

Für diejenigen, die nicht an ihm teilnehmen, hat das Hofzeremoniell die Funktion, Herrschaft zu *zeigen*, sinnlich erfahrbar zu machen. „Der gemeine Mann, welcher blos an den Sinnen hanget und die Vernunfft wenig gebrauchen kan, vermag auch nicht zu begreiffen, was die Majestät des Königes ist", schreibt Christian Wolff 1740, und fährt fort: „Aber durch die Dinge, so in die Augen fallen und seine übrigen Sinnen rühren, bekommet er einen Begriff von seiner Majestät"[9]. Also empfiehlt Wolff einen ansehnlichen Hofstaat mit einem üppigen Zeremoniell. Eine Auffassung, die auch in heutigen Staatslehren zu finden ist. An die Stelle der Majestät tritt dann der Staat. Das Staatszeremoniell in demokratisch-republikanischen Verhältnissen hat nach Jürgen Hartmann die „Würde des Staates" zum Gegenstand. „Auf die Würde des Staates verweist das Staatszeremoniell, wenn es für einen dieser Würde entsprechenden, also einen würdigen Rahmen und einen würdigen Ablauf repräsentativer Anlässe sorgt, seien diese nach außen, an die Adresse anderer Staaten, oder nach innen, an die Adresse der eigenen Bürger, gerichtet. Mit dem Hinweis auf die Würde des Staates verweist das Zeremoniell mittelbar auf die Einheit und Wertfülle des Staates, auf den Staatswert an sich, der die Würde erst begründet und Achtung erfordert. Zugleich festigt und erhöht das Zeremoniell die Würde des Staates, wenn es sie sichtbar macht."[10]

„Der Ursprung solches Ceremoniels ist nicht, wie etwa bei den Complimentisten, die Hoeflichkeit, denn diese hat keine Leges, sondern vielmehr die aus einer groesseren Dignitaet, so man fuer einem andern zu haben vermeinet, herruehrende Superbia, welcher man die Qualitaeten Juris zugeeignet, und ihr den Titul Praerogative oder Praecedentiae gegeben."
Gottfried Stieve, Europäisches Hoff-Ceremoniel, 1715.

Abgesehen von dieser begriffstheoretisch untauglichen Definition von „Würde", die im Prozeß des Definierens immer das schon voraussetzt, was definiert werden soll: Auffällig ist die Unempfindlichkeit für die Frage, wie denn eine Institution von so hoher Abstraktheit wie der „Staat“ für sich „Würde“ in Anspruch nehmen kann. Es müßte doch um die inhaltliche Legitimation von Institutionen gehen, um die Glaubwürdigkeit von Politik und Repräsentation. Je fragwürdiger diese Legitimation ist, umso schneller kommt der Rückgriff auf Formen, die etwas zum Ausdruck bringen sollen, das man nicht mehr inhaltlich zu bestimmen braucht, wenn man Würde voraussetzt. „Die Würde des Menschen ist unantastbar“ sagt das Grundgesetz der Bundesrepublik Deutschland. Damit ist ausdrücklich das Individuum gemeint und sein Recht gegenüber dem Staat, sein Schutz gegen Staatsübergriffe. Statt von der „Würde des Staates“ zu reden, die nur formalbegrifflich die feudalstaatliche Würde der Majestät ersetzt, müßte man ein bürgerliches Selbstbewußtsein formulieren, das Staat als sein Produkt definiert, die Würde des Staates also – wenn überhaupt – als Mannigfaltigkeit der vielen Individual-„Würden“.

Dergleichen könnte sich dann auch in Rangfolgefragen ausdrücken. Der Rang eines Höflings definiert sich aus der Nähe zum Souverän. In der bürgerlichen Gesellschaft hat zum einen die Beamtenschaft das Höflings-System beerbt, ihre Privilegien sind die Restbestände des höfischen Herrschafts-Systems. Mit dem gewaltigen und entscheidenden Unterschied: Die heutigen „Höflinge“ definieren sich nicht mehr durch die Nähe zum Souverän, weil der Souverän im demokratischen System nicht mehr der Regent ist. Die modernen Höflinge sind Verwalter der Exekutive, der Souverän ist das Volk. Also müßte in der protokollarischen Rangfolge die Vertretung des Volkes, der Bundestag, ganz oben stehen. Daß faktisch der Bundespräsident an der Spitze der staatlichen Rangordnung steht, ist durch demokratische Tradition nicht zu begründen. Soll Repräsentation überhaupt personalisiert werden, dann wäre der (die) Bundestagspräsident(in) der legitime erste Mann (die erste Frau) im Staat.

„Der Rang, so wichtig er in den Augen des großen Haufens und der Philister, und so groß sein Nutzen im Getriebe der Staatsmaschine sein mag, läßt sich, für unsern Zweck, mit wenigen Worten abfertigen. Es ist ein konventioneller, d. h. eigentlich ein simulierter Wert: seine Wirkung ist eine simulierte Hochachtung und das ganze eine Komödie für den großen Haufen." Arthur Schopenhauer

Da nun das Grundgesetz aber die merkwürdige Institution des „Staatsoberhaupts" geschaffen hat, müßte die Präsidentin / der Präsident des Bundestages mindestens Rang zwei einnehmen. Internationale Gepflogenheiten freilich setzen den Regierungschef üblicherweise auf Platz zwei. Für deutsche Verhältnisse hat hier Konrad Adenauer – wie häufig – die Maßstäbe gesetzt. Beim Staatsbesuch von Kaiser Haile Selassie 1954 stand beim Empfang auf dem Bonner Bahnhof Bundestagsvizepräsident Carlo Schmid, der den verstorbenen Präsidenten Hermann Ehlers vertrat, neben Bundespräsident Theodor Heuss. Adenauer schob sich zwischen Schmid und Heuss, worauf Schmid dem Kanzler zuraunte: „Herr Bundeskanzler, da gehören Sie nicht hin. Auf dem Platz stand bei uns in der Schwadron der Paukenschimmel." Aber Adenauer blieb schweigend stehen und regelte damit auch diese Protokollfrage auf seine Weise. Inzwischen hat sich allerdings eingebürgert, daß der Bundeskanzler bei gemeinsamen öffentlichen Auftritten der Bundestagspräsidentin den Vortritt läßt.

Eine selbstbewußte öffentliche Debatte solcher Protokollfragen freilich hat nie stattgefunden. Das Parlament, das dem Souverän Volk – weil von diesem direkt gewählt – am nächsten steht, müßte gegenüber den abgeleiteten Formen von Interessenvertretung – etwa durch die Regierung – das dem Souverän zustehende Machtbewußtsein entwickeln. Eine solche positive inhaltliche Füllung des Vakuums, das durch die Auflösung höfischer Gesellschaften entstanden ist, hat die demokratische Gesellschaft und ihre politische Elite aber nicht geleistet. Vor allem eine der wichtigsten Funktionen des Parlaments, nämlich im Auftrag des Souveräns die Geschäftsführer des Dachverbandes Staat, also die Regierung, zu kontrollieren, wird kaum ausgefüllt, nicht einmal mehr ritualisiert. Bezeichnend ist, daß im Rahmen der Überlegungen zu einer Parlamentsreform im Bundestag als zusätzliches Institut die „Regierungsbefragung“ eingeführt wurde – eigentlich ein Widersinn –, damit das Parlament mittwochs nach der Kabinettssitzung vor der Presse über das informiert werde, was am Kabinettstisch verhandelt worden war. Diese Regierungsbefragung wurde zuerst im Herbst 1985 ausprobiert, aber mangels Interesse schnell wieder eingestellt, dann mit Beginn der 11. Wahlperiode 1987 endgültig institutionalisiert, allerdings auch mit nur mäßigem Erfolg. Am 30. Juni 1993 mußte die Befragung zum Beispiel abgesetzt werden, weil nur drei Abgeordnete das Plenum bevölkerten.

Daß über staatliche und gesellschaftliche Rangordnungen auch unter demokratischen Vorzeichen immer noch überwiegend auf dem Pappritz-Niveau gesprochen wird, liegt an einem zweiten Erbe der höfischen Gesellschaft, neben der Beamtenschaft. Die Tatsache, daß demokratische Legitimation nur theoretisch durch den Souverän geschieht, praktisch aber durch den Organisationsfilter der politischen Parteien, und daß der Wille des Souveräns wiederum nicht direkt von seinen Vertretern, sondern durch den Organisationsfilter der Bundestags-Fraktionen ausgeübt wird, macht das System Volksvertretung zu einem Teilerben des höfischen Systems. Faktisch wird die Regierung – unterstützt von den Mehrheitsfraktionen – zum Majestätsersatz, weil der Souverän „Volk“ vom feudalstaatlichen Souverän eben nur *eine* Eigenschaft geerbt hat („Alle Staatsgewalt geht vom Volke aus“), aber eben wegen der demokratischen Gewaltenteilung nicht die Eigenschaft des Regenten. Da sich in unserem demokratisch-parlamentarischen System keine herrschaftsfreie Kultur der Willensbildung und -ausübung entwickelt hat, steht auch parlamentarische Volksvertretung wesentlich unter dem Vorzeichen von Machtgewinn und Machterhalt. Nicht nur der Regent, auch die Vertretung des Souveräns verhält sich also zu großen Teilen so, wie Norbert Elias das höfische Leben nach der „Verhöflichung der Krieger“ beschrieben hat. Parteien, Fraktionen, Gruppen kämpfen nicht mit dem Degen um Gunst und Einfluß, sondern mit Worten und symbolischen Handlungen.

„Wie trist stellt sich die Hauptstadt für die Fußtruppen der Mächtigen dar, für den durchschnittlichen Volksvertreter, gleich welcher Partei er angehören mag.“ Joschka Fischer, 1985.

Diese Kämpfe „verlangen und züchten andere Eigenschaften als die Kämpfe, die mit der Waffe ausgefochten werden können: Überlegung, Berechnung auf längere Sicht, Selbstbeherrschung, genaueste Regelung der eigenen Affekte, Kenntnis der Menschen und des gesamten Terrains werden zu unerläßlichen Voraussetzungen jedes sozialen Erfolges. Jeder einzelne gehört zu einer ‚Clique‘, zu einem Verkehrskreis, der ihn gegebenenfalls unterstützt; aber die Gruppierungen wechseln. Er geht Bündnisse ein, und zwar möglichst Bündnisse mit Personen, die hoch im höfischen Kurs rangieren; aber der Kurs der Personen wechselt ebenfalls oft sehr rasch; er hat Konkurrenten; er hat offene und versteckte Feinde; und die Taktik der Kämpfe wie die der Bündnisse bedarf einer genauen Überlegung; Distanzierung und Näherung im Verhalten zu jedem anderen müssen genau dosiert werden; jeder Gruß, jedes Gespräch hat eine Bedeutung über das unmittelbar Gesagte oder Getane hinaus; sie zeigen den Kurswert der Menschen an; und sie tragen zur Bildung der höfischen Meinung über diesen Wert bei.“[11)] Wohlgemerkt: Elias beschreibt hier nicht das parlamentarische Treiben in Bonn, sondern den Hof Ludwigs XIV.!

Dabei ist das Verhalten der rivalisierenden Gruppen im Parlament durch Geschäftsordnung und Übereinkunft einigermaßen geregelt. Die Schimpfrituale im Bundestag verlaufen nach einer Logik, die auch das Publikum längst durchschaut hat. Die Arbeit des Parlaments wird nicht in Plenardebatten geleistet, die dienen lediglich der Inszenierung von Konflikten, die entweder längst ausgeräumt oder durch die faktischen Macht-(Mehrheits-)Verhältnisse „erledigt“ sind. Was in diesen Ritualen erlaubt ist und was nicht, was als „parlamentarisch“ und „unparlamentarisch“ gilt, das hat sich in über 40 Jahren Parlamentspraxis eingespielt.

„Was dem Abgeordneten, dieser frei gewählten Knechtsgestalt des deutschen Volkes, bleibt, das ist der Status und dessen gespreizte Repräsentation.“
Joschka Fischer, 1985.

Brüchig wird diese informell kodifizierte Debatten-„Kultur“ dann, wenn eine gesellschaftliche Gruppe mit einem neuen Selbstverständnis Zugang zum Parlament erhält. Als zum Beispiel die Grünen 1983 in den Bundestag kamen und die ritualisierten Demokratieformen des Parlamentarismus kritisierten, rasteten einige Gralshüter des Systems völlig aus. „SS-Methoden“ und „Nazitöne“ oder „Nazi-Rede“ und alle möglichen anderen NS-Vergleiche mußten sich Redner der Grünen unentwegt – und vom Sitzungspräsidenten häufig ungerügt – von Unions-Zwischenrufern vorhalten lassen, weil sie zum Beispiel zum §218 oder zum Volksentscheid ihre Meinung sagten, eine Meinung, die den biedermeierlichen Komment des Hohen Hauses empfindlich störte. Im Laufe der Jahre hat sich sowohl die Aufregung über die Grünen als auch deren Angriffslust auf die Politik der Etablierten gelegt, dafür kamen exakt die Reaktionen aus den Anfangsjahren der Grünen wieder hoch, als 1990 die PDS in den Bundestag kam, die – wiederum vor allem aus der Union – schlicht mit der SED und der Stasi gleichgesetzt wurde.

An solchen Schnittstellen zeigt sich, daß die „Verhöflichung der Krieger“ nur solange funktioniert, wie das korporative Selbstverständnis nicht hinterfragt wird. Wer die Riten der parlamentarischen Demokratie radikal in Frage stellt, bekommt die Macht der Einverständigen zu spüren. Um Unbotmäßigkeiten zu maßregeln – Aufrufe zu Demonstrationen etwa – setzt der Ältestenrat des Bundestages allerlei Droh- und Zwangsmittel gegen frei gewählte Abgeordnete ein: Sperrung von Telefonen, Entfernen von Transparenten und Plakaten aus Abgeordnetenbüros, eilfertige Aufhebung der Immunität etwa zur Verfolgung schlimmer Straftaten wie Demonstration innerhalb der Bannmeile. Selbst scharfe Kritik an der Bundesregierung – die elementarste Aufgabe des Parlaments – kann im Bundestag bestraft werden. Als Alfred Mechtersheimer von den Grünen die Bundesregierung einmal „Hampelmänner der Rüstungsindustrie“ schalt, handelte er sich einen Ordnungsruf der Bundestagspräsidentin ein, deren Aufgabe es nun wirklich nicht ist, die Reputation der Regenten im Parlament zu schützen.

„Wir sehen die witzigsten, hellsten Köpfe in Gesellschaften eine nicht vorteilhafte Rolle spielen, indes ein andrer, äußerst leerer Mensch seine dreiundzwanzig Begriffe so aufzustutzen versteht, daß er Aufmerksamkeit erregt und selbst bei Männern von Kenntnissen etwas gilt.“
Adolph Freiherr Knigge

Was da fehlt, ist ein ausgekochtes Selbstbewußtsein des Parlaments, das ausschließlich dem einen Erbfolger des feudalstaatlichen Herrschers, nämlich dem Souverän Volk, verantwortlich ist, und nicht dem anderen, dem Regenten. Einer, der diese Systematik besonders gut verstanden und daraus seine Vorschläge für richtiges Verhalten entwickelt hat, ist der häufig mißverstandene Freiherr Knigge. Knigge hatte begriffen, daß die Frage nach Anstand und Sitte stets eine Frage nach der Legitimation von Macht und Herrschaft ist. Höflichkeit ist bei Knigge Strategie, Beherrschung der höfischen Rituale, um Schutz vor Unterdrückung zu finden. Gleichzeitig entwickelt der Freund der französischen Revolution ein ausgeprägtes bürgerliches Bewußtsein, das an die Stelle des höfischen Zeremoniells, der Gespreiztheit der feinen Gesellschaft eine Demokratisierung der Höflichkeit setzt, die „anständiges“ Verhalten inhaltlich begründet. „Man ehre das wahre Verdienst, den echten Wert des Menschen, auch im niedern Stande!“[12], fordert Knigge und fügt ausdrücklich hinzu, daß man sich nicht schämen solle, auch einen Mann ohne Rang, Geld und Titel zu ehren, wenn er Achtung verdient, auch in aller Öffentlichkeit, also in Anwesenheit „höherer“ Herrschaften. Knigge fragt: „Was hat ein müßiger Hofschranze, was hat ein reicher Tagedieb, der um sein bares Geld sich Titel und Rang erkauft hat, vor dem fleißigen Bürger voraus, der seinen Unterhalt auf erlaubte Weise durch seiner Hände Arbeit erwirbt?“[13)]

Keine Anpassung an „die da oben“, das ist Knigges oberstes Gebot. Man soll sich zwar an die Riten der Konvention halten, aber diese Art „Höflichkeit“ faktisch als Waffe einsetzen. „Man messe sein Betragen gegen Hofleute pünktlich nach dem ihrigen gegen uns ab und gehe ihnen keinen Schritt entgegen.“[14)]

Möglicherweise bedarf so mancher Bonner „Höfling“, dem Statusfragen mehr Kopfzerbrechen bereiten als inhaltliche, der Ermunterung durch einen selbstbewußten Bürger des 18. Jahrhunderts: „Handle selbständig! Verleugne nicht Deine Grundsätze, Deinen Stand, Deine Geburt, Deine Erziehung; so werden Hohe und Niedere Dir ihre Achtung nicht versagen können.“[15)]

Klaus Farin / Eberhard Seidel-Pielen

Skinheads

„Lieber mal eine Prügelei als ständige Schleimerei"

„Skinhead sein bedeutet für mich: in einer Randgruppe meine Freiheiten ausleben zu können, ohne meine Individualität verlieren zu müssen."
P., 22 Jahre

„Ihr dumpfer Schlägerradikalismus erinnert an die Prügelorgien der SA in den zwanziger Jahren."
Der Spiegel

Skinheads sind rassistische Schläger, neonazistischer Abschaum, weiß die Mehrheit der deutschen Bevölkerung und wendet sich voller Empörung ab – auch die 40 Prozent der Deutschen, die sich selbst in Umfragen als Rassisten geoutet haben. Natürlich sind die meisten viel zu höflich – also ängstlich –, um es den Repräsentanten dieser Spezies selbst ins Gesicht zu sagen. Natürlich wissen es die Skinheads trotzdem. Denn wo immer sie auftauchen, verändert sich das Klima, brennt die Luft. Neulich zum Beispiel, in der U-Bahn. Kaum hat die Gruppe glatzköpfiger Jugendlicher den Waggon betreten, werden die Gespräche leiser, konzentrieren sich alle Augen auf einen Punkt. Sehen sich die Kurzgeschorenen einmal selbst um, senken sich schnell die Blicke der Mitreisenden wie bei der La-Ola-Welle im Fußballstadion. Fahrgäste, die sich zuvor nicht beachteten, suchen nun den Augenkontakt: *Eine Schande, daß dieser Dreck hier frei herumlaufen darf. Gut, daß wir besser sind als die.* Doch während die bettelnden Sinti-Kinder ein paar Stationen zuvor noch neben Kleingeld von einigen und stummer Mißbilligung durch die Mehrheit auch aggressive *Raus! Raus! Raus!*-Sprüche zu hören bekamen, werden die Skinheads demonstrativ ignoriert, gibt es plötzlich nichts Wichtigeres als die Lektüre der mitgebrachten Zeitung oder das Säubern der Fingernägel. Sogar dann noch, als sie so laut miteinander reden, daß der ganze Waggon ihren Gesprächen lauschen kann und muß, als sie immer deutlicher über „die Spießer" lästern, schließlich rechtsradikale Sprüche einflechten, die Mantafahrer-Witze durch rassistische Witze ersetzen. Ihr Tonfall, die Gestik wird immer besoffener, proletenhafter, ihr Lieblingsfluch lautet jetzt „schwule Scheiße". Und nur wer genauer hinsähe, aber das wagt natürlich keiner, würde Ungereimtheiten entdecken. Zum Beispiel, daß der Prozeß der fortschreitenden „Alkoholisierung" sich innerhalb von wenigen Minuten entwickelt und längst Slapstick-Ausmaße angenommen hat. Und: Warum tragen Skinheads, die sich rassistische Witze erzählen, antirassistische Buttons und *Gegen Nazis* Aufnäher an ihren Jacken?

„Unheimliche, pathologische, faschistische Killer. Menschlicher Müll, durch einen Kapitalismus im Todeskrampf zu Monstern entstellt. Das Rohmaterial für die Sturmtruppen des Faschismus. Sie müssen zertreten und weggefegt werden."
Der Spartakist

Skinheads lieben dieses öffentliche Spiel mit ihrem Medien-Image, den Vorurteilen in den Köpfen der Spieler. Skinheads hassen Spießer. Die bevorzugte Waffe des braven Spießbürgers zur Konfliktvermeidung ist die Höflichkeit. Die Waffe des Skinheads zur Sprengung der Gesichtsfassaden ist die inszenierte Unhöflichkeit, der kontinuierliche Tabubruch. Wer seine Stimme über Gebühr erhebt, laut wird, fällt unangenehm auf, ist *peinlich*. Wie die Molotowcocktailwerfer auf Flüchtlingsheime in der Bundesrepublik. Natürlich müssen die *Asylanten* weg, aber das kann man doch auch zivilisierter lösen, auf dem legalen, stilleren Wege, höflicher eben. Ohne die Investoren der Welt unnötig zu brüskieren.

„Viele Skinheads sind körperlich auffallend unattraktiv. Es ist daher nicht von der Hand zu weisen, daß sie mit Aufmachung und Kraftmeierei diesen vermeintlichen Mangel kompensieren wollen. Lachen sieht man Skinheads kaum: Irgendwie wirken sie nicht jung ...“
Bild

Ohne die Maske der Höflichkeit, die sich die Mehrheitsgesellschaft verordnet hat, um ihr darwinistisches Antlitz zu tarnen, gäbe es Skinheads wohl kaum. Sie sind das Echo auf die scheinmoralischen Höflichkeitsrituale der Bravbürger, halten den „Stinos“ ihr obszön ungeschminktes Spiegelbild vor. „Wir sind häßlich, denn wir sind eure Kinder!“

Roots

1968 war jede Straßenecke der Arbeiterviertel von Liverpool, Glasgow, Birmingham oder London die Heimat einer Skinheadgang. Es war *die* dominierende männliche Jugendkultur. Alle, die sich aus früheren Szenerien kannten und zwischenzeitlich verlaufen hatten, fanden sich hier noch einmal zusammen. Es sollte der bis heute letzte Versuch rebellischer Arbeiterjugend werden, das historische Verschwinden ihrer „Klasse“ aufzuhalten.

Schon die 50er und frühen 60er waren wilde Jahre. Es waren Arbeiterkinder, die den Rock'n'Roll auf seinen Triumphzug um die Welt schickten. Ohne den Blues der Teddyboys der 50er Jahre, die ohnmächtig mitansehen mußten, wie ihre Altersgenossen auf höhere Schulen wechselten, während sie ohne Ausbildung blieben, ohne die Leidenschaft der Mods und Rocker der frühen 60er für ihre Musik, wäre Paul McCartney heute eine leidlich bekannte Lokalgröße in Liverpool, Rod Stewart noch Totengräber in Highgate und Mick Jagger ein alternder Erotomane, der am Piccadilly Circus jungen Touristinnen hinterhersteigt.

Die Zugehörigkeit zu einer Jugendszene wurde noch nicht von der Beliebigkeit eines Warenhauskataloges und den Weichenstellungen der Musikindustrie diktiert, sondern sie verkörperte eine Haltung. Doch Mitte der 60er Jahre stagnierte der Siegeszug der Arbeiterkinder. Erhöhte Produktivität und in der Folge höhere Einkommen ermöglichten nun auch Arbeiterfamilien vermehrten Konsum und bescheidenen Wohlstand. Es schien, als wären die ärgsten Probleme und größten sozialen Ungerechtigkeiten in der Ersten Welt beseitigt. Der Kampf der Klassen war out, das hübsche Wort von der „Wohlfahrtsgesellschaft" machte die Runde. Mit verbesserter sozialer Absicherung sollte die Arbeiterschaft vor den härtesten Auswirkungen des wirtschaftlichen Wandels geschützt werden. Den Besten und Fleißigsten von ihnen wurde gar der Aufstieg in die Mittelschicht versprochen.

Arbeiterkinder besuchten plötzlich weiterführende Schulen. Andere tauschten den Blaumann gegen Schlips und Kragen ein; anstatt im Schlachthof im Fünf-Minuten-Takt Rinder zu killen, schoben sie nun Aktenberge durch Verwaltungslabyrinthe. Mods, die den Sprung an die Universitäten und Kunsthochschulen geschafft hatten, liefen zu den Studenten und Hippies über. Andere verausgabten sich in den unendlichen Wochenendprügeleien mit den Rockern, fanden eine Freundin, heirateten und desertierten auf diese Weise ins „normale" Leben.

Übrig blieben die Hard-Mods. Die, die immer noch zuwenig Geld hatten, um sich die angesagten Klamotten zu kaufen. Die, die ohnehin gutes, billiges Bier den Aufputschtabletten und Cocktails in irgendwelchen In-Clubs vorzogen. Irgendwann verzichteten sie ganz darauf, sich an dem dandyhaften Kleidungsstil der anderen Mods zu orientieren. Jeans, Docs und T-Shirts wurden nun auch am Wochenende getragen. Während im Rest der Welt Jugendliche mit ihren Eltern im Clinch um jeden Haarzentimeter länger lagen, wurden bei den Hard-Mods die Haare kürzer und kürzer. Neue Namen tauchten auf, die Abgrenzung zu vollziehen und das neue Outfit mit Worten zu fassen: Crophead, Boiled Egg, Bald-Head, Skinhead.

Doch sie hatten ein Problem, und das hieß: Musik. Es gab einfach nichts Neues. Die alten Heroen *The Who* und *Small Faces* setzten zu weltweiten Karrieren an und verließen die engen Grenzen der Subkultur. Die rüden Gossenjungen verwandelten sich in höfliche Popstars. Pete Townshend & Co wurden spätestens mit ihrem Auftritt in Woodstock zu einer Kultband der Hippies. Und im gleichen Jahr eroberten sie mit ihrem Meisterwerk „Tommy" die Opernhäuser der Metropolen. Nicht gerade eine Welt, in der sich Straßenkinder heimisch fühlten.

So begaben sie sich schließlich auf die Suche nach einem neuen klaren Sound, zu dem man besser tanzen konnte als zu der wuchernden psychedelischen Musik der neuen Mittelschichten. Und sie wurden fündig. Gleich in der Nachbarschaft, bei den Kindern der jamaikanischen Einwanderer, die seit den 50er Jahren die Arbeiterviertel Großbritanniens bevölkerten. Denn auch die ignorierten die Megatrends der Musikindustrie. Ihre Heroen kamen direkt aus den Slums von Kingston und hießen Jimmy Cliff („Miss Jamaica") und Derrick Morgan („Housewifes Choice"), Millie Small („My Boy Lollipop") oder *The Skatalites* („Guns Of Navarone"). Das breite Publikum ignorierte den Sound aus Jamaica, er galt als „dreckig", „primitiv" und „unprofessionell". Mit Ausnahme der Rude-Boy-Gangs wollte es niemand hören. Selbst die Alten der westindischen Kids zeigten kein Interesse. Alle anderen Jugendszenen rümpften die Nase und winkten ab. Ska war somit *frei*. Die musikalisch entwurzelten Bootboys griffen zu.

Die Geburt

1968/69 war nicht abzusehen, daß Skinheads einmal als *das* Symbol für rassistische Gewalt gehandelt werden sollten. Wie denn auch – schließlich war der Skinheadkult aus einer Liaison weißer schlagender Verbindungen (Mods, Fußballfans) und schwarzer Einwandererkinder entstanden. Die jamaikanischen Rude Boys brachten den britischen Arbeiterjugendlichen nicht nur den neuen Sound, auch ihre Gangs, die den Ruf hatten, besonders cool und hart zu sein, waren ganz nach dem Geschmack der britischen Jungs. Sie begannen, den Slang der Schwarzen zu kopieren, und ein Großteil der Skinhead-Mode – vor allem die smartere Variante: Pork-Pie-Hütchen, Anzug – entstammt der Asservatenkammer der jamaikanischen Rude Boys. Man tanzte gemeinsam in den wenigen Clubs, in denen DJs Ska auflegten, überbot sich gegenseitig in Mackerverhalten und Macho-Sprüchen, machte gemeinsam Jagd auf Schwule, Hippies oder Pakistani. Rassismus? Bei einigen sicherlich. Aber in der Hauptsache: Lust auf Gewalt, Revierverteidigung.

„Skinheadgangs hatten überall, wo sie hingingen, Ärger. Unten im Park nach der Schule, in den Spielhallen, am Imbiß. Und wenn du keinen Ärger gefunden hast, war die einzige Antwort, den Ärger zu suchen, indem man in das Gebiet einer anderen Gang eindrang“, erinnert sich Alt-Skinhead George Marshall in seiner Skinhead-Bibel „Spirit Of ’69“ (S.T. Publishing, Dunoon/GB 1991). „Jeder, der nicht in dein Weltbild paßte, konnte als legitimes Ziel eines

„Ich scheiß auf das, was in den Zeitungen steht. Ich rühre keinen Finger für die Politik. Ich habe nie gewählt und werde nie wählen. Ich bin kein Nazi und erst recht kein Sozialdemokrat. Meine eigene Ansicht ist, daß ich mehr mit einem Schwarzen aus der Arbeiterklasse gemeinsam habe als mit ’nem Weißen aus der reichen Mittelklasse. Abgesehen davon habe ich über Rassen und Politik nichts zu sagen, außer daß alle Politiker bestechlich sind, Schwindler und Lügner sind, und ich würde nicht einmal auf sie pissen, wenn sie brennen würden.“
Ein Skinhead

Skinheadübergriffes dienen. Das meinte wirklich jeder. Von rivalisierenden Gangs bis zu einer verlorenen Seele, die am richtigen Platz zum falschen Zeitpunkt war. In Kasernenstädten wurde das Verprügeln von Rekruten bevorzugt. In Universitätsstädten bekamen die Studenten ihr Fett ab. Schwule und jedermann, der etwas exotisch aussah, waren in den meisten Gebieten Opfer. Hippies wurden als schmutzige, unfrisierte Schmarotzer angesehen, die im Streit mit allen bodenständigen, traditionellen Werten lagen, aus denen die Skinheads stammten. Nicht viele Hippies liefen freiwillig durch ein Skinheadgebiet, aber auch die, die es nicht machten, waren oft das Ziel einer ‚Such- und Zerstörmission'. Natürlich versuchten lokale Skinheadgruppen, ihre Straßen sauber und ordentlich zu halten. Die Besetzung eines Wohnblocks durch Hippies war im September 1969 die große Nachricht. Tatsächlich stoppte nur die Anwesenheit von Hells Angels die Skinheads, das Haus zu stürmen. Es gab auch keine Liebe zwischen den Skinheads und den Hells Angels. Überall gab es Auseinandersetzungen."

„Die Skinheads, die sind verrückt und dumm. Sie denken nicht mit den Köpfen, sondern mit dem Bauch. Sie können zwar gute Soldaten sein, aber keine brauchbaren Menschen.
Michael Kühnen, Neonazi

Rassismus

Aber die Gewalt, die am meisten Aufmerksamkeit auf sich zog, war die gegen die asiatischen Einwanderer: „Paki-Bashing". Während eines Spitzengesprächs beklagte sich die pakistanische Regierung offiziell. Jeder vierte pakistanische Student war 1969 in den Straßen Londons schon einmal attackiert worden. Zumeist von sehr kurzhaarigen jungen Männern.

Auch die Tatsache, daß bei diesen Überfällen häufig jamaikanische Rude Boys und andere schwarze Jugendliche beteiligt waren, kann nicht darüber hinwegtäuschen, daß die Skinheads die politische Unschuld ihrer Ahnen verloren hatten. Wie sollte es auch anders sein, wenn die Massenmedien tagtäglich vor einer „unkontrollierten Flut von asiatischen Einwanderern“ *(Daily Mirror)* warnten und ein *Tory*-Kandidat aus Birmingham einen Wahlkampf mit dem Slogan gewann: „If you want a nigger neighbour, vote Labour.“ Trotz aller Rebellion blieben die Skinheads mehrheitlich, gerade weil sie „unpolitisch“ sein wollten, stets ein Abbild der urkonservativen Arbeiterklasse, ein Seismograph der britischen Gesellschaft – und die rückte Mitte der 60er Jahre kräftig nach rechts.

„Die fremde Natur der nicht-weißen Einwanderer paßt nicht zur britischen Gesellschaft“, verkündete der konservative Spitzenpolitiker Enoch Powell in einer flammenden Rede am 20. April 1968, und als er daraufhin aus kosmetischen Gründen seinen Fraktionsjob verlor, zogen Tausende von Arbeitern Richtung House of Parliament, um Powell zu unterstützen. Und ihre kurzhaarigen Kinder begannen, bei ihren Übergriffen auf Pakistani „Enoch! Enoch!“ zu brüllen. Sechs Monate später stolzierte der Rassistenführer mit vierzig Kurzhaarigen als Leibwache durch die Gegend. Vierzig von mehreren tausend, das war nicht viel – aber ein Zeichen. Durch den politisch aufgeheizten Rassismus der Mehrheitsgesellschaft bekam die Beliebigkeit der Skinheadgewalt und ihr Revierverhalten eine Orientierung. Sie begannen auf der Straße umzusetzen, was ihre Eltern und andere Stammtischrassisten nur zu fordern wagten: „Ausländer raus!“

Dennoch spielte Rassismus – wie Politik überhaupt – in der Szene keine bedeutende Rolle. „Paki-Bashing“ hatte im

Bewußtsein der weißen Prügelknaben noch kein höheres Gewicht und keine andere Bedeutung als die Überfälle auf Hippies und Oberschüler (was in der Regel identisch war) oder die Straßenschlachten mit gegnerischen Fußballrowdys. Gewalt als Mittel der Grenzziehung und Selbstidentifikation. Doch Skinhead-Sein, das war immer noch eine Frage des Klassenstandpunktes und nicht der Hautfarbe.

„Skinhead sein bedeutet für mich: Saufen, Konzerte, a way of life. Eine Randgruppe mit Stolz." H., Skinhead, 21 Jahre

Schließlich mußte man auch schon ziemlich schizophren sein, um gleichzeitig Skinhead und Rassist zu sein. Denn noch immer waren 90 % der Idole, die DJs und Musiker auf den Bühnen, so schwarz wie die besten Freunde der Skinheads. Und die sinnstiftenden Leidenschaften der Skins waren nicht (Anti-)Rassismus oder gar Politik, sondern Fußball und Dart, Parties und Bier, Prügeleien und vor allem – Musik. Und so leitete erst die Änderung der Musik den Bruch zwischen weiß und schwarz, schließlich auch innerhalb der Skinheadszene ein.

Punk

Wie aus dem Nichts tauchte 1976 eine neue Jugendkultur auf: wilde Irokesen, grün, pink, rot gefärbte Haare und eine Musik, die mit ihrem Drei-Akkorde-Minimalismus und den hingerotzten Texten alle Anstandsregeln des in bombastischen Klangteppichen erstarrten Rockzirkus sprengte. Punk – das roch nach Aufruhr, nach Revolte. „Don't know what I want, but I know how to get it!" – „Anarchy In The U.K." der *Sex Pistols*, „No More Heroes" von den *Stranglers*, „White Riot" von *The Clash*. Medienwirksame Publikumsbeschimpfungen, Rüpeleien vor laufender Kamera.

Letztlich war Punk ein Windei, von cleveren Busineßleuten in Szene gesetzt, um ein paar Bands zu vermarkten. Binnen zweier Jahre erreichten sie ihr Ziel. Punk wurde Teil der etablierten Ordnung, der man angeblich ins Gesicht rotzte. Er wurde zu einer Pose, zu einem Zweig der Freizeitindustrie. Punk-Mode schmückte Versandhauskataloge („Schokkieren ist schick"), und *Bravo*-LeserInnen diskutierten über das Pro und Contra von Sicherheitsnadeln in der Nase. „Punk war die Revolution", schloß Allen Jones im *Melody Maker* das Punk-Album, „aber sie wurde verraten".

Doch da geschah etwas Unerwartetes: viele Kids glaubten an den Punk und machten aus ihm etwas, was eigentlich nie geplant war: sie begannen, ihn zu leben. Es war einfach die passende Zeit für eine neue rüde Aussteigerbewegung, die weder mit den soften Althippies noch mit dem Establishment identifiziert werden konnte. Und Punk war die bisher vollkommenste Ausdrucksform für eine Teenagerrebellion. Bands wie *Sham 69, Cock Sparrer* oder *Cockney Rejects* machten also weiter, härter als zuvor, beschleunigten ihre Rhythmen noch ein Stück und prügelten die Middle-Class-Modepunks aus ihren Konzerten.

Sie nannten es von nun an „Streetpunk", „Realpunk" oder „Working Class-Punk" – und schließlich einfach nach ihrem Schlachtruf: Oi! Und um sich eindeutiger von den schicken New Wavern und Edelpunks aus gutem Hause abzugrenzen, radikalisierten sie auch ihr Outfit gleich mit. Serienweise verwandelten sich Britanniens Schmuddelkinder in Skinheads: sie ließen sich die Haare scheren, flickten ihre Hosen, ersetzten die Nadel im Ohr durch Tatoos auf den Armen, behandelten ihre Frauen weiterhin von oben herab und bemerkten plötzlich, daß die alten Hakenkreuz-T-Shirts wieder Provokationswert besaßen. Hatten Lehrer und Linke gerade müh-

„Skinhead sein bedeutet für mich: Abgrenzung vom gesellschaftlichen Spießerleben, gute Freunde, gute Musik, Zusammenhalt, Gegensatz zum langhaarigen Kifferdreck."
U., Skinhead, 19 Jahre

sam gelernt, den „No Future"-Rebellen Verständnis bis Sympathie entgegenzubringen, die neonazistischen Symbole als provokante Kapitalismuskritik zu deuten, so wurden die nun glatzköpfigen Provokateure und ihre Runen plötzlich ernstgenommen. So war der Skinheadkultur noch zehn Jahre nach ihrer Geburt eine zweite Wurzel gewachsen.

Comeback

Und noch etwas Bedeutendes geschah in jenen Tagen. Der alte Skinhead-Reggae erfuhr ein großartiges Revival. Okay, in einer aktuelleren Version, schneller und härter, der Punkrock hatte seine Spuren hinterlassen, aber ohne Zweifel: es war gut.

The Specials hießen die ersten neuen Helden, ein im Sommer '77 gegründetes Septett aus Coventry, das 1978 auf dem bandeigenen Label 2 Tone eine zeitgemäß geliftete Coverversion des '64er *Prince Buster*-Hits „Al Capone" veröffentlichte. „Gangsters" erreichte innerhalb von wenigen Tagen mehrere Auflagen und absoluten Kultstatus. Ein Jahr später gehörten die britischen Charts 2 *Tone*-Bands wie *Bad Manners, Selecter* oder *Madness*. Altstars wie Laurel Aitken oder Desmond Dekker erlebten ein unerwartetes Comeback und touren noch heute, von Tausenden von Skinheads umjubelt, durch Europa. Die Losung „Kids United" hatte sich erneut durchgesetzt, und das meinte nicht nur Punks und Skinheads, sondern auch schwarz und weiß.

Doch dieses Mal blieb das Publikum gespalten. Auch wenn Politik noch längst nicht den Stellenwert hatte, den sie ab Mitte der 80er Jahre bekommen sollte, so waren doch nicht alle Skins glücklich über diesen antirassistischen Multikulti-Boom. Die jahrelange Agitation der *National Front*, die 1977 mit der Losung „If they're black, send them back" mehr als 200000 Wählerstimmen gewann, und die nicht weniger rassistische Verkaufspolitik von Regierung und Medien hatten Erfolge gezeitigt. Ein nicht geringer Teil der Skins hatte sich in der rechten Szene verankert. So wurden die *2 Tone*-Bands bald zum Angriffsziel von Neonazis und rassistischen Skinheads, die sich der Faszination des neuen Offbeats natürlich auch nicht gänzlich entziehen konnten und immer wieder bei Ska-Konzerten auftauchten. *The Specials* machten sich dadurch einen Namen, daß sie, sobald sie „Sieg Heil!" brüllende Glatzen im Publikum entdeckten, ihre Instrumente zur Seite legten und die unerwünschten Gäste eigenhändig hinausprügelten. Andere Gruppen versuchten zunächst, mit den Kids zu reden, sie auf die nichtrassistische Seite hinüberzuziehen. So wurden friedliche Rechte in der Regel durchaus geduldet. Dennoch endeten nicht alle Konzerte im Krawall, wie die Medien zeitweise den Eindruck erweckten, und wenn es dann doch passierte, waren unterschiedliche Ansichten über lokale Fußballteams wesentlich häufiger das auslösende Motiv als die politische Radikalisierung der Kombattanten.

„Skinhead sein bedeutet für mich: Viel Spaß, ein Lebensgefühl der Gemeinschaft, Gewalt gegen Feinde, Provokationen, die nicht immer ernst gemeint sind." A., Skinhead, 22 Jahre

Natürlich gab es auch linke Skinheads. So gründete sich eine „League of Labour Skins", Bands wie *Redskins* oder *Red Alert* trugen ihre Namen nicht zufällig und wurden dennoch Kultbands, und auch andere wie *Blitz, Angelic Upstarts* oder *Infa-Riot* wurden antirassistisch aktiv. Die Mehrheit der Skins wollte immer noch nichts weiter als Bier, Musik, Spaß und verläßliche Freundschaften. Doch die medienwirksame Beteiligung von Glatzköpfen an brutalen Überfällen auf Einwanderer und die Umarmungsversuche faschistischer

Gruppen förderten die ohnehin starke Ausgrenzung der Skins. So blieben bald wirklich nur noch Nazis als Freunde und Förderer übrig. Die Entwicklung der Band *Skrewdriver*, die auf ihrer Debutsingle noch „Fight Against The National Front" forderte, zur führenden Nazi-Band Europas wurde zum warnenden Signal. „Hier war eine Partei, die nicht über dich sprach, sondern mit dir, und die nicht auf dich herunterschaute, sondern dich als Crême der britischen Jugend behandelte", erinnert sich George Marshall an die *NF*, die Skinbands Proberäume und Auftritte vermittelte, sogar eigene Zeitungen für Britanniens männliche Prügelgarde herausgab und sie allerorten lautstark als „Vorkämpfer der weißen Rasse" lobte. So wußte nun endlich jeder rechtsradikale Schläger, wie er sich zu stylen hatte, um Gleichgesinnte zu finden.

Mit diesem Image behaftet, schwappten die ersten Nachrichten von der „neuen" männlichen Subkultur Skinheads Ende der 70er Jahre nach Deutschland über. Und es dauerte fast zehn Jahre, bis sich die Mehrheit der Skinheads aus diesem mediengeformten Image und seiner realen Umsetzung in der Szene wieder befreit hatte.

Skinheads heute – a way of life[1)]

„Skinhead sein bedeutet für mich: Ein Leben außerhalb dieser vollgefressenen, verlogenen und geistig toten Gesellschaft."
A., Skinhead, 28 Jahre

Skinheads sind Urgesteine der Jugendkultur, die letzten überlebenden Dinosaurier der Arbeiterjugend. Hippies, Popper, Hausbesetzer? Verschollen im Bermudadreieck der Geschichte. Selbst die Punks fristen nach ihrem triumphalen Einstand Ende der 70er Jahre heute ein trauriges Schattendasein. Der Skinheadkult dagegen setzt in den 90er Jahren zu einem erneuten Triumphzug rund um die nördliche Erdhälfte an. Zehntausende Anhänger von Helsinki bis Palermo, von Tokio bis Toronto, allein 8000 im deutschsprachigen Raum.

Für fast alle bedeutet „Skinhead sein" *a way of life*: eine Lebenshaltung, keine Mode. Die hohe Bereitschaft, sich tätowieren zu lassen, immerhin eine recht schmerzhafte und nur bedingt rückgängig zu machende Prozedur, bestätigt diese Selbsteinschätzung ebenso wie die für eine Jugendsubkultur recht lange Verweildauer in der Szene von durchschnittlich vier bis sechs Jahren. Als Ausstiegsgrund wird zudem fast immer Anpassungsdruck angegeben, die meisten „Aussteiger" ändern also nur ihr Outfit, bleiben aber der Szene noch über Jahre verbunden.

„Skinhead sein bedeutet für mich eine Lebenseinstellung, worüber Soziologen gerne schreiben, aber nichts verstehen. Wer weiß, wenn sie es verstehen würden, wären wir keine Skinheads."
J., Skinhead, 25 Jahre

Way of life bedeutet zunächst „Spaß haben". Musik, Parties, Alkohol. Bei letzterem natürlich Bier. „Was haben verdammt noch mal Rotwein und Selters auf 'ner Ska-Night zu suchen?" empört sich ein Konzertkritiker in einem Skin-Magazin. Bierhitparaden und -tests tauchen immer wieder in den rund sechzig allein in Deutschland derzeit existierenden Szene-Magazinen auf, zu jeder halbwegs populären Biermarke gibt es eine eigene Hymne. Im Gegensatz zu den USA sind drogenfreie *Straight Edge*-Skins in Europa eine exotische Ausnahmeerscheinung.

Eine Party ohne Alkohol haben wir jedenfalls noch nicht erlebt. Und Parties sind eindeutig das Kernstück der Skinkultur. Zu einem Soul- oder Ska-Allnighter (Disco, eventuell mit Live-Band, die ganze Nacht hindurch), einem Konzert oder Motorrollertreffen („Scooterrun") reisen Skinheads aus Hunderte von Kilometern entfernten Wohnorten an, um ein Wochenende mit Gleichgesinnten und -gestylten zu verbringen, zu trinken, zu tanzen („ein wenig

„Skinhead sein bedeutet für mich: Spaß haben und mein Leben genießen, ohne bürgerlich zu sein; Kämpfen (nicht unbedingt nur körperlich) gegen Unrecht und vor allem auch, um sich als Frau und Nicht-Deutsche nicht unterkriegen zu lassen!"
M., Skinhead-Girl, 21 Jahre

protzen und prollen"), den neuesten Szene-Klatsch auszutauschen und Zines einzusammeln.

Außenstehende finden sich bei solchen Skin-Treffen in der Regel nur als „Freundin/Freund von ..." ein. Vereinzelt trifft man am Rande von Skincliquen auf Punks, Mods, Psychobillys, bei den Rechten natürlich auch auf „Scheitel-Nazis" und in letzter Zeit, bedingt durch die musikalische Entwicklung der Bands, häufig Heavy Metals.

Weibliche „Normalos" werden eher geduldet als Typen – offensichtlich eine Folge des ungleichgewichtigen Geschlechterverhältnisses.

Sex

Frauen stellen inzwischen einen Anteil von 15–20% der Skinszene – sowohl in rechtsorientierten Cliquen als auch bei SHARP[2)] und sog. „unpolitischen" Gruppen. Die „rechte" Szene ist insgesamt eindeutig mackerhafter, das Männlichkeitsideal der „Kämpfer für Doitschland" ungebrochener als bei ihren nicht-rassistischen Kollegen, obwohl es nicht schwer fällt, auch in vielen SHARP-Cliquen Sexisten und Schwulenphobie-Infizierte zu outen. Doch für die Teilnahme von Frauen scheint das konkrete Alltagsverhalten einer Clique wichtiger zu sein als die politische Ausrichtung: Ständiges „Koma-Saufen" und Randale rund um die Uhr üben offenbar auf Skinhead-Girls bzw. *Renées* eine geringe Faszination aus. „Clockwork Orange" ist für Skin-Frauen allenfalls im Kino attraktiv, im realen Leben erwarten sie von ihren männlichen Kumpanen mehr als Pawlowsche Reflexe beim Anblick eines vermeintlichen Gegners.

Der Anteil von Frauen in der Skinszene steigt. Kein Wunder, bietet doch gerade das „männliche“ Outfit und die für Außenstehende derben Umgangsformen der kurzhaarigen Mädchen und Frauen wie kaum eine andere Jugendkultur die Möglichkeit, die herrschenden Rollenklischees abzulegen. „Stand für mich nie zur Diskussion, 'ne Barbiepuppe zu werden“, erklärt Xenia.

Seit 1992 wird die Männerherrlichkeit der Szene noch durch ein weiteres Phänomen gebrochen: *GSM – Gay Skinhead Movement.* In Anlehnung an das Vorbild Großbritannien haben sich schwule Skinheads in Deutschland entschlossen, in die Offensive zu gehen, und sich zu einer deutschen Sektion des GSM vereint. Obwohl die Gruppe erst wenige Dutzend Mitglieder vertritt, hat sie bereits einen Riesenwirbel innerhalb der Skingemeinde ausgelöst. Daß es nicht einfach ist, sich in der Skinszene als Schwuler zu bekennen, zeigt schon die Tatsache, daß kaum ein „Promi“ diesen Schritt wagte, obwohl die schwule Identität diverser Kultmusiker, Plattenbosse und Zine-Redakteure aller Fraktionen bekannt ist. „Wenn's niemand mitkriegt, geht zwischen Skins auch sexmäßig schon mal was ab“, berichtet das Berliner Zine *Oi!reka* im Winter '92/'93 (nicht ohne sich selbst vorauseilend als hundertprozentig hetero zu outen). „Allerdings wird's schon schwieriger, wenn man als schwuler Skin auch zu dem stehen will, worauf man steht. Die Schwulenszene hat die gleichen Vorurteile gegen Skins wie Otto-Normal-Spießer, und in Glatzenkreisen muß man ja auf's Image achten. Schwule Skinheads! Der Widerspruch überhaupt, eine Kombination wie ‚jüdischer KZ-Wächter‘ oder ‚schwarzer Ku-Klux-Klan‘! Was in das Bild vom ‚echten‘ Skinhead (Saufen, Prügeln, Ficken) nicht reinpaßt, das gibt es natürlich nicht, oder?“

„Skinhead sein bedeutet für mich, aus der Arbeiterklasse zu kommen und gegen Bonzentum. Musik, Fußball, meine Freunde, Stolz auf meine Heimat, von den Medien verachtet, von Autonomen und Ausländern gejagt, aber niemals aufgeben!“
A., Skinhead, 25 Jahre

Skinhead sein bedeutet anders zu sein, Provokation um jeden Preis. Eine „Randgruppe mit Stolz“. Skinhead *way of life* heißt vor allem: Abgrenzung gegen „normale“ Jugendliche und Erwachsene, insbesondere gegenüber „angepaßten“ Konsumbürgern, „Spießern“ und Mittelschichtangehörigen (Hippies). Auch wenn es mit der eigenen Biographie nicht immer zusammenfällt, verstehen sich Skinheads als „Working Class“-Kids, sehen sich zumindest historisch dort verwurzelt. In der Tat sind etwa 50 Prozent der Skinheadszene Arbeiter oder Auszubildende, und selbst bei den studentischen Skins, die unter 10 Prozent der Szene ausmachen, überwiegen technische Studiengänge. (Körperliche) Arbeit und finanzielle Unabhängigkeit von Staat und Eltern sind zentrale Werte der Skinheads – auch ihrer Frauen.

„Skinhead war, wer sich keine teuren Klamotten kaufen konnte und dies auch zeigen wollte“, faßt Skinhead Richy die Anfänge der Bewegung zusammen. Skinheads waren und sind eine Reaktion auf das Aussterben der Arbeiterklasse und die Yuppieisierung ihrer Umwelt. „Es ist einfach nicht zu glauben, über was für triviale Sachen die schwätzen können“, berichtet Skinfrau Xenia nach einer „Schickimicki-Party“. „Da sitzen zwei Tussen rum und unterhalten sich eine Stunde lang über den neuesten Modehund. Ist unglaublich. Und dann so Gespräche: ‚Ich geh jetzt für ein Jahr in die USA‘ …“

An den neuen Mittelschichten störte die Skins nicht nur, daß sie sich Dinge leisten konnten, an die sie selbst nicht einmal im Traum dachten, sondern auch und gerade der neue Habitus der „besseren Schichten“, die schleunigst versuchten, die Spuren ihrer Herkunft zu tilgen und alles abzulegen, was sie in die Nähe der Loser der Modernisierung bringen könnte: Bier, vor allem in Unmengen genossen, galt plötzlich als „proletarisch“ und wurde durch edlere Getränke in kleineren Gläsern ersetzt; körperliche Gewalt wurde tabuisiert – denn da waren ihnen die rüde aufgewachsenen und bei körperlicher Arbeit tagtäglich konditionierten Arbeiterkinder überlegen – und durch psychologische – also verbale – Waffen ersetzt. Lautstarke Auseinandersetzungen zu führen, galt plötzlich als rüpelhaft, Abneigungen und Kritik wurden hinter wohlfeilen Worten verborgen.

Skinheads hassen diese ritualisierte Höflichkeit der Bürgerkinder, halten die Sensibilität dieser *Irgendwie*-Typen, die jede direkte Anrede mit einem herzzerreißenden *Du* beenden müssen, für unecht, für eine Strategie der Konfliktvermeidung, die vorhandene Aggressionen nur verdrängt. Hinter den rüden Kommunikationsformen der Skins steckt auch der Anspruch, jedermann offen und direkt die Meinung ins Gesicht zu sagen und dafür einzustehen. „Lieber mal eine Prügelei als ständige Schleimerei.“

Lange Haare, Diskussion, Haschisch rauchen, Depression, Hippies, Hippies, Hippies, ich kann euch nicht versteh'n, Hippies, Hippies, ich will euch mal was sagen, ihr seid nur 'n Haufen Scheiße, ich kann euch nicht ertragen.
Böhse Onkelz

Gewalt ist selten eine Einbahnstraße. Das gilt auch für Skinheads. Als Skinhead bist du nie wieder Müller 5 aus der 8 b. Sobald du deine eigenen vier Wände verläßt, stehst du im Rampenlicht. Brave Bürger wechseln die Straßenseite, ängstliche Blicke verfolgen dich, Gespräche verstummen eine Schrecksekunde lang. Die Mutigeren stoßen Beschimpfungen aus oder zeigen dir – aus sicherer Distanz – den Mittelfinger. Du bist grundsätzlich „Nazi“, selbst wenn du einen *Fight Fascism*-Aufnäher an der Jacke trägst. Skinhead sein bedeutet Streß, tagtäglich. Für die meisten Skins gibt es nur eins, was schlimmer wäre: die Vorstellung, eines Tages durch die Straßen zu laufen, und die Spießer würden nur noch gelangweilt gähnen. „Das Gefühl genießen, gehaßt zu werden", gehört zum Skinhead-Sein einfach dazu. Skinheads sind nicht unhöflich, sondern anti-höflich: ein männlich-proletarisches Gegenmodell zur Verschleierung der Verhältnisse durch die „kultivierten" Höflichkeitsriten der Mittelschichten.

Eric Mension-Rigau

Distinktion durch Distinguiertheit

Wie sich Eliten bilden

„Wer aus gutem Hause stammt, sollte seiner Herkunft durch entsprechendes Verhalten Ehre machen.“[1)]

O tempora, o mores! Es ist gemeinhin üblich, daß wir von einem Verlust der Höflichkeit in unserer gegenwärtigen Gesellschaft sprechen. Stimmt das überhaupt? Das ist in der Tat fraglich, denn Bücher zum Thema Höflichkeit finden wieder viele Leser. Überdies ist die Vernachlässigung der formalen Anstandsregeln nicht in allen Bereichen der Gesellschaft sichtbar. Wenn man den Erziehungsstil der Nachkommen des alten Adels oder des Bürgertums aus dem vorigen Jahrhundert näher betrachtet, wird man feststellen, daß in diesen Familien anspruchsvolle höfliche Verhaltensweisen überdauert haben. Während sich ein demokratisches Schulsystem durchgesetzt hat, das allen Zugang gewährt, legen die ehemals begüterten Schichten neben der Ausbildung durch Universität oder Schule wieder großen Wert auf eine familiäre Erziehung, die ein weltgewandtes Verhalten lehrt. Es geht hier um die Vermittlung einer Lebenskunst, die in bezug auf die alltäglichen Verrichtungen angibt, was man zu tun hat, was akzeptabel ist und was man besser unterläßt. In adligen und großbürgerlichen Kreisen spricht man häufig

„Niemand dankt dem geistreichen Menschen die Höflichkeit, wenn er sich einer Gesellschaft gleichstellt, in der es nicht höflich ist, Geist zu zeigen.“ Friedrich Nietzsche: Menschliches, Allzumenschliches

von guten und schlechten Manieren, und an diesem schmalen Saum der Gesellschaft, der sich als Inbegriff der Sittlichkeit versteht, werden alle, deren Weltgewandtheit zu wünschen übrig läßt, streng verurteilt. Die Dokumentation der eigenen Gesellschaftsfähigkeit und der Gefallen am gesellschaftlichen Gehabe, die in wohlsituierten Kreisen ausgeprägt sind, erklären die große Bedeutung, die den Umgangsformen untereinander beigemessen wird. Hinzu kommen die Gewohnheit und das andauernde Bedürfnis, am persönlichen Auftreten zu feilen, die ebenso notwendig sind wie die Sorgfalt, die auf die Ausstattung der Interieurs verwendet wird. Weil sie weniger verbreitet ist, wird die Höflichkeit vielleicht heute um so mehr zu einem Klassenmerkmal. Unter diesem Blickwinkel wollen wir an dieser Stelle die Höflichkeit betrachten, wobei wir uns auf die Ergebnisse von Interviews in aristokratischen und großbürgerlichen Kreisen stützen. Inwiefern ist die Höflichkeit ein Erkennungsmerkmal, zum Beispiel bei Marie-Alix oder Charles-Henri, deren Auftreten und Verhalten von einer gebildeten Erziehung zeugen, die sie von klein auf in der engeren Familie erhalten haben? Wie kommt ihnen diese Erziehung zugute, um Ihresgleichen zu erkennen und sich umgekehrt in ihren Kreisen zu erkennen zu geben? Inwiefern werden diese Manieren, die man in zahlreichen Begriffen zu fassen sucht – Ritterlichkeit, Distinguiertheit, Eleganz, Urbanität – tatsächlich von diesen Eliten als Privileg erlebt?

Um den Begriff der Höflichkeit näher einzugrenzen, führen diese Familien drei Gesichtspunkte an: den moralischen (Höflichkeit ist etwas Gutes, Unhöflichkeit etwas Schlechtes), den sozialen oder politischen (die Höflichkeit der Bürger ist die Chance des Zusammenlebens in der Großstadt) und den ästhetischen (die Höflichkeit bringt die Verhältnisse der Menschen in Einklang). Man beobachtet zunächst den beharrlichen Wunsch, die Höflichkeit als Selbstachtung und im weiteren Sinne als Achtung der menschlichen Würde hervorzuheben. Hier wird der Einfluß einer zweifachen Tradition – des Christentums und des Humanismus – spürbar. Die Höflichkeit wird als ein göttliches Gebot dargestellt, als eine Form der Barmherzigkeit und der Nächstenliebe, gleichzeitig aber auch als ein Bild der Menschlichkeit, denn sie bedeutet ein Bemühen um Korrektheit, das jeden verpflichtet, zum Wohlgefallen aller beizutragen: der schlecht erzogene Mensch ist seinem Mitmenschen unangenehm. Die Höflichkeit reguliert die triebhaften Wünsche und ermöglicht ein Zusammenleben ohne Haß: sie lehrt, sich anderen gegenüber in angenehmer Weise zu verhalten und Kränkungen zu vermeiden. Dieser moralische Hintergrund, der auf der Wahrhaftigkeit der Höflichkeit, die von Herzen kommen soll, beharrt, wird ergänzt durch die Anerkennung ihrer nützlichen Funktion.

Auf diese Weise kommen wir zum sozialen und politischen Gesichtspunkt: die Höflichkeit wird als unverzichtbarer Bestandteil der Kommunikation, der positiven Entwicklung der zwischenmenschlichen Beziehungen und des ausgeglichenen Funktionierens der Gesellschaft gesehen. In gewisser Weise dient sie dazu, das Getriebe zu schmieren: sie kanalisiert die Kräfte, die immer gefährlich sind, wenn man sie nicht beherrscht. Als besonders ausgeprägte Form der Zivilisation zwingt sie uns, von Übertreibungen und Unmäßigkeiten abzulassen, die die alten Griechen Hybris nannten und der die Schüler des Perikles widerstanden, weil sie es gelernt hatten, sanftmütig zu sein. Als Orientierung und zwin-

„Ein beständiges Leichtermachen des Lebens, das von so vielen und oft sonderbaren Bedrohungen in Frage gestellt wird – das ist Höflichkeit. Hierher gehört auch jenes Möglich-Machen des Lebens, das Paulus meint, wenn er sagt: ‚Kommt einander in Ehrerbietung zuvor'. Warum aber das große Wort ‚Ehrerbietung'? Weil im Menschen das ist, was ‚Würde' heißt." Romano Guardini: Tugenden. Meditationen über Gestalten sittlichen Lebens

gendes Vorbild gehört die Höflichkeit in den Bereich der ungeschriebenen Gesetze. Sie ist eine Art Straßenverkehrsordnung, die ein Verhalten auferlegt, und wie diese setzt sie Zeichen, Linien, die nicht überschritten werden dürfen; sie enthält auch unvermeidliche Wege und Wartezeiten. Höflichkeiten erscheinen als Primizien und als Prämisse des Dialogs: Primizien aus dem Lateinischen primitiae bedeutet „Anfänge", „Erstlinge" und auch „die ersten Früchte der Erde, die erstgeborenen Tiere einer Herde, die man der Gottheit opferte", denn die Höflichkeit ist Beginn und Voraussetzung des Dialogs (das heißt „Behauptung, die vorangestellt wird, die am Beginn einer Beweisführung steht"), da sie deren Bedingung ist. Kurzum: die Höflichkeit wird von den sozialen Klassen beschrieben, die sie am ehesten als Sicherheit praktizieren: sie schützt vor gewaltsamen Verhaltensweisen, die sie von vornherein als ungehörig beurteilen. Sie ist ein Vertrag, und sein Nichtvorhandensein wird immer als Handicap empfunden.

„Daß nämlich die Höflichkeit schön ist und das Leben schön macht. Sie ist ‚Form': Haltung, Gebärde, Handlung, die nicht nur Zwecke erfüllen, sondern einen Sinn ausdrücken (...) Freilich steht sie auch in Gefahr, die allen Sinnfiguren droht, nämlich künstlich, unnatürlich und damit unwahr zu werden."
Romano Guardini: Tugenden. Meditationen über Gestalten sittlichen Lebens

Dritter diesbezüglicher Gesichtspunkt: die Höflichkeit rührt von der Suche nach dem Schönen. Sie ist eine Annehmlichkeit, und man bringt sie naturgemäß mit dem Charme, der Feinfühligkeit und der Gefälligkeit in Verbindung: „die Höflichkeit ist die elegante Form der Geduld", das meinten einige der Befragten. In einem gediegenen materiellen Rahmen ist ungehobeltes Verhalten fehl am Platz, und die Erziehung soll das „adelige Kind" lehren, „schön zu erscheinen". In diesen Kreisen, wo die Schönheit und der gute Geschmack den Rang von Tugenden besitzen und Merkmale der Klassenzugehörigkeit bilden, ist dies eine goldene Regel. Man achtet auf das körperliche Erscheinungsbild, man möchte den Wert zeigen, den man der eigenen Person beimißt, und möchte, daß dieser Wert anerkannt wird. Die Kunst liegt darin, es nicht zu übertreiben, denn das Risiko, affektiert zu wirken, ist groß. Affektiertheit macht Höflichkeit zur Routine und demzufolge zunichte.

Ein weites Feld! Die Höflichkeit ist in jeder Geste gegenwärtig, die wir dem anderen entgegenbringen. Ihre Elemente kann man in Anstandsfibeln nachlesen, die eine verschwenderische Menge von Details anführen. Die beiden grundlegenden Werke sind *Das Buch vom Hofmann* von Graf Baldesar Castiglione aus dem Jahre 1528 und *Über die Umgangserziehung der Kinder* (De civilitate morum puerilium) des Erasmus von Rotterdam, ein Werk, das 1530 in Basel erschienen ist. Das zweite vor allem, das man in viele Sprachen übersetzt und „schön, aber nicht werkgetreu" nachgedichtet hat, wurde ein regelrechtes Standardwerk, auf das Tausende von kleinen Büchern zurückgehen, die in Familien und Schulen während der Neuzeit und bis ins 19. Jahrhundert von Hand zu Hand gingen. Der älteren Person den Vortritt lassen, am äußeren Rand des Bürgersteigs gehen, wenn man mit Erwachsenen unterwegs ist, immer ein paar nette Worte für andere übrig haben, Guten Tag und Guten Abend sagen, die Hände auf den Tisch legen, wenn man nicht ißt, die Liste ihrer Gebote ist lang … Für die meisten Leser, die im Laufe der Jahrhunderte diese Anstandsfibeln lasen, konstituieren die Regeln dieser normativen Texte eher ein Ideal als eine Wirklichkeit. Doch in besseren Kreisen wurden sie relativ früh angewandt, und zwar konsequent und wirksam. Ihr Ursprung und ihr Wesen gründete in der Aristokratie: Erasmus widmet sein Werk Heinrich von Burgund, dem Sohn des Prinzen von Veere (Veere auf der ehemaligen Insel Walcheren war im 16. Jahrhundert einer der wich-

„Ein Sechsjähriger soll: mit Messer und Gabel essen; die Ellbogen vom Tisch lassen; Erwachsene ‚Sie'-zen; andere ausreden lassen; die Situation kennen, wann man im Bus für andere Platz macht; ‚Bitte' und ‚Danke' schon längere Zeit anwenden."
Inge Wolff vom ‚Arbeitskreis Umgangsformen International' in Eltern 6/1990

tigsten Kriegshäfen der Provinz Seeland), Graf Baldesar Castiglione verfaßt sein Buch, als er am Hof des Herzogs von Urbino verkehrt. Später, vor allem im 19. Jahrhundert, wurden die Anstandsbücher oft von Nichtadligen unter aristokratischem Pseudonym geschrieben, was für die Autoren wie für die Leser ein Autoritätsbeweis war. Wenn wir beobachten, wie Kinder aus gutem Hause diese Vorschriften beigebracht bekommen, können wir mehr über deren Bedeutungen und Nuancen erfahren. Man kann sie in drei große Gruppen unterteilen: die Tischsitten, das Zeremoniell der Begrüßung, den Sprachgebrauch.

Innerhalb des Systems der distinktiven Merkmale verdeutlichen die Tischsitten und die Regeln des geselligen Umgangs am deutlichsten die sozialen Unterschiede: die Tischgesellschaft ist ein bevorzugter Beobachtungsort, ein regelrechter Prüfstand, wo entschieden wird, ob ein Mensch vornehm ist. In diesen Kreisen ist ein Abendessen nicht nur eine Mahlzeit, sondern genauso eine soziale Zeremonie. Viele Merkmale der Selbstbeherrschung werden deutlich, wenn man einen Menschen bei Tisch beobachtet: die Haltung, die Gestik, die Art und Weise, zu essen und zu trinken. Im 16. und 17. Jahrhundert spielten die Tischsitten eine maßgebliche Rolle hinsichtlich der Prozesse, die die Anstandsregeln mit dem Aufblühen des sozialen Lebens in Europa immer komplexer und anspruchsvoller werden ließen. Zahllos sind die Gebote für Kinder bei Tisch: sich gerade halten, die Hände ordentlich zu beiden Seiten des Tellers legen, nicht mit der Hand essen, sich anständig bedienen, nach dem Essen Messer und Gabel ordentlich hinlegen, beim Kauen den Mund schließen und nicht schmatzen … Alles dies sind in den Augen der Befragten untrügliche Anzeichen

„Er soll sich in seinem ganzen Vorschneiden grosser Emotionen und der unnützen und närrischen Ceremonien (…) enthalten und ja zusehen, daß er unerschrocken sey, damit er durch Zittern des Leibes und Hände nicht Unehre einlege und weil ohne das denen so an Fürstlichen Tafeln sein nicht wohl anstehet.“
New vermehrtes Trincier-Büchlein, 1650

einer guten Kinderstube. Oft verwiesen sie auf die nationale Prägung, die die Tischsitten ihrer Ansicht nach besitzen. Die französischen Sitten unterscheiden sich von den englischen in vielen Details: die englische Höflichkeit schreibt vor, daß die Gäste die Hände nicht auf den Tisch, sondern auf ihre Knie legen, und daß sie etwas auf dem Teller zurücklassen, was die französische Höflichkeit verurteilt. In England stehen die Gläser links vom Teller und nicht dahinter. Manchmal kommt es zu einer Angleichung, die häufig snobistisch anmutet. Zum Beispiel hat die englische Verwendung von Messern für Vorspeise, Fisch und Austern im Laufe des 19. Jahrhunderts zugenommen, während die Franzosen den Gebrauch von Besteck, und insbesondere von Messern, so weit wie möglich einschränkten. Die französische Höflichkeit verbot es nicht, beim Essen die Finger oder ein Stück Brot zu Hilfe zu nehmen: zu Beginn des 19. Jahrhunderts durfte eine Prinzessin den Salat noch mit den Fingern essen. Die Sitte, fast ausschließlich mit der Gabel in der linken und dem Messer in der rechten Hand zu essen, kommt aus England und ist erst hundert Jahre alt. Die Engländer verbreiteten auch die Kunst, einen Pfirsich zu schälen, ohne ihn dabei mit den Fingern zu berühren.

Die Begrüßungsformeln sind ein anderer, wesentlicher Aspekt der Höflichkeit. Sie werden in diesen sozialen Klassen durch zwei Elemente gekennzeichnet: zum einen dürfen Gruß und Gegengruß nicht zeitgleich entboten werden. Als respektvoll erweist man sich erst durch einen kurzen, aber unerläßlichen Augenblick des Schweigens, und niemals ergreift der jüngere von beiden zuerst das Wort. Um schön zu wirken, erfordern die Begrüßungsgesten außerdem einen bestimmten räumlichen Abstand zwischen den Personen.

„Auch sagte die Königin von Navarra, Margarethe, es sei von einem Edelmann Mangel an Lebensart, wenn er sein Haus verließe, um demjenigen entgegenzugehn, den er erwarte, er möge so vornehm sein als er wolle; und es sei höflicher und ehrerbietiger, ihn zu erwarten, um ihn zu empfangen."
Michel de Montaigne: Essays. Zeremonien bei Zusammenkünften der Könige

Die aristokratische Geste will im allgemeinen keine Enge und keine Beschränkung. Die formvollendetsten und kunstvollsten Rituale der Begrüßung sind der Diener und der Handkuß. Selbst die simple Geste des eleganten Händeschüttelns wird mit ausgestrecktem Arm und fester Hand vollzogen, mit einer leichten Neigung des Oberkörpers. Erst danach kommen die Umarmungen und Küsse, allerdings mit Maß. Immer sollen die Begrüßungsgesten langsam und gemessen sein und dadurch die vollkommene Selbstbeherrschung und die stete aufrechte Körperhaltung erkennen lassen. Deshalb werden möglicherweise dem Schuhwerk, das den Gang bestimmt, und der Frisur, die die Gesichtszüge betont und zur eleganten Haltung des Kopfes beiträgt, große Bedeutung beigemessen. Obwohl der Knicks heute in Frankreich immer seltener wird, war er für die an der Umfrage beteiligte Generation von Frauen aus Belgien, England und Deutschland unverzichtbar. Er soll in erster Linie den Abstand zwischen den Generationen betonen und den Respekt eines jungen Mädchens oder einer jungen Frau für eine ältere Dame deutlich machen.

„Die Manier höflich und wohl zu reden und zu leben, sowohl mit hohen, vornehmen Personen, seines gleichen und Frauenzimmer, als auch, wie das Frauenzimmer eine geschickte Aufführung gegen uns gebrauchen könne." Buchtitel von Christian F. Hunold, 1752

Kommen wir schließlich zur Redeweise, denn die Höflichkeit erscheint auch im Gebrauch der Worte und in deren Aussprache. Verkürzungen sind nicht höflich. Zum Beispiel sollte man nicht nur „Guten Tag", sagen, sondern vielmehr „Guten Tag, Frau Soundso". Die Formen der Anrede offenbaren am ehesten die Höflichkeitsregeln. Die in diesen Familien übliche Verwendung des Possessivpronomens, das in ganz gewöhnlichen Sätzen wie „Guten Tag, Tante", „Guten Tag, Onkel" der Verwandtschaftsbezeichnung vorangestellt wird, ist in anderen sozialen Klassen so selten, daß es sich hier um ein Erkennungsmerkmal handelt. Die Anrede für die Großeltern ist demnach „Opa“ oder „Oma“, und wenn man von ihnen spricht, sagt man „Großvater“ oder „Großmutter“, und nennt manchmal noch dazu den Familiennamen; die Anrede für die Schwiegermutter ist im Französischen „ma mère“ (meine Mutter); Onkels und Tanten werden mit „mon oncle“ (mein Onkel) oder „ma tante“ (meine Tante) angesprochen, und wenn man von ihnen spricht, sagt man „Tante X“ oder „Onkel Y“, und oft fügt man den Familiennamen hinzu. Die Anredeformen „mein Onkel“ oder „meine Tante“ werden häufig selbst dann verwendet, wenn es sich um Onkels oder Tanten zweiten Grades handelt, die eigentlich ja nur Vettern und Kusinen sind, denn ihnen kommt vor allem die Rolle zu, den Abstand zwischen den Generationen und den Respekt der Jüngeren für die Älteren in Erscheinung treten zu lassen. Kusins gleichen Alters nennen sich „cousin“ (Kusin), und Kusinen aus zwei verschiedenen Generationen sagen zueinander „ma tante“ (meine Tante) und „ma nièce“ (meine Nichte). Das Siezen – oder Ihrzen – ist in diesen Kreisen verbreitet und geschieht in der gleichen Absicht: einen angenommenen und akzeptierten Abstand zwischen den Generationen aufzuzeigen. Es ist fast immer und allen gegenüber unabdingbar: gegenüber den erwachsenen Familienmitgliedern (Eltern, Onkels, Tanten ...), den nahen und entfernten Bekannten der Familie, mit Ausnahme des festen Freundes oder der Freundin (den Klassenkameraden, zum Beispiel), den Hausangestellten, die ihrerseits die Kinder von klein auf ihrzen und sie ansprechen, indem sie vor den Vornamen ein „Monsieur“ oder ein „Mademoiselle“ setzen, um den Abstand zu betonen.

Die Höflichkeit äußert sich auch im Schriftverkehr. Sie

„Ein von Herzen Höflicher ist eben unfähig zum Fanatismus, ihm geht sogar die Fähigkeit ab, über die einfachen unter den relevanten Problemen, wie etwa den Zwang zur Rechtschreibung als Mittel der Unterdrückung, mit dem Ausdruck lebhaftesten Hasses zu diskutieren."
Michael Fritzen: Ein höflicher Mensch begibt sich vieler Freuden im Leben, FAZ 4.7.1980

fordert, daß sich die Aufmerksamkeit auf die korrekte Schreibweise des Namens und des Titels der Person, an die man sich wendet, richtet, also des Adelsprädikats oder der Berufsbezeichnung. In Frankreich waren die Regeln des Sprachgebrauchs im Gegensatz zu anderen Ländern, vor allem zu Deutschland oder Österreich, relativ einfach: in der Konversation und im gewöhnlichen Schriftverkehr verwendet man die Titel Marquis, Graf, Vicomte und Baron nicht, außer für Vorstellungen und Briefüberschriften. Die Anrede „Monsieur" gilt für alle männlichen Titelträger, außer für Herzöge (ihr Titel ist der einzige, der offiziell anerkannt ist), die mit „Monsieur le duc" angeredet werden. Einige Schlußformeln gehorchen strengen Regeln: gegenüber einer Frau bezeugt ein Mann seine Hochachtung oder seine vorzügliche Hochachtung; an einen Mann schreibt eine Frau nicht „hochachtungsvoll", sondern „behalten Sie mich im Gedächtnis". In der üblichen Konversation erkundigt man sich nicht bei einem Mann nach dessen Frau, indem man „Ihre Frau Gemahlin" sagt, man sagt vielmehr „wie geht es der gnädigen Frau ...", und man fügt den Namen des Mannes hinzu. Wenn man mit Kindern über deren Eltern spricht, pflegt man „Ihr Herr Vater, Ihre Frau Mutter, Ihre Frau Tante" zu sagen.

Die Sprachgewandtheit hängt eng mit der Wortwahl zusammen. Man kann eine gewisse Langsamkeit in der Artikulation feststellen, die jedem Wort sein eigenes Gewicht beimißt, sowie das Bemühen um eine korrekte Satzstellung. Die Aussprache der herrschenden Klassen schließt regionale Besonderheiten aus. Regionale Spracheinfärbungen, die immer als stigmatisierend gelten, werden durch andere besondere Merkmale, nicht geographischer, sondern sozialer

Herkunft, ersetzt, zum Beispiel im Französischen durch die berühmte Betonung des Vokals a, das sogenannte breite Sprechen, das manchmal als Akzent der Marie-Chantal bezeichnet und belächelt wird. Im Vergleich zu anderen sozialen Klassen halten sich die Befragten in der Anwendung von Abkürzungen und Kurzformen, die heute gang und gäbe sind, eher zurück.

Schließlich ist Höflichkeit ein Zusammenspiel von Verhaltensweisen: im Verlauf einer Unterhaltung bemüht man sich zum Beispiel immer, ein nettes Wort für seinen Gesprächspartner übrig zu haben, ihm zu antworten, ohne gelangweilt zu wirken, egal, worum es dem anderen geht.

Die höheren Klassen tragen vielleicht mehr Widersprüche als andere in sich. Die bereits erwähnten Regeln und Beschränkungen, die alle auf die Unerläßlichkeit einer untadeligen Höflichkeit in diesen Kreisen verweisen, werden im Laufe einer andauernden und eingehenden Lehrzeit erworben. Die unerläßlichen Mittel einer gelungenen Erziehung sind die Vorbildnahme, die Beobachtung und das Einüben, und die ganze Familie richtet ihr Augenmerk darauf. Tatsächlich beginnt die Erziehung zur Höflichkeit immer damit, daß Verbote ausgesprochen werden, die die verachteten Verhaltensweisen genau bezeichnen: sich nicht vor dem Gesprächspartner die Nase putzen, nicht in die Luft gucken, nicht mit gespreizten Beinen dasitzen, nicht schlurfen, nicht wild gestikulieren, nicht anderen ins Wort fallen, sich nicht auf eine Stuhllehne stützen. Wenn wir jedoch – erstes Paradoxon – von den Befragten wissen wollten, ob man in ihrer Familie mitunter auf ein Anstandsbuch zurückgreife, überraschte und belustigte die Frage und wurde ausnahmslos verneint. Alle versicherten, daß Höflichkeit durch Nach-

„Ein kleiner Kreis von Leuten versteht sich auf die Delikatesse der Sprache; wie diese sprechen, ist richtig gesprochen. Was andere sagen, gilt nicht. Die Urteile sind apodiktisch. Eine weitere Begründung als diese: ‚Wir, die Elite spricht so, und nur wir haben das sprachliche Feingefühl‘, braucht man nicht und kennt man nicht.“
Norbert Elias: Über den Prozeß der Zivilisation

ahmung und durch mündliche Überlieferung weitergegeben werde: „Höflichkeit lernt man im Zusammenleben! Nein, es gibt kein Handbuch! Das sind Dinge, die man nicht schriftlich festhalten sollte. Wenn sie erst ausformuliert sind, gerät das Ganze zum Dogma." Das Festhalten an der mündlichen Weitergabe überwiegt demnach, und damit die vollständige Ablehnung von Lehrbüchern des sogenannten Savoir-vivre: Distinktion erwirbt man innerhalb der Familie, nach und nach, durchs Abgucken und vom Hörensagen, sicherlich in Form einer systematischen Unterweisung, die aber nichtsdestoweniger wirksam ist, da sie im Kleinen ansetzt. Paradoxerweise wurden die ersten Anstandsbücher für Prinzen geschrieben, und zwar von Autoren, die mitunter deren Hauslehrer waren. Ordentlich und systematisch sammelten diese die Beobachtungen, die sie immer wieder bei Berühmtheiten angestellt hatten. In diesen Familien wird Höflichkeit als Vorzug hochgehalten und dargestellt als etwas, das man gewissermaßen mit der Muttermilch, also ohne eigenes Dazutun, in sich aufnimmt. Man negiert die Arbeit des Erlernens und stellt das Ergebnis, die gute Erziehung, als einen ererbten Charakterzug dar, fast ein Zeichen von Rasse, wodurch der einzelne in den Stammbaum der Familie aufgenommen wird. Schon aus diesem Grund vollzieht sich dieses Erlernen ausschließlich im Rahmen der Familie. In der Öffentlichkeit wird das Kind im allgemeinen nicht mit Worten ermahnt: ein unmißverständlicher Blick muß genügen, um es zu warnen und ihm Einhalt zu gebieten; Erklärungen und Strafen kommen später, wenn man wieder in die eigenen vier Wände zurückgekehrt ist.

„Ich gedachte auch (...), außer über die Verschiedenheit der Sitten an den Höfen der christlichen Fürsten (...) etwas über den Hof des Großtürken, ganz besonders über den des Königs Sofi von Persien zu sagen.

Ein zweites Paradoxon: die Höflichkeit wird als allgemeine Nächstenliebe dargestellt, gibt jedoch mitunter auf unerbittliche Art und Weise die Distanz zu erkennen. Eben weil die Eltern sehr genau wissen, daß die Anstandsregeln der Klassifizierung innerhalb der Gesellschaft dienen, nimmt das Erlernen von Höflichkeit in der Kindererziehung der oberen Klassen einen so hohen Stellenwert ein. Kommt das Wort Etikette nicht aus dem Griechischen stikos, was so viel wie Rang bedeutet? Die Höflichkeit und die Beachtung der Anstandsregeln zeigen, daß zwischen den Menschen eine Hierarchie besteht: demjenigen, „dem es gebührt", bezeugt man durch seine Hochachtung, daß er „genehm" ist, und jeder hat sich in dem Rahmen zu bewegen und zu verhalten, der ihm erlaubt oder vorgeschrieben ist. Da die Höflichkeit jederzeit sichtbar und offenkundig ist, kann das Wissen um ihren Gebrauch sehr diskriminierend sein. Es gibt solche, „die sich auskennen", und andere, „die keine Ahnung haben". Das hat vor allem zwei Konsequenzen. Die Höflichkeit erlaubt es zunächst, die Bestätigung durch Ebenbürtige zu erlangen, in deren Augen man untadelig zu sein hat. Außerdem läßt sie den Unterschied und den Abstand gegenüber Außenstehenden erkennen, die man erkennt, weil sie weniger geschickt und aufmerksam sind oder weil sie „es übertreiben". Es geht also nicht darum, irgendwo und irgendwann vor jemand X-Beliebigem etwas X-Beliebiges zu tun; und wer ein Verhalten übt, das er schlecht beherrscht, ist schnell überführt. Diener und Handkuß zum Beispiel dürfen nur drinnen stattfinden, und auf diese Art und Weise grüßt man ausschließlich im Salon, der der Gesellschaft und dem Renommé vorbehalten ist. Eventuell noch an besonderen Orten, wie zum Beispiel auf dem Kirchplatz oder bei öffentlichen Anlässen. Ein Mann muß nur Anstalten machen, in der Stadt auf dem Bürgersteig einen

... Denn ich habe von Kaufleuten, die lange in jenem Lande gewesen sind, vernommen, daß die Edelmänner dort sehr tapfer und von angenehmen Sitten seien und in der Unterhaltung, im Frauendienst und in allen ihren Handlungen viel Höflichkeit und Bescheidenheit (...) zeigen."
Baldesar Castiglione: Das Buch vom Hofmann

„Darum werden so viele Menschen durch die Erscheinung eines neuen, fremden Menschen in der Gesellschaft beunruhigt. Er entdeckt ihnen, was sie nicht haben, und dann hassen sie ihn, oder er entdeckt ihnen durch sein Gegenteil, was sie haben, und so verachten sie ihn wieder. Ist er besonders höflich und galant, so ist er den Groben zuwider; ist er grob, so ist er den Höflichen und im Grunde allen zuwider; und so durch alles durch."
Goethes Gespräche, 19.3.1807

Handkuß zu vollziehen, um ein für allemal als Neureicher abgestempelt zu werden! In diesen Familien, von denen bestimmte heute weniger betucht sind als früher, dient Höflichkeit insbesondere zur Abgrenzung von denjenigen, die rasch den gesellschaftlichen Aufstieg geschafft haben, den berühmten golden boys, über die die Aristokratie und das alteingesessene Bürgertum wenig Gutes zu sagen wissen. Wie ein ererbter Adelstitel ist diese Höflichkeit ein polish, der durch engen Kontakt innerhalb einer sozialen Klasse entsteht, die von klein auf ganz selbstverständlich einen durchgebildeten Lebensstil pflegt.

Die Höflichkeit erscheint als ein Instrument sozialer Spaltung, das sowohl mit verbalen Mitteln als auch mit der Körpersprache arbeitet. Wer etwas über den Erwerb höflichen Verhaltens erfahren will, muß im Grunde nur verstehen, wie ein Adliger herangezogen wird und wie er sich von anderen Menschen unterscheidet. Als eine besondere Lebenskunst der Selbstinszenierung mißt die Höflichkeit den Gesten, den Worten, der Gangart distinktive Eigenschaften bei, die die Erkennungszeichen dieser Klasse sind. Schließlich schafft sie außerordentlich beredte Zeichen, die das Erkennen und Zuordnen der einzelnen Menschen ermöglichen sollen. Auf der einen Seite schmücken und befrieden die Anstandsregeln das soziale Leben, auf der anderen Seite können sie auch Spannungen erzeugen. Erasmus hatte das in der pädagogischen Schrift „Über die Umgangserziehung der Kinder" sehr wohl erkannt und schrieb, als wolle er besänftigen und daran erinnern, daß die Höflichkeit nichts vermag ohne die Güte:

„Das ist die wahre Höflichkeit, selbst nichts schuldig zu bleiben und die Fehler der anderen nachsichtig zu behandeln. Gibt es doch Menschen, die ungefüge Umgangsformen durch andere Vorzüge wettmachen. Das alles ist nicht so gemeint, als ob ohne dies niemand ein guter Mensch sein könne. Fehlt der Bekannte aus Unwissenheit, natürlich nur soweit es sich um eine gewichtigere Angelegenheit handelt, weist man ihn nur liebenswürdig und höflich zurecht."[2]

Aus dem Französischen von Eva Ludwig

„Ich hatte etwas Wichtiges vor, und in einem solchen Falle tut man wohl einmal der Höflichkeit Gewalt an."
Romeo in William Shakespeare: Romeo und Julia II, 4

Jean Dulck

Vom Gentleman zum Hooligan

Der gewisse englische Unterschied

Trotz bedeutender Veränderungen seit dem Zweiten Weltkrieg ist die englische Gesellschaft sehr hierarchisch. Diese Ungleichheit ist vielleicht nicht größer als in manchem anderen europäischen Land, aber sie ist sichtbarer, da die sozialen Schichten noch immer voneinander getrennt sind. Diese Abschottung wird durch das Bildungssystem verstärkt. Nun gibt es mehrere Arten von Schulen. Etwas vereinfacht: neben Schulen, die aus öffentlichen Geldern finanziert werden, besteht ein Netz von höheren Privatschulen, den publics schools (ursprünglich, mit dem Beginn der Renaissance, behielten sie einige Plätze den Kindern aus der Stadt vor, in der sie errichtet worden waren). Diese höheren Schulen sind sehr kostspielig und erteilen einen hervorragenden Unterricht. Ein wesentlicher Bestandteil ist die Entwicklung der Persönlichkeit. Die gleiche Trennung ist im Hochschulwesen zu finden, wo neben Universitäten nach dem Muster des europäischen Festlandes zwei einflußreiche und elitäre Universitäten bestehen, Oxford und Cambridge, die folgerichtige Fortsetzung der publics schools. Auf diese Weise werden die jungen Engländer verschieden geformt, sie haben demnach verschiedene Verhaltensmuster gelernt. Jede Klasse hat ihre eigenen Höflichkeitsregeln, die neben gemeinschaftlichen Regeln bestehen, die für die sozialen Beziehungen notwendig sind.

„Wir benahmen uns fein gegeneinander, um eine Räuberbande gegenüber der übrigen Welt zu bilden. Ja, wir waren Gentlemen!“
Herbert George Wells: Im Jahre des Kometen

Ehre, wem Ehre gebührt – doch was lernt man in den höheren Privatschulen? Wie sagte doch jene „neureiche" Dame zum Direktor eines Gymnasiums, dem sie ihren Jungen anvertraute: „Und ich möchte vor allem, daß sie ihn zu einem geborenen Gentleman machen". Der Gentleman liefert also das Leitbild, das uns in die Höflichkeitsregeln der oberen Klassen einführen wird: die Adligen von Geburt, die Wortführer der Politik und der Anwaltschaft, die Herren der City, die Mitglieder der Clubs von Picadilly. Selbst wenn er nicht diese Art von Erziehung genossen hat, übernimmt derjenige, den das Geld oder die Begabung innerhalb dieser Klasse ansiedelt, deren Verhaltensmuster, damit man über ihn sagen kann: das ist einer von uns (he is one of us), er gehört dazu (he belongs). Man kann nicht umhin, an den Fall von Frau Thatcher zu denken. Sie ist die Tochter eines Lebensmittelhändlers vom Lande, Schülerin einer staatlichen höheren Schule, aber brillante Studentin in Oxford, wo sie die Verhaltensweisen und Ticks nachahmt, manchmal bis zur Karikatur. Diese sind übrigens keineswegs an die Zugehörigkeit zur Konservativen Partei gebunden.

Das Charakteristikum des Gentleman ist die Reserviertheit. Wie die Eleganz, soll die Höflichkeit unauffällig bleiben. Bereits im 18. Jahrhundert betonte der Moralist Addison in der 119. Ausgabe des *Spectator*: „Die Höflichkeit ist dann am offenkundigsten, wenn das gewöhnliche Auge sie am wenigsten sieht". Diese Reserviertheit hat ihren Ursprung in einer großen Selbstbeherrschung (self-control). Der Gentleman muß von sich selbst das Bild eines ausgeglichenen und anderen gegenüber toleranten Menschen vermitteln. Sein inneres Gleichgewicht ermöglicht es ihm, Schwierigkeiten und Schicksalsschlägen zu begegnen, ohne es sich anmerken zu lassen. Er beißt die Zähne zusammen,

„So wie andere Nationen einfach gelegentlich Ausbrüche von Raserei und Gewalttätigkeit zur Steigerung ihres Wohlbefindens benötigen, brauchen die Engländer zu diesem Zweck exzessive Demonstrationen an Selbstdisziplin." George Mikes: Das Vergnügen, dekadent zu sein. Von der Kunst, in England zu leben

oder wie die Engländer sagen, die Oberlippe erstarrt (he keeps a stiff upper lips). Von daher erscheint er ein wenig steif, affektiert, distanziert. Gibt es hinter dieser Maske, hinter dieser Kälte irgendein Leid zu entdecken? Man wird ihn der Gefühllosigkeit bezichtigen, der Scheinheiligkeit gar, denn einer der Grundsätze, die man ihm eingeschärft hat und die sein Verhalten bestimmen, heißt „Lassen Sie sich niemals gehen“ (never give yourself away).

„Die wahren Ichlinge sind aalglatt, höflich und willig, so daß sie jedem, gleich Simon dem Erlöser, sein Kreuz nachtragen, wenn sie gleich wissen, daß er daran aufgehangen wird.“ Karl Julius Weber: Demokritos oder Hinterlassene Papiere eines lachenden Philosophen

Eine Höflichkeit, die, wie es scheint, auf der Abkapselung, auf dem Egoismus gründet. Doch nicht ausschließlich. Nicht nur. Tatsächlich gibt es einen Grundsatz, der aus dem ersten folgt: „Verletzen Sie niemals die Gefühle anderer“ (never hurt anybody's feelings). Der Gentleman ist in der Tat tolerant, achtet den anderen ebenso, wie er selbst geachtet werden will, sicherlich ein Erbe des Protestantismus.

Selbstbeherrschung und Toleranz begründen die Regeln des Fair-play. Man soll mit offenen Karten spielen, nicht lügen, sich dem Gegner gegenüber loyal zeigen, im Fall einer Meinungsverschiedenheit soll man sich an einen Schiedsrichter wenden. Kurzum: im Leben verhält man sich wie auf dem Kricketfeld. Nicht ohne Grund heißt „das tut man nicht“ auf Englisch „das ist kein Kricket“ (it is not cricket).

Tolerant zu sein erfordert ein gewisses Auslöschen der Persönlichkeit. Beim Gentleman hat man den Eindruck, daß die Schüchternheit die Höflichkeit ersetzt. Armer Gentleman! Ausgerechnet er, so voller guter Absichten, wird mißverstanden! Der Beobachter kann seine Toleranz, die höhere Form der Höflichkeit, leicht als mehr oder weniger verächtliche Herablassung verstehen, genau wie wir gesehen haben, daß die Selbstbeherrschung als Scheinheiligkeit angesehen werden kann.

Ist er scheinheilig, herablassend, im übrigen selbstzufrieden (smug)? Manchmal erscheint die fortwährende Beschäftigung mit der eigenen Person als eine strenge Disziplin, die verblüfft, solange sie nicht verwirrt oder als eine gewisse intellektuelle Unzulänglichkeit (dullness) betrachtet wird. Rufen wir uns Stanley ins Gedächtnis, der aufgebrochen war, um den mitten in Afrika verschwundenen Livingstone zu suchen. Er findet ihn schließlich bei einem Stamm Eingeborener; kein äußeres Zeichen, keine Umarmung, er spricht ihn mit den überraschenden Worten an: „Vermutlich Dr. Livingstone?" Handelt es sich um eine übertriebene Form von Höflichkeit, eine übermäßige Kontrolle der Spontaneität? Man kann dahinter auch ein mangelndes Unterscheidungsvermögen vermuten.

Betrachten wir das Unterhaus. Es funktioniert wie eine Art Club, dessen unterschwellige Regeln die Gentlemen im Laufe der Jahre durchgesetzt haben. Die Debatten sind manchmal stürmisch, aber es gibt mehrere Barrieren, die verhindern, daß gereizte Parlamentarier einander zu nahe kommen. Man wendet sich niemals an den Gegner, sondern immer an den Präsidenten (Mr. Speaker). Als höchste Flegelhaftigkeit gilt die Verwendung der Worte „Lüge" oder „Lügner". Kürzlich hat ein Redner der Labour Party sich den Zorn des Präsidenten zugezogen, weil er die Premierministerin eine Lügnerin genannt hatte. Unter Androhung der Suspendierung mußte er seine Äußerungen widerrufen. Er tat es mit folgenden Worten: „Die Premierministerin hat vielleicht ein verzerrtes Bild von der Wirklichkeit vermittelt".

Ein weiteres schönes Beispiel der Scheinheiligkeit, könnte man sagen. Diese Anekdoten zeigen, daß der Gentleman be-

„Inzwischen habe ich unter anderm enträtselt, daß der wilde Schrei ‚o = ej = ó' auf der Straße Kartoffeln bedeutet; ‚oi' ist ‚Öl', und ‚u = ú' ist eine Flasche mit etwas Rätselhaftem."
Karel Čapek: Seltsames England. Erlebnisse einer Reise

stimmten sprachlichen Codes verhaftet ist. Unter diesem Blickwinkel gibt es noch eine weitere Trennung innerhalb der englischen Gesellschaft. Dies wird vor allem sichtbar in der Aussprache. In der gehobenen Gesellschaft gehört sich ein „wohlerzogener" Tonfall (educated accent). Umgekehrt jedoch kann dieser als Eintrittskarte in die gute Gesellschaft dienen. Das hat George Bernard Shaw in Pygmalion schön gezeigt. Die Sprache wirkt als soziales Zeichen. Ebenso die Diktion. Der wohlerzogene Mensch setzt sich nicht durch seine Redeweise durch, denn er will sich weder verraten, noch anderen seinen Standpunkt aufzwingen. Er wird ein leichtes Stammeln oder zumindest ein gediegenes Zögern vorgeben. Seine Reden sind mit „Hms" (auf Englisch „ah'" „er" oder „hem") gespickt. Die Phonetik des vornehmen Herrn ist vollkommen: er spricht Vokale und Zwielaute perfekt aus. Der einfache Mann verzerrt Vokale und Zwielaute, verschluckt bestimmte Konsonanten, fügt andere hinzu. Diese Unterschiede überlagern sich mit den regionalen Sprachbesonderheiten und verstärken diese.

Die Sprache des Durchschnittsengländers ist spontaner, weniger stereotyp, bildhafter. Sie spiegelt eine größere Herzlichkeit und Ursprünglichkeit wider, die tatsächlich die zwischenmenschlichen Beziehungen in England auszeichnen. Seien Sie nicht erstaunt, wenn die Jamaikanerin, die Ihre Fahrkarte knipst, zu Ihnen sagt „danke, Schätzchen" (thank you love, oder honey), oder wenn die Gemüsehändlerin Sie mit einem „thank you, dear" belohnt. Herzlichkeit? Ursprünglichkeit? In der Regel sind das nicht die Wesenszüge, die der Ausländer den Engländern zuordnet. Das Klischee des Durchschnittsengländers im Ausland ist der Gentleman. Er hat unsere Vorstellung vom eigentlichen

Durchschnittsengländer in den Schatten gestellt. Der Grund liegt auf der Hand. Bis zum Zweiten Weltkrieg reisten nur die reichen Engländer ins Ausland und nur wenige Touristen kamen nach England. Die Verhältnisse haben sich genauso verändert wie das Bild des Engländers. Wir werden auf das Bild zurückkommen, das er zum Beispiel in den Fußballstadien oder den Spaniern an der Costa Brava bietet.

Betrachten wir zunächst den Durchschnittsengländer in seinem eigenen Land. Ist er nicht seinen Vorfahren, den fröhlichen Engländern, ähnlicher als diesen aufgeplusterten Menschen? Man braucht nur in ein Gasthaus oder in einen Pub zu gehen, um sich davon zu überzeugen. Dort herrscht die größte Gastfreundschaft, denn der Pub ist ein privilegierter Ort, an dem die Klassen sich vermischen und die sozialen Schranken vorübergehend abgebaut werden können. Nur vorübergehend, denn der Engländer hat ein ausgeprägtes Klassenbewußtsein, das sich in seinem Verhalten anderen gegenüber mitteilt. Wenn der kleine Angestellte mit einem Arbeiter der gleichen sozialen Klasse verkehrt, wird er ihn mit „mate" ansprechen. Übersetzt bedeutet dieser Ausdruck in etwa „Junge" oder „Kumpel". Eine Anekdote soll das Klassenbewußtsein und den Klassenstolz illustrieren. Ein Franzose fragt in London nach dem Weg, wendet sich an einen Arbeiter, der vorbeikommt und sagt: „Excuse me sir …" der andere unterbricht ihn: „Don't you sir me!" (sagen Sie nicht „mein Herr" zu mir).

„Man braucht nur vorgestellt zu sein, um mit vollendeter Höflichkeit aufgenommen zu werden. Die Franzosen glauben zu unrecht, dass dies eines ihrer Vorrechte sei, hierin gleichen sich in Europa alle wohlerzogenen Leute."
Hippolyte Taine: Aufzeichnungen über England

Tatsächlich ist dieses Verhalten eine besondere Ausprägung jener so komplexen verwickelten „angelsächsischen Haltung" (um den Ausdruck von Lewis Carrol aufzugreifen), des Snobismus. Im Englischen ist dieser Begriff weitaus umfassender als in anderen Sprachen. Mitte des 19. Jahrhunderts hat der Romanschriftsteller Thackeray in seinem „Buch über Snobs“ mit Recht festgestellt, daß der Snobismus in allen sozialen Schichten, also nicht nur in den oberen, zu finden ist, und daß er als ordnendes Prinzip die sozialen Beziehungen regelt. Das gilt mit Sicherheit noch heute. Die Ausprägungen des Snobismus sind mannigfaltig, aber lassen sich auf eine prinzipielle Haltung zurückführen. Die Engländer sind geprägt von der „grundlegenden Überzeugung, daß sie genausoviel wert sind wie ihr Nachbar“. Das sagen die Engländer selbst! Im Bürgertum und in der Arbeiterschicht (die middle-class und die lower middle class) bringt dieses Bewußtsein zwei gegensätzliche Erscheinungen hervor: da ist zunächst der Glaube, daß in der englischen Gesellschaft jeder gleich ist, aber auch eine tiefe Bindung zum sozialen Milieu, wie die vorausgehende Anekdote gezeigt hat.

Es geht nicht um eine Vermischung der Klassen; jeder bleibt an seinem Platz: keiner macht sich schlecht oder überschätzt sich. Man soll sich selbst weder herabwürdigen noch überbewerten. Sicherlich wird es immer diesen Snob geben, wie wir ihn kennen, der die Verhaltensweisen der nächsthöheren Klasse nachäfft, vor allem beim niedrigen Adel.

„Snob ist die Abkürzung von ‚sine nobilitate‘. Denn vornehmste Pflicht des Hochwohlgeborenseins ist Höflichkeit und Rücksichtnahme.“
Klaus Korn

Das tiefe Bewußtsein der Zugehörigkeit zu einem Clan und der damit verbundene Stolz äußern sich ebenfalls in bestimmten Formen des englischen Patriotismus, die im Ausland schockieren. Bestenfalls werden diese Äußerungen wohlwollend als Lässigkeit angesehen, schlimmstenfalls hält man sie für unhöflich oder flegelhaft. Selbst der durch und durch kosmopolitische Engländer kann seine nationalistische Haltung (jingoism) nicht verbergen, die in Kleinigkeiten zum Vorschein kommt. Zum Beispiel haben die Engländer die ausländische Küche schätzen gelernt, aber ihre Autos sind beladen mit Kuchen, verschiedenen Nahrungsmitteln, insbesondere Teevorräten, wenn sie ins Ausland fahren. Man könnte glauben, daß sie eine Hungersnot befürchten oder Angst haben, man würde sie vergiften. Hinzu kommt die Gewalt, die die gegenwärtige Gesellschaft so sehr prägt. Man erlebt am Samstagabend harte Fußballszenen mit oder internationale Begegnungen, die im Dienst des Wirgefühls eine latente Brutalität wecken, sei es der lokale Fußball oder die Nationalmannschaft. Betrachten wir schließlich den Durchschnittsengländer, oft Arbeiter, an der Costa Brava: er verhält sich wie in einem eroberten Land, er stellt sich als ungehobelte Person dar, immer halb betrunken und ohne irgendeinen Respekt.

*„Die Gewalttätigkeit bekommt einen Sinn. Wir sind dann wer, denn das macht ja nicht jeder für sich selber. Wir machen es für etwas Größeres – für uns.“
Ein Hooligan in Bill Buford: Geil auf Gewalt. Unter Hooligans*

Der Engländer ist seinem sozialen Milieu und seinem Land verbunden, aber dennoch von Grund auf Individualist. Seit der viktorianischen Epoche hat die Erziehung in den public schools sich darum bemüht, den Kameradschaftsgeist des Gentleman durch den grundlegenden Individualismus zu ersetzen. Davon ist jedoch kaum mehr übriggeblieben als „my home is my castle“. Der Individualismus umfaßt Verhaltensweisen, die manchmal kränkend sind und als unhöflich angesehen werden. Wen hätten die direkte Art, die unerwartete Offenheit nicht überrascht, in der der Engländer seine Gedanken kundtut? Er ist nicht misanthrop wie Alkestis aus Molières *Menschenfeind*. Wenn er kein Blatt vor den Mund nimmt (plain-speaking), dann weil er sich skrupellos im Recht glaubt, als freier Mensch geradeheraus (bluntly) und offen zu reden (to speak to his mind). Hier handelt es sich um eine durchgehende Eigenschaft der englischen Seele, die ohne Zweifel im Protestantismus des 17. Jahrhunderts ihren Ursprung hat. John Bull, der seinem Namen alle Ehre macht, ist nicht tot. Was andere denken, kümmert ihn wenig. Man kann die Bemühungen der public schools verstehen, diese rücksichtslosen Verhaltensweisen in den Griff zu bekommen und den Respekt gegenüber anderen zu lehren. Diese Rücksichtslosigkeit überrascht häufig den ausländischen Beobachter, der den Engländer gerne dieser Art von Unhöflichkeit bezichtigt, die die Ungeniertheit nun einmal mit sich bringt und die sich sogar in konkreten Verhaltensweisen äußern kann.

Da ist noch eine weitere Quelle der Verständnislosigkeit zwischen den Engländern und den Ausländern. Sie hat ihren Ursprung in den kleinen Tabus, die unseren Alltag abstekken, und zwar geht es hier um Takt. Wenn der Engländer zu sagen pflegt: „In Rom laßt uns wie die Römer leben", dann ist er sich der Tatsache bewußt, daß die grundlegenden Höflichkeitsregeln in London anders sind als anderswo, obwohl die Verhältnisse sich verändern. In der viktorianischen Epoche hatte Mrs. Beeton, gleichzeitig mit Tante Maria und Baronin Staffe, einen Kodex der Lebensart herausgegeben. Der Zweite Weltkrieg brachte viele Veränderungen, die Anwesenheit der amerikanischen Truppen hat nicht wenig zu diesem Wandel beigetragen. Nichtsdestotrotz kann der Ausländer manchmal außer Fassung geraten oder selbst, ohne es zu wissen, einen Fehltritt begehen. Kommen wir zu einer Bestandsaufnahme, ohne Mrs. Beeton neu zu schreiben.

„Die anständigen Menschen sind immer dazu da, sich von den Snobs die Meinung sagen und außer Fassung bringen zu lassen."
George Bernhard Shaw

Ganz allgemein sind die Beziehungen zwischen den einzelnen Individuen entspannter als früher. Der viktorianische Mensch wäre sicherlich sehr erstaunt über ein Benehmen, das er wahrscheinlich als Verfall der Sitten betrachten würde. Unter dem Einfluß der amerikanischen Gewohnheiten küßt man sich zur Begrüßung und zum Abschied wie in Frankreich. Doch ist es schicklich, einander nur einmal zu küssen. Ganz und gar ungehörig ist es, wenn zwei Männer sich küssen, auch wenn sie aus einer Familie stammen. Umgekehrt kommt es nicht selten vor, daß eine Mutter ihre Söhne auf den Mund küßt. Das Händeschütteln (auf englisch handshake!) ist in England keineswegs allgemein verbreitet, wie die Franzosen zum Beispiel nach wie vor glauben. Man gibt einander die Hand, wenn man sich für längere Zeit voneinander verabschiedet; man sagt good-bye, ansonsten begnügt man sich mit bye-bye oder so-long oder aber mit see you later. Einem Unbekannten, den man vorgestellt bekommt, gibt man ebenfalls die Hand.

Früher waren die Grußformeln recht ausgefeilt, obwohl sie viel kürzer waren als im 18. Jahrhundert. Heute gibt es nur noch zwei: love (oder with love from), oder yours ever. Wir dürfen diese Formeln nicht wortwörtlich nehmen. In der Tat ist es recht üblich, daß ein Minister sein Kündigungsschreiben mit yours ever beendet und daß der Premierminister mit der gleichen Schlußformel den Empfang bestätigt. Yours ever heißt nicht „für immer der Ihre“, vielmehr entspricht es der Formel „mit freundlichem Gruß“. „Love“ wird nur unter engeren Freunden verwendet, erinnern wir uns an den Film, dessen Titel „From Russia with love“ mit „Liebesgrüße aus Moskau“ trefflich übersetzt worden ist.

Im täglichen Leben verwischen sich die Unterschiede zwischen Männern und Frauen, jedenfalls teilweise. In aristokratischen Kreisen ist es noch schicklich, daß die Damen sich nach dem Essen zurückziehen um sich „frisch zu machen“. Die Männer bleiben unter sich, um eine Zigarre zu rauchen oder einen Portwein zu trinken. Selbst im Bürger-

„Wer die zweite Portion höflich ablehnt, ist deswegen kein Gentleman. Und wer sie nimmt, auch nicht. Denn ein Ausländer ist überhaupt niemals ein Gentleman. Also greifen Sie ruhig zu!“ George Mikes: Das Vergnügen, dekadent zu sein. Von der Kunst, in England zu leben

tum, wo es üblich ist, daß der Mann (oder der Gast) das Geschirr spült und den Tisch abräumt, kommt das Privileg des Vorsitzes bei Tisch dem Hausherrn zu. Er schneidet das Fleisch und reicht jedem Gast den Teller, den die Hausfrau mit Gemüsen garniert hat. Aufgepaßt, man bedient sich nur einmal! Was geschieht am Ende des Mahls? Nun ja! nach dem Nachtisch folgt der Käse.

Bestimmte Vorschriften sind heute bereits überholt, außer vielleicht in hochstehenden Familien und während eines Festessens. Während man zum Beispiel in Frankreich die Hände auf dem Tisch behält, bleibt in England die linke Hand unter dem Tisch, aber diese Sitte wird allmählich immer ungebräuchlicher.

Ebenfalls immer unüblicher werden Unterschiede in der Kleidung, aber Spuren davon sind bis heute geblieben. Schirm, Charme und Melone sind in London kaum mehr zu entdecken. Wieder kennzeichnet der Zweite Weltkrieg den Bruch mit der Tradition. Wer in der City arbeitete, richtete sich, was seine Kleidung anbetraf, nach bestimmten, unhinterfragt übernommenen Vorschriften: unauffälliger dreiteiliger Anzug, schwarze Schuhe, weißes Hemd, und die beiden unumgänglichen Accessoires: die Melone und der Stockschirm. Das Ganze war eine Art Uniform, die man ablegte, wenn man wieder zu Hause war, um eine andere anzulegen, die sportliche: Flanellhose, Tweedjacke oder Blazer, weißes Hemd mit hochgeschlagenem Kragen. Wir wagen zu behaupten, daß es sich hier um die Verlängerung der Kleidungsvorschriften der Schulen handelte, wo die Uniform gang und gebe war. In den Privatschulen ist sie bis heute üblich und manchmal sogar in den staatlichen Schulen, oft in den benachteiligteren Wohngegenden, was manchmal im

Ausland überrascht. Der Grund dafür ist einfach: wenn man die Kleidung vereinheitlicht, verwischt man die sozialen Unterschiede, und dadurch achtet man den einzelnen Menschen. Finden wir hier nicht unterschwellig die Regel „Verletze niemals die Gefühle anderer" wieder?

Auf diese Weise hat der Individualismus die Anforderungen eines etwas eng gefaßten Codes überwunden. Kaum etwas unterscheidet die Kleidung eines Engländers von der eines Mitteleuropäers. Dennoch – diskret, aber unmißverständlich erkennt das geübte Auge an der Art und Weise, bestimmte Krawatten zu tragen, die soziale Herkunft. Jede Schule, jede Universität, jedes College, ob Oxford oder Cambridge, jeder Club, jede Sportmannschaft trägt ihre Farben auf dem Schlips. Der Schlips einer Schule (old school tie) kann also auf diskrete Weise Zugang verschaffen, zum Beispiel, wenn man sich um eine Stelle bewirbt; es handelt sich um den höflichen Hinweis auf einen bestimmten Punkt des Lebenslaufs, ein Hinweis, der dem Gesprächspartner sicherlich ins Auge fällt, besonders wenn er die gleichen Farben trägt.

„Das Etikett ‚Oxford' oder ‚Cambridge' reicht aber nicht zur Feineinstufung eines englischen Gentlemans (...) Auch Premierminister Wilson studierte in Oxford, aber Kenner entnehmen aus seiner Zugehörigkeit zum Jesus College sofort, daß er nur ein armer Stipendiat war."
Dieter Schröder: Schule der Nation, Merian Oxford / Cambridge

Zahlreiche Gewohnheiten haben sich gehalten und gelten häufig im Ausland als snobistisch. Während eines festlichen Abendessens oder zu familiären Feierlichkeiten sind „Smoking" (dinner jacket), Fliege und Abendkleid selbst im Bürgertum keine Seltenheit. Mancher Fernsehzuschauer war überrascht, wenn die französischen Rugbyspieler, kräftige Burschen aus Südwestfrankreich, zum Abendessen die berühmte „dritte Halbzeit" des Fünfnationenturniers anlegten: eine britische Gepflogenheit, eine Gepflogenheit der Rugbyspieler, eines Sports, der aristokratischer ist als der Fußball (soccer).

Am anderen Ende der sozialen Skala verändern sich die Verhältnisse langsamer. In den letzten Jahren, die von Arbeitslosigkeit geprägt sind, erkennt man, wiederum in den benachteiligteren Wohngegenden, den Arbeiter oder die Arbeiterin: an der Schirmmütze und an den ziemlich langen Kleidern, zum Beispiel. Aber bei den jüngeren Leuten verwischen die Bluejeans und die Turnschuhe die Unterschiede. Gerade die Jugend durchbricht heute die Verhaltensstandards der englischen Gesellschaft.

Im 19. Jahrhundert wollten die public schools die Sprößlinge des alten Adels und des aufkommenden industriellen Bürgertums sittlich formen. Es galt, eine dem britischen Temperament eigene Roheit zurückzudrängen. Das englische Wort rude bedeutet roh und unhöflich zugleich. Die staatliche Grundschule läßt sich von den Methoden der public schools in diesem Punkt anregen: zum Beispiel im Tragen der Schuluniform oder in der Praxis des Mannschaftssports. Aber oft ist die Brutalität im Verhalten der Studenten spürbar, zum Beispiel in den derben und gewalttätigen Streichen, die Erstsemestern gespielt werden, aber auch in den körperlichen Züchtigungen in der Schule, die noch gelegentlich praktiziert werden, obwohl sie theoretisch abgeschafft sind.

„Der Gentleman entartete schnell zu einer Art athletischen Prostituierten, mit allen Schwächen, aller Eitelkeit, aller Gaunerei und Anmaßung eines ordinären Schauspielers, und sogar mit noch geringerer Intelligenz."
Herbert George Wells: Jenseits des Sirius

Die „permissive Gesellschaft" begünstigt die Entfesselung dieser Roheit. Das ist spürbar in der Entwicklung der Sprache. Erinnern wir uns, daß *Ulysses* von Joyce und *Lady Chatterleys Liebhaber* von Lawrence in den zwanziger Jahren in England verboten waren. Heute befreit die Sprache sich von ihren Tabus. Obszöne Worte, die Schimpfwörter, werden überall ganz selbstverständlich gebraucht: im Fernsehen und im Kino, in Zeitungen, Büchern und sogar im Parlament!

Die englische Sprache erspart dem Ausländer die subtilen Feinheiten des Siezens. Doch gibt es andere schwierige Gesetzmäßigkeiten, die es zu erkennen gilt. Zum Beispiel die verschiedenen Soziolekte und Jargons. Am verbreitesten unter ihnen ist der Slang, in dem Schimpfwörter ausgesprochen werden. Zahlreiche soziale Gruppen haben ihre geheime Sprache. Das englische Wort cant enthält eine interessante Bedeutung. Anfänglich gehörte es zum Jargon der Theaterleute, dann bezeichnete es die Sprachen verschiedener Berufsgruppen, später eine scheinheilige Redeweise. In der Tat schließt der Soziolekt alle nicht Eingeweihten aus; das ist wieder eine Verbindung zwischen Unhöflichkeit und Scheinheiligkeit! So gibt es einen Slang der public schools, einen Slang der jungen mittleren Angestellten, einen Slang der Yuppies (young urban professionals), es gibt Slangs für alle möglichen Berufsgruppen, zum Beispiel für die Krankenschwestern! Der Gebrauch von Geheimsprachen ist eine Form der Unhöflichkeit, denn er bedeutet ein hohes Maß an Frechheit gegenüber anderen.

Auch in den Verhaltensformen findet man eine gewisse Ungeschliffenheit. Das Fair-play ist selbst in Rugbyspielen zwischen den einzelnen Universitäten nicht mehr zu finden. Die Gewalt tobt nicht nur auf den Sportplätzen, sondern auch auf der Straße. Das ist nichts Neues. Im 18. Jahrhundert ergingen sich die jungen Müßiggänger zur Zerstreuung in den Straßen und verprügelten jeden, der ihnen in den Weg kam. Diese „mohawks“ sind die heutigen Hooligans der Fußballstadien oder die yabs, die Schwarzhemden, oder aber die Skinheads, der Schrecken der englischen Städte. Sie wüten nicht nur in der U-Bahn, in den Sportstadien – der Vandalismus ist ihr Gesetz –, sondern sie greifen wehrlose

„Die Gangart, die sie anschlugen, war ein so lässiges, unschönes Bummeln, daß Oliver bald auf den Gedanken verfiel, seine Gefährten wollten den alten Herrn hinters Licht führen und überhaupt nicht zur Arbeit gehen. Der Dodger hatte auch noch die üble Angewohnheit, schmächtigen Knaben die Mütze vom Kopf zu reißen und sie in die Vorgärten zu werfen.“
Charles Dickens: Oliver Twist

Passanten an, insbesondere ältere Damen, die sie gerne verprügeln (bashing).

Die Barrieren scheinen keinen Halt mehr zu bieten. Die Höflichkeitsregeln, die der Protestantismus und der Viktorianismus mit der Zeit etabliert haben, sind aus der Mode gekommen. Der steife Engländer, der sich im Korsett der Tabus nicht recht wohl fühlt, wird durch ein spontaneres, freieres Individuum ersetzt. Die permissive Gesellschaft hat bestimmte Regeln des sozialen Lebens verändert. Sicherlich sind die Gewaltausbrüche teilweise der Preis, den wir für diese Befreiung bezahlen müssen. Außerdem haben wirtschaftliche Gründe den Ausbruch der Gewalt begünstigt. Es würde an dieser Stelle zu weit führen, die Gründe dafür darzulegen. Wir beschränken uns darauf, die Verödung Nordenglands und die daraus resultierende Arbeitslosigkeit zu erwähnen. Doch begegnet man der Gewalt nicht nur in der Arbeiterklasse.

„Ich hatte Gelegenheit, den Teufel persönlich kennenzulernen, und wollte herausfinden, ob er seinen schlechten Ruf verdient." (Mit rechtsradikalen Fußballfans in einem Neofaschisten-Lokal) Bill Buford: Geil auf Gewalt. Unter Hooligans

Die englische Gesellschaft proklamiert die Gleichheit, ist aber immer noch sehr stark gegliedert. Der Einzelne bleibt der Klasse verbunden, der er angehört. Es handelt sich um eine Gesellschaft, die multikulturell sein will, in der aber manchmal der Rassismus mit einer unvorstellbaren Gewalt, etwa gegen Pakistaner oder Jamaikaner, ausbricht. Und doch brüstet der Engländer sich gerne mit seiner Fähigkeit zur Toleranz, die seit der Entfaltung des Protestantismus eine zentrale Rolle in der Geschichte Englands spielt. Eine Toleranz, die in der Schule und in der Kirche anerzogen worden ist.

Vom historischen Standpunkt ist sie relativ, denn sie erfaßte weder die Katholiken, noch die Juden, noch bestimmte protestantische Kreise (man denke nur an die Mayflower).

Dieser Geist der Toleranz steht im Widerspruch zu jener so charakteristischen Selbstbehauptung, die sicherlich ebenfalls von gewissen durch den Protestantismus verbreiteten Wahrheiten herrührt.

So besteht in der englischen Gesellschaft ein grundlegender und andauernder Konflikt, der zur Quelle widersprüchlicher und von der anderen Seite oft falsch verstandener Haltungen wird. Der Engländer ist gerne spontan und großzügig. Wie der Moralist Steele sagte, hat er eine harte Schale, aber einen weichen Kern. England ist ein Paradies für karitative Einrichtungen. Die englische Spontaneität bringt auch die entgegengesetzte Seite hervor, die Gewalt. Lassen wir uns in diesem Zusammenhang nicht von der spektakulären Seite bestimmter Ausbrüche blenden. England steht nicht in Flammen. Angesichts dieser Gewalt geht es darum, sich auf das alte, immer gegenwärtige protestantische Erbe zurückzubesinnen, das Max Weber in der Schrift *Die protestantische Ethik und der Geist des Kapitalismus* so treffend definiert hat: Der Puritanismus versucht, „den Menschen der Suprematie des planvollen Wollens zu unterwerfen, seine Handlungen beständiger Selbstkontrolle (...) zu unterwerfen."

Aus dem Französischen von Eva Ludwig

Peter Pörtner

Pastiche über die Gewalt der Höflichkeit und die Höflichkeit der Gewalt

Für Roland Barthes war es (noch) klar: jene „andere Höflichkeit mit ihren präzisen Codes und der graphischen Klarheit ihrer Gesten“ sei dort, in Japan, „eine Religion“, und die Religion sei dort, in Japan, nichts als eine „Form von Höflichkeit“; die Höflichkeit, „eine Übung des Leeren“, sei dort „an die Stelle der Religion getreten“. Barthes war von den Konturen der japanischen Höflichkeit offensichtlich entzückt, er deutete sie als ästhetisches Ereignis, als eine Form der Leere, als „Schriftzug“ des Nichts. – Auch im Sinne des chinesischen, von den Japanern übernommenen Sprichworts, daß ein Lächeln auf den Lippen ein Anzeichen für das Schwert im Herzen sein kann, sollen die folgenden *Notizen* jedoch zur Vorsicht vor der Höflichkeit anregen, zur Vorsicht vor ihrer Abgründigkeit, ihrer Doppelsinnig- und Doppelzüngigkeit. Sie sollen daran erinnern, daß Höflichkeit auch „Schriftzug“ der Gewalt, erlittener und ausgeübter, sein kann.

„... bis auf das Lächeln“ (Bildkommentar von Roland Barthes zu zwei Fotografien, die den erstarrten Gesichtsausdruck eines Japaners – einmal ohne und einmal mit Lächeln – zeigen) Roland Barthes: Das Reich der Zeichen

Notiz I

Der deutsche Begriff der „Höflichkeit“, vor allem in seinem gängigen, post-courtoisen Sinn, ist zur Kennzeichnung des mitmenschlichen Verkehrs und Umgangs in Japan ungeeignet. Begriffe wie Etikette, Riten und Rituale, Zeremoniell und Protokoll erscheinen geeigneter, die Routinisierung des Daseins, seine Auflösung in eine Kette kleiner Gesten und nicht zuletzt die im Vergleich zu Westeuropa viel weitergehende Ritualisierung der Sprache und des Sprachgebrauchs in Japan zu charakterisieren. Es sei denn, der Begriff der Höflichkeit soll als Deckname für das ganze Netz von Interaktionsritualen dienen, die den japanischen Alltag im großen und im kleinen regulieren; im Sinne Hans-Georg Soeffners, der schreibt: Interaktionsrituale „sind unpersönlich und anonym, dienen als lange eingeübte Marschrouten durch unsicheres soziales Terrain, sind zugleich Ordnungsfaktor und auch Trampelpfade einer durch Handlungsroutinen abgesicherten sozialen Ordnung." Schon der kluge Sozialethiker Konfuzius hat gefordert: nichts zu sehen, nichts zu hören, nichts zu sprechen und nichts zu tun, was gegen die „Riten" (jap. *rei*) ist. Wenn diese Forderung auch den strikten Konformismus der – vormodernen und modernen – Japaner nicht direkt geprägt haben mag, so ist es doch möglich anzunehmen, daß sie einer *genuinen Neigung* der Japaner entspricht und mitgeholfen hat, dieser Neigung ihre sichtbare Kontur zu geben. Primäre und sekundäre Sozialisation sind in Japan bei der Formierung sozialer Verhaltensweisen auf besonders „smarte" Weise aufeinander abgestimmt. Die Primärsozialisation (strikte, fast hermetische Mutterbindung, Initialisierung einer psychischen Schuldenhypothek, die (später) auf verschiedene gesellschaftliche Einheiten übertragen werden kann) bereitet den Boden, auf den die Sekundärsozialisation (Etablierung der Gruppe als der Zu- und Verrechnungseinheit der einzelnen) im Sinne

Der König: Der Knabe / Don Karl fängt an, mir fürchterlich zu werden. / Er meidet meine Gegenwart, seitdem / er von Alcalas hoher Schule kam. / Sein Blut ist heiß, warum sein Blick so kalt? So abgemessen festlich sein Betragen? / Seid wachsam.
Friedrich Schiller: Don Karlos I, 6

einer Internalisierung von Mustern, die Alltagsroutinen regulieren und zugleich deren stille Voraussetzungen und Wertbestimmungen vermitteln, aufbauen kann. Die Identifikation mit Aufgabe und Rolle schützt und entlastet und hat (somit) einen (im Vergleich zu westlichen Gesellschaften) großen sozial-hygienischen Effekt. Die damit zugleich induzierte Unmündigkeit erspart einen diskursiven Umgang mit den erlernten Handlungsnormen: die Zeremonielle des (höflichen) Wohlverhaltens brauchen, um erfolgreich durchgeführt werden zu können, nicht verstanden zu sein; hier genügen Drill und Dressur. Dabei erscheinen Drill und Dressur nicht als Drill und Dressur, sondern – auf eine paradoxe Weise – zwanglos, verspielt, unauffällig-beiläufig; aber immer und immer und immer wieder. Und wie nebenbei finden sich schon die kleinen Japaner und Japanerinnen im Kindergarten, wenn sie nicht „mitmachen", durch ihr Allein- und Draußengelassensein eines Besseren belehrt: sie merken bald, daß ihre Tränen nichts nutzen und daß es außerhalb der Gruppe schlichtweg nichts zu tun gibt. Schon die Kindergartengruppe bewährt sich „als vorgegebene, in der ritualisierten Ordnung vergegenständlichte Struktur, in die die Kinder sich vermittelst der Aneignung der Rituale und Routinen einpassen." (Volker Schubert) Aber: Sozialisation à la japonaise macht anfällig für den beschämenden oder kritischen Blick des „Dritten" (der in den Höflichkeitslehren des europäischen Mittelalters eine so bedeutende und bezeichnende Rolle gespielt hat). Die „japanische Psyche" scheint dem Blick des Dritten auf besonders hilflose Weise ausgeliefert zu sein. Die überaus häufige – japantypische – Neuroseform der „Anthropophobie" gibt davon beredtes Zeugnis: die „Angst vor dem anderen" ist einer der folgenreichen Neben-

„Das japanische Lächeln entzückt anfänglich – erst später, wenn man das Lächeln unter außerordentlichen Umständen, in Momenten des Kummers, des Schmerzes, der Enttäuschung gesehen hat, überkommt uns ein gewisser Argwohn dagegen, ja bei manchen Gelegenheiten mag seine offensichtliche Unangebrachtheit sogar unseren Zorn hervorrufen."
Lafcadio Hearn: Nippon

effekte der sich früh ausbildenden „Verpflichtung auf Gegenseitigkeit“, eine – krankhafte – Verhaltensweise, für die es sogar einen eigenen japanischen Terminus gibt: *taijin kyôfushô*. Die Dialektik des japanischen „Rollennarzißmus“ erweist sich als brüchig; die „Identifikation des Subjekts mit seiner Aufgabe schützt es ebenso, wie sie es schutzlos aussetzt: Die Feststellung, ungeeignet für den Beruf zu sein, wird als schwerste Kränkung erfahren, zerstört sie doch die Vorstellung, die sich das Ich von sich machen wollte ... Die auf den Schwachpunkt der beruflichen Leistung gerichtete Kritik eines Dritten oder des Subjekts selbst, in der Stille des Gewissens eingestanden, kann zu einer Katastrophe führen. *Shikarare jisatsu* ist die Bezeichnung, die das Japanische für Selbstmorde kennt, die aufgrund einer Rüge hervorgerufen wurden.“ (Maurice Pinguet) Die zunehmende Komplexität der modernen japanischen Gesellschaft führt in manchen Bereichen zu geradezu explosiven Dilemmata: Japan ist eine ausgeprägte Konkurrenzgesellschaft, auf den einzelnen lastet ein großer Erfolgsdruck; die Familien erwarten von ihren Kindern, daß sie Karriere machen. Und wieder einmal befindet sich der einzelne in einer paradoxen Situation: er soll erwachsen und verantwortlich sein, er soll seine Zukunft erfolgreich gestalten – und dabei doch ein folgsames Kind bleiben, das genau nach dem strebt, was die Familie wünscht (und wofür sie bis an den Rand ihrer finanziellen Möglichkeiten gegangen ist, ja vielleicht sogar darüber hinaus). Die innere (psychische) Abhängigkeit des Japaners von seiner Familie, das heißt primär von seiner Mutter, läßt ihn weitgehend hilflos dieser Erwartungshaltung gegenüberstehen. Wie könnte er es, in Anbetracht seiner psychischen Schuldenhypothek, sich verzei-

Ein Japaner vermag angesichts des Todes zu lächeln und tut es auch gewöhnlich. Es ist dies aber weder Trotz noch Heuchelei, noch darf es als jenes Lächeln krankhafter Resignation gelten, das wir geneigt sind, mit Charakterschwäche in Zusammenhang zu bringen. Vielmehr bezeigt es eine verfeinerte und lang ausgebildete Etikette.“ Lafcadio Hearn: Nippon

„Bricht auch das Herz, die gesellschaftliche Pflicht gebietet ein tapferes Lächeln. Andererseits gilt es als unhöflich, ernst auszusehen oder gar unglücklich, weil dies denen, die uns lieben, Besorgnis oder Kummer verursachen muß – es ist auch zugleich töricht, da es bei denen, die uns nicht lieben, müßige Neugierde hervorrufen kann. So von Kindheit an als Pflicht eingeprägt, wird das Lächeln instinktiv."
Lafcadio Hearn: Nippon

hen, die elterlichen Erwartungen zu enttäuschen? Die strikte Bindung an die Mutter-Kind-Szene oder an den Kontext einer Gruppe verhindert es, daß der einzelne angemessene Techniken ausbildet, sich auf einen Dritten, auf ein Außerhalb der jeweiligen Beziehung, des jeweiligen Kontexts zu beziehen. Das erzeugt ein Gefühl des Ausgeliefertseins, das Angst macht. Die Außenwahrnehmung, das heißt die Wahrnehmung dessen, was jenseits des jeweiligen Kontexts liegt, ist – im Vergleich zu Westeuropa – erschwert und in der Gefahr, pathologische Formen anzunehmen. Ein anderer höchst folgenreicher Nebeneffekt der „maternellen Organisation" der japanischen Kultur und Gesellschaft mit ihrer extremen Ausrichtung an der jeweiligen Situation und der starken affektiven Bindung an den Ort, dem man sich zurechnet, ist, daß vom einzelnen erwartet wird, immer gerade und genau das zu sein, was die Situation von ihm zu sein verlangt. Es ist offensichtlich, daß es unter solchen Voraussetzung (soziale Geschmeidigkeit, extreme Anpassungsbereitschaft) äußerst schwer ist, Erfahrungen zu machen, in denen und durch die sich eine lebensgeschichtliche Kontinuität herauskristallisiert. Die für bestimmte Situationen vorgesehenen Pakete von Kommunikationsroutinen müssen in Anspruch genommen werden, denn es entscheidet nicht der einzelne über den in seinen Äußerungen anzuschlagenden Ton, sondern der situative (hierarchisch strukturierte) Kontext, in dem er seinen „Ort" genau zu bestimmen lernen muß. Das „Ich" ist nicht mehr als ein „kontextsensitiver" Kristallisationspunkt. Wenn es dem einzelnen gelingt, seinen „Ort" in dem situativen Kontext, in den er eingetreten ist, zu bestimmen, wird er von den vorgefertigten Parametern des Verhaltens und der Sprache, in dem Maße, in dem er über sie verfügt, getragen. Verhaltens- und Kommunikationskompetenz im Sinne der Fähigkeit zur Einschätzung des eigenen Orts in einer „situativen Atmosphäre“ wird so zum Maßstab gelungener „japanischer“ Sozialisation. Ruth Benedict hatte – bereits 1946 – in bezug auf die Japaner von einer „Situationslogik“ (situational logic) gesprochen. Das japanische Selbst ist in einem sehr hohen Maß „konditioniert“ durch seinen Kontext, es ist „kontextualisiert“. Hamaguchi Eshun, der profilierteste Vertreter des sogenannten „Kontextualismus“, der Begriff spricht für sich selbst, hat für das japanische Subjekt den Terminus *kanjin*, „Intersubjekt“ geprägt, der mit Hamaguchi's Worten, „eine menschliche Seinsweise (bezeichnet), in der man sich bewußt wird, daß innerhalb der zwischenmenschlichen Zusammenhänge die Beziehungen an sich das Selbst sind ... (Der Begriff) ‚Ich‘ bezeichnet den Teil, den man der eigenen Situation entsprechend sich selbst zuteilt aus ... dem Lebensraum, den die wechselseitig in Beziehung stehenden ... Subjekte ... gemeinschaftlich besitzen ... Beim ‚Intersubjekt‘ gibt es keine Trennung zwischen dem eigenen Subjekt und seinem mitmenschlichen Umfeld, denn es könnte auch ‚Mensch im Umfeld‘ bezeichnet werden.“ Das „Ich“ ist und erfährt sich als eine Funktion wechselnder Variablen. Und die Höflichkeit fungiert dabei als eine Art Stabilisator.

Notiz II

Das Gleiche, anders: Die (erfolgreich sozialisierte) japanische Psyche, so scheint es, will und sehnt sich nach Regularien und Routinen, die sie davon entlasten, aus sich selbst Wertvorstellungen zu entwickeln – und durchzusetzen. Es sind somit – und das soll hier nicht polemisch verstanden werden – „extrapersonale" Prinzipien, die das Rückgrat der Person ausmachen; diese tragen den Namen *rei*, „Riten", und dieser Name umfaßt den ganzen Komplex des Höflichseins-qua-Ziviliertseins, im Sinne des *Korrekten*. Daß es soweit kam – und immer wieder kommt –, verdankt sich dem Zusammentreffen rigider sozialer Kontrolle auf der einen Seite und einer forcierten Akzeptanz sozialer Kontrolle auf der anderen Seite, in der Form einer hochentwickelten Internalisierungsbereitschaft und einer starken Tendenz zur Außengeleitetheit, die sich einerseits aus den oben sehr knapp skizzierten psychischen Dispositionen erklären, diese andererseits wieder verstärken. Die Disziplinierung der Körper – als eines bewährten Mittels der sozialen Kontrollgewalten, habituelle Schemata zu dressieren – spielt in Japan eine bedeutend größere Rolle als in den westlichen Kulturen: die japanische Erziehung, auf eine verkürzte Formel gebracht, ist auch Bio-Politik. Allen wohlwollenden Mißverständnissen westlicher Adepten und Apologeten zum Trotz muß betont werden, daß die sogenannten traditionellen asiatischen Kampfsportarten *auch* als Praktiken gewaltförmiger Körper- und Geistesdisziplinierung interpretiert werden können; selbst die Zen-Meditation *kann* als eine Praxis der Unterdrückung gedeutet werden, bei der die Grenzziehung zwischen Heteronomie und Autonomie sehr schwierig, bisweilen sogar unmöglich ist, weil die ideologische Pointe der asiatischen Kampf- und Meditationstechniken (auch, freilich nicht nur) gerade darin besteht, das Eigene als Fremdes und das Fremde als Eigenes erfahren zu lernen (und zu nutzen): „Buddha fließt in mich, und ich fließe in Buddha". August Nitschke spricht in bezug auf japanisches Bewegungs-

„Wie fremd dem japanischen Boden der Ursprung der buddhistischen Kunst auch sein mag, im Lächeln des Volkes spiegelt sich dasselbe Empfinden wie im Lächeln Bosatsus – jenes Glück, das der Selbstbeherrschung und der Selbstverleugnung entspringt." Lafcadio Hearn: Nippon

verhalten von einer „Heterodynamik“ und stellt die Frage: „Könnte es sein, daß bei den Japanern generell ein heterodynamisches Bewegungsverhalten vorliegt? Sind sie der Meinung, daß sie im Handeln aus etwas Unbekanntes reagieren müssen, das ihnen an Kraft überlegen ist? Es wäre weiter zu untersuchen, ob sie auch im Handeln wie in diesen Bewegungsabläufen darauf bedacht sind, die Kraft dieser fremden überlegenen Handlungsweise so umzulenken, daß sie ihnen selber von Nutzen sein kann.“ Doch sollte man nicht eher fragen: wie und wieso solches „heterodynamische“ Verhalten induziert wird und wie es sozialpsychologisch zu deuten ist? Der japanische Kulturwissenschaftler Miyamoto Tadao behauptet, daß das japanische Ich versuche, sich mittels einer „Selbst-Ausdehnung“, bei der der „andere“ dem eigenen Ich subsumiert werde, zu schützen und zu stabilisieren. Dieses Konzept rückt die japan-spezifischen Verfahren der Ich/Selbst-Stabilisierung jedoch in problematische Nähe zur totalen Nachahmung – Mimikry, ja zur Charaktermaske und zur *Camouflage*. Es ist fraglich, ob solche Defensiv-Strategien den Anspruch auf eine „echte“ Ich-Stabilisierung – im Sinne einer „flexiblen Robustheit im Sich-behaupten, Standhalten, Fortbewegen, Entfalten, Anpassen an Situationen und Bewältigung“ (Christian Scharfetter) – nicht im Ansatz schon dementieren. Es scheint jedenfalls offensichtlich, daß die „Ich-Demarkation“ der „japanischen“ Psyche sich von der der „europäischen“ Psyche unterscheidet und daß die „Ich-Grenzen“ in Japan durchlässiger und weniger stabil sind als in westlichen Kulturen. Auch das würde zu der bereits angesprochenen Internalisierungsbereitschaft und größeren Akzeptanz sozialer Kontrolle in Japan passen. Dies alles spiegelt sich aufs Markanteste in der japanischen

„Du wirst beobachten, daß er in der Regel niemals von sich selbst spricht und daß er eindringliche persönliche Fragen möglichst kurz und vage beantwortet.“
Lafcadio Hearn: Nippon

Sprache, vor allem in ihren ausgeprägten Formen der Respektbezeugung, die, weil sie eine paradigmatische Bedeutung für eine „Phänomenologie der japanischen Höflichkeit“ haben, hier kurz vorgestellt werden sollen.

Notiz III

Die japanische Sprache bietet folgende Mittel zur Respektbezeugung: 1.) Wörter, die semantisch mit einer spezifischen Höflichkeitsvalenz geladen sind, 2.) Hilfsverben, die den Höflichkeitsgrad einer Aussage präzisieren und ein ganzes System von Höflichkeitsstandards anbieten und 3.) höflichkeitsindizierende Präfixe. Anwendung finden diese verbalen Mittel nicht nur gegenüber einer anderen Person, sondern auch gegenüber den Handlungen dieser Person und den zu ihr gehörenden, mit ihr assoziierten Dinge; darüber hinaus aber auch noch gegenüber den Personen, die zu der angesprochenen Person in Beziehung stehen, deren Handlungen und den mit ihnen assoziierten Gegenständen. Dies ist die eine Möglichkeit: die mit sprachlichen Mitteln vollzogene Werterhöhung des anderen. Die zweite Möglichkeit ist die Zurücknahme der eigenen Person, das Herunterspielen des eigenen Werts mit vergleichbaren sprachlichen Mitteln; eine Art Spiegelverkehrung der ersten Möglichkeit, die folglich nicht nur mich, die zu mir gehörigen Dinge und meine Handlungen, sondern auch die mit mir assoziierten Personen, ihre Handlungen und die zu ihnen gehörigen Dinge miteinschließt. Die dritte Möglichkeit ist eine demonstrative Art der Wortwahl (vor allem Verben und Pronomia), die dazu dient, mein Bewußtsein von der (besonderen) Bedeutung der Situation, ihrer sozialen Signifikanz zu transportieren und damit dem oder den anderen anzuzeigen, „daß ich die durch die Anwesenheit anderer geschaffene Situation achte und mich in meiner Ausdrucksweise spezifisch nach ihr richte". Ein fundamentales, in besonderem Maße für Nichtjapaner, die sich des Japanischen bedienen (wollen), oft virulentes Problem ist, daß respektbezogene, adressierte Sprache eigentlich nur in dem Fall funktionieren und benutzt werden kann, in dem die sozialen Konstellationen innerhalb der jeweiligen Situation der beteiligten oder auch nur anwesenden Personen in ihrer Relation zu mir (klar) definiert sind, andernfalls ist „eine befriedigende Kommunikation ausgeschlossen, denn es ist nicht möglich, eine vom Sprachsystem bereitgestellte und deshalb erwartete Ausdrucksform nicht zu gebrauchen." (Peter Ackermann) Das für bestimmte Situationen vorgesehene Paket von Kommunikationsroutinen muß in Anspruch genommen werden, denn es entscheidet nicht der einzelne über den in seinen Äußerungen anzuschlagenden Ton, sondern der situative (hierarchisch strukturierte) Kontext, in dem er seinen „Ort" genau zu bestimmen lernen muß. Hier wiederholt sich auf der Ebene der Sprache die japanspezifische Konstitution unstabiler Ich-Identitäten: das Ich ist nicht mehr als ein „kontextsensitiver Kristallisationspunkt", im Sinne des in den dreißiger Jahren unseres Jahrhunderts von dem japanischen Kulturphilosophen Watsuji Tetsujirô entwickelten Konzepts eines trans-individuellen Selbst, das er als den *Ort* oder das *Feld* des *Zwischenseins* zwischen Menschen, als eine „relationale Einheit der Gegensätze" beschrieb. Wenn es dem einzelnen gelingt, seinen „Ort" in dem situativen Kontext, in den er eingetreten ist, zu bestimmen, wird er von den vorgefertigten Parametern der „respektbezeugenden

„Du wirst überhaupt finden, daß er nie Personen kritisiert, sondern die Wirkung ihrer Taten."
Lafcadio Hearn: Nippon

Sprache", in dem Maße, in dem er über sie verfügt, getragen. Die Schwierigkeit liegt dabei weniger in den Regeln der formalen (zum Teil geradezu präformierten) Höflichkeitssprache selbst, sondern in den Regeln ihres Gebrauchs, im *timing* ihres Einsatzes. Dazu gehört auch das Wissen darum, daß Frauen in Beziehung zu Männern, auch wenn diese eindeutig denselben sozialen Rang einnehmen wie sie selbst, – noch immer – einen extensiveren und zugleich intensiveren Gebrauch von der respektbezeugenden Sprache machen: Kenntnis nur der sprachlichen Mittel der Respektbezeugung ohne eine Kenntnis der kontextuellen (also auch geschlechtsspezifischen) Bedingungen ihres Gebrauchs kann wertlos sein oder unangenehme – gesellschaftliche – Folgen haben. Kommunikationskompetenz im Sinne der Fähigkeit zur Einschätzung des eigenen Orts in einer „situativen Atmosphäre" wird so zum Richtmaß der Höflichkeit und diese zum Maßstab gelungener Sozialisation.

Notiz IV

Könnte es nicht sein, daß die japanische Höflichkeit (auch) einen Hof, einen Tabu-Raum, um den schafft, der sie praktiziert? Daß ihre Botschaft lautet: tritt mir nicht zu nah, bleib' mir vom Leib; und das ganz wörtlich? Denn bei aller Schamlosigkeit im Umgang mit dem eigenen Körper bleibt der fremde Körper tabu; und vom anderen wird erwartet, daß er meinen Körper in gleicher Weise respektiert: ihm fernbleibt. Die japanische, in Deutschland lebende Autorin Yoko Tawada beschreibt in ihrem Roman „Das Bad" eine Wiederbegegnung mit der Mutter auf folgende Weise: „Okaasan, watashi yo! – Mutter, ich bin es! Ich hatte lange nicht japanisch gesprochen; in dem Wort okaasan traf ich die wieder, die ich einmal gewesen war, von dem Wort watashi an hatte ich das Gefühl, meine eigene Simultanübersetzerin zu sein. Meine Mutter schaute mich an, ohne daß sich ihr Gesichtsausdruck veränderte. Ganz so, als wüßte sie nicht, wer ich sei. Dann stand sie langsam auf und sagte, nachdem sie eine Weile nachgedacht hatte: Ach, du bist es? Zwei Tränen rollten aus ihren Augen, aber ihr Gesicht blieb ausdruckslos. Mir kam die Szene aus einem europäischen Film in den Sinn, in der sich eine Mutter und ihre Tochter beim Wiedersehen umarmen. Aber hier waren wir in Japan, wo man den Körper der Mutter nicht berührt." – In japanischen Mafia-Kreisen, dies sei noch zur Illustration erwähnt, kann das Berühren des Ohres eines anderen einen Affront sondergleichen bedeuten, der – im Gegenzug – mit körperlicher Gewalt geahndet wird.

„Die Japaner lassen nicht mit sich spaßen, und ein rücksichtsloses Vorgehen hat schon so manchem das Leben gekostet."
Lafcadio Hearn: Nippon

Könnte es nicht sein, daß die Höflichkeit des Duldens, die den ausländischen Beobachter in Japan überrascht und fasziniert, eine überkompensatorische Reaktion auf die in einer Massengesellschaft unvermeidliche Nähe zu und Berührung mit anderen Körpern ist? Aus der Konsequenz solcher fremdinduzierter Selbstdisziplin könnte auch der von Miho Moto geäußerte Gedanke erklärlich werden, daß das harakiri / seppuku ein Akt „ultimativer Höflichkeit" sei: *radikales Platzschaffen für die unerträglichen anderen.*

Moto Miho

Die Ästhetik des Kamikaze

„Nicht nur jedes Land, sondern jedes Städtchen und jeder Stand hat seine eigene Höflichkeit. Ich bin in meiner Kindheit sorgfältig genug dazu angehalten worden und habe mit hinlänglich wohlerzogenen Leuten Gesellschaft gepflogen,

Ich glaube, es war Mitte 1961, als ein japanischer Verleger mir den Vorschlag machte, einen Band der französischen Reihe Que sais-je? nämlich *Der gute Ton und die Sitten* von Jean Serres, zu übersetzen. In Japan gerieten die gewalttätigen Demonstrationen im Jahre 1960 gegen die Erneuerung des japanisch-amerikanischen Sicherheitspakts in Vergessenheit. Die Gewalt des Volkes hatte sich als unfruchtbar herausgestellt, in den Straßen war wieder Ruhe eingekehrt, und Baustellen wurden errichtet im Hinblick auf die Olympischen Spiele.

Ich war damals ein junger Ansgestellter bei NHK, dem japanischen Rundfunk, und das Vertrauen, das man mir durch diesen Auftrag entgegenbrachte, machte mich stolz. Ich nahm die Arbeit an, ohne mich im vorhinein näher mit dem Inhalt des Buches bzw. mit den Absichten des Verlegers zu beschäftigen. Der Text erinnerte mich an viele Situationen, die ich vor kurzem während eines Aufenthalts in Frankreich erlebt hatte. Er regte mich zu vergleichenden Überlegungen an, zu denen jeder Aufenthalt im Ausland verleitet. Er amüsierte mich ... Aber was noch wichtiger war: das Buch hatte einen unerwarteten Erfolg, mit dem ich als Berufsanfängerin im Übersetzen nicht gerechnet hatte. Einer der Gründe für diesen Erfolg war zweifellos der vom Herausgeber der Reihe klug gewählte Titel: Furansu echikettoshû (Sammlung französischer Sitten). Ein Titel, der ein Land evoziert, das für eine große Zahl von Japanern den Gipfel der kulturellen Verfeinerung darstellt und eine unerreichte Tradition in Sachen der Etikette und des guten Benehmens besitzt. Aber nichtsdestotrotz ist das noch keine Erklärung dafür, daß das Buch seitdem regelmäßig jedes Jahr wieder aufgelegt wurde!

Bis heute frage ich mich häufig, was Zehntausende von japanischen Lesern an diesem kleinen exotischen Buch fesseln konnte, und das in einer Zeit, als Japan dank seines wirtschaftlichen Erfolgs wieder Vertrauen zu sich selbst faßte. Eine mögliche Antwort findet sich vielleicht im Vorwort, das ich für dieses Werk eines großen Meisters der Etikette schrieb. Obwohl dies eine offenkundige Verletzung der Bescheidenheitsregeln in Japan wie in den westlichen Ländern ist, erlaube ich mir, mich selbst zu zitieren. Ich sagte in etwa:

… so daß mir die Gesetze der französischen Lebensart nicht unbekannt sind. Ich könnte selbst Unterricht darin geben.“ Michel de Montaigne: Essays. Zeremonien bei Zusammenkünften der Könige

„Gô mi itte wa gô ni shitagae. In Rom muß man leben wie die Römer, so sagt man von jeher. Es versteht sich von selbst, daß die Sitten oder die Lebensart bedeutende Unterschiede von einem Land zum anderen aufweisen. Aber nicht immer ist es uns gestattet, uns auf unsere Unwissenheit zu berufen, um sie zu übertreten. (…) Die Probleme, vor die uns der Alltag im Ausland stellt, sind vielfältig. (…). Die diesbezüglichen Erklärungen sind so ausführlich, daß sie selbst dem Leser, der mit den Gegebenheiten der westlichen Welt nicht vertraut ist, gut verständlich sind. Da die Höflichkeit und die Sitten im Osten wie im Westen ein Gefüge von Konventionen des gesellschaftlichen Lebens sind, wäre es ebenso denkbar, daß diese keineswegs exotisch erscheinen. Und es ist umso wahrscheinlicher, als die rasche Internationalisierung der Lebensweise seit dem Pazifikkrieg die Gegensätze im Vergleich mit dem Westen verringert hat.“

Die Japaner sind von jeher außerordentlich sensibel für Abweichungen der Konventionen – ich spreche in diesem

Zusammenhang gerne von Codes – die die zwischenmenschlichen Beziehungen regeln. In einem Land mit einer langen feudalen Tradition, in dem Dörfer, Städte und Regionen traditionell nach außen abgeschlossen waren, hat jede Gemeinschaft im Grunde andere Codes entwickelt, die eine ortsgebundene Identität begründeten und das Erkennen des anderen als vertrauten oder fremden Menschen ermöglichten. Von daher muß man nicht ins Ausland gehen, um Kommunikationsschwierigkeiten zu begegnen, die durch die Verkennung der Höflichkeitsregeln entstehen. Die Japaner erzählen sich gerne folgende Anekdote:

Ein Einwohner von Tokio, der nie seine Stadt verlassen hatte, erlebte eine unangenehme Überraschung, als er eine Freundin aus Kyoto besuchte, die ganz im Brauchtum dieser alten Stadt aufgewachsen war. Kyoto war bis um 1870 Landeshauptstadt und blickte stolz auf seine über tausendjährige Tradition zurück. Die beiden sprachen bis zum späten Nachmittag über alles mögliche. Aber als der Mann aus Tokio schlecht und recht Anstalten machte, sich von seiner Gastgeberin zu verabschieden, insistierte diese in ihrer beschönigenden und anmutigen Sprache: er solle doch noch einen Augenblick bleiben, nur um noch eine Kleinigkeit zu essen! Insbesondere, da er erst in der Nacht wieder in Tokio ankommen werde! Der Besucher aus Tokio gedachte der herzlichen Freundschaft, durch die er sich seiner Gastgeberin verbunden fühlte, und beschloß, bis zum Abendessen zu bleiben. Die Kleinigkeit ließ jedoch auf sich warten ... Er wartete und wartete, fand sich schließlich mit der Situation ab und nahm Abschied von der charmanten Freundin. Kaum war er verschwunden, lachte diese schallend: „Ach, diese Leute aus Tokio, die können sich einfach nicht benehmen!"

„Der Japaner ist deshalb höflich, weil er anderen Menschen nicht zu nahe treten will. Wo diese Höflichkeit herrscht, ist der Ton sehr unterkühlt. Es wirkt zwar außerordentlich liebenswürdig und zuvorkommend, ist es aber nicht. Man hält vielmehr Distanz und schottet sich durch Höflichkeit ab."
John David Morley in Psychologie heute Februar 1992

Die ermunternde Geste der Dame aus Kyoto setzte ein deutliches Zeichen. Sie signalisierte, daß der Augenblick des Abschiednehmens gekommen war und bedeutete keineswegs ihre Absicht, den hungrigen Freund zu speisen. Es handelte sich lediglich um die gesittete Bekundung ihres Wunsches, einen lästig gewordenen Besucher loszuwerden. Eine Gewaltsamkeit also, aber in charmante Worte verpackt, die sie nicht merken ließen. Tatsächlich – und dies ist ein verbreitetes Phänomen – richtet sich die Höflichkeit nicht gegen die Gewalt, sondern ist deren sozialisierte Form.

Das westliche Klischee, das den gewaltsamen Japaner und den höflichen Japaner einander gegenüberstellt, findet hier teilweise seine Erklärung. Wenn die Höflichkeit eine Gewalt ist, die der Gewalt angetan wird, ist der Japaner eher höflich als gewaltsam!

„Japanerinnen wählen als erste Vorraussetzung ihrer Sprache die Formen der Höflichkeit, und unter diesem Vorzeichen beherrschen sie Formen des Respekts, der Zuneigung, der Geringschätzung und so weiter, dies aber wiederum jeweils anders für höher Gestellte, Gleichgestellte und Untergebene.“
Tatsuo Oguro: Die rätselhafte Nation. Mentalität und Denkweise der Japaner

Versuchen wir dennoch abzuschätzen, ob die japanische Höflichkeit besondere Merkmale besitzt, und befassen wir uns daher eingehender mit der japanischen Sprache, dem wesentlichen Instrument der Kodifizierung. Ganz offenkundig wäre es interessant, die Höflichkeitsformeln dieser Sprache eingehender zu erforschen, eine Sprache, deren Syntax nicht nur in Abhängigkeit vom Geschlecht und von der hierarchischen Stellung der Gesprächspartner variiert, sondern die darüber hinaus genau den Charakter der sozialen Beziehungen anzeigt. Da ein solches Unternehmen jedoch den Rahmen dieser Ausführungen sprengen würde, beschränke ich mich auf eine kurze Prüfung der Vokabeln, die direkt die Höflichkeit oder die Gewalt bezeichnen.

Strukturell besteht die japanische Sprache aus zwei Wortgruppen: den Begriffen chinesischen Ursprungs und den Begriffen japanischen Ursprungs. Erstere entsprechen immer

Ideogrammen, den „chinesischen Schriftzeichen" oder kanji, während die letzteren durch kanji übertragen werden, die aufgrund ihrer semantischen Bedeutung ausgewählt werden. Die Beziehungen zwischen dem Chinesischen und dem Japanischen sind mit denen vergleichbar, die das Lateinische oder das Griechische mit dem Französischen oder Englischen verbinden, insofern als die Worte chinesischen Ursprungs vor allem abstrakte Vorstellungen oder Begriffe abdecken, während das konkrete Vokabular hauptsächlich einheimischen Ursprungs ist. Es ist selbstverständlich, daß den Japanern in ihrer sprachlichen Praxis die etymologische Bedeutung der Worte, die sie gebrauchen, nicht bewußt ist, nicht mehr als ein Franzose an „coeur" (Herz) denkt, wenn er das Wort „courage" (Mut) ausspricht.

„Es steht uns nicht zu, die wir noch vor so kurzer Zeit Barbaren waren, über Erscheinungsformen der Höflichkeit zu Gericht zu sitzen, die viel verehrungswürdiger sind als unsere. Uns Westeuropäern mögen die Riten japanischer Umgangsformen zu kompliziert erscheinen, als daß wir sie verstünden. Alles, was wir tun können, ist, uns zurückzulehnen und mit respektvoller Unbehaglichkeit ihr pausenloses Lächeln zu bewundern."
Harold Nicolson: Vom Mandarin zum Gentleman

Die Tatsache, daß zwei Wortgruppen existieren, erschließt das Verhalten der Japaner. Jede kurz gefaßte Bestandsaufnahme läßt erkennen, daß die Worte, die direkt oder indirekt die Höflichkeit bezeichnen, fast alle chinesischen Ursprungs sind.

Um diese kleine Bestandsaufnahme zu erstellen, habe ich mich bemüht, mir die Szenen aus meiner Kindheit ins Gedächtnis zu rufen, als Erwachsene, Eltern oder Lehrer mich erziehen wollten. Solange mein körperliches Verhalten Thema war, verwendeten sie vor allem Worte japanischen Ursprungs. „Zappel nicht so" heißt otonashiku nasai, „sei still" damari nasai, „setz dich hin" osuwari nasai, usw. Aber sobald es um meine Beziehungen zu anderen ging, griffen sie auf Worte chinesischen Ursprungs zurück: ojigi shinasai „Grüße Frau Soundso"; ogyogi yoku shinasai „benimm' dich anständig", das heißt „verhalte dich korrekt vor den Gästen". Die beiden Wortgruppen entsprechen also jeweils zwei verschiedenen Bereichen, der eine ist konkret und körpernah, der andere ist abstrakter und setzt Begriffe ein, die die zwischenmenschlichen Beziehungen begründen.

Das Wort für Höflichkeit ist reigi, natürlich ein Ausdruck chinesischer Herkunft. Das Ideogramm für rei, dessen Elemente ursprünglich einen Altar und eine Opfergabe in einer Schale mit Fuß darstellten, bedeutet „Ritus“, die „Art und Weise, einen Ritus zu erfüllen“ und die „Normen des sozialen Lebens“. Das Ideogramm für gi besteht ebenfalls aus zwei Elementen. Das eine gibt eine Vorstellung vom „Menschen“, das andere von der „Eleganz“, von der „vornehmen Haltung“, die durch die Gestalt eines majestätischen Widders und durch einen Speer mit gezackter Spitze in uns wachgerufen werden. Unabhängig von rei bedeutet gi, dieser Mann von eleganter Haltung, die Gerechtigkeit, der Weg, der den sozialen Anforderungen entspricht. Zusammen mit rei gibt er uns ein, daß Gesicht, Gestalt oder Geste, vorausgesetzt sie sind elegant und kultiviert, uns im gesellschaftlichen Leben als Vorbild dienen sollen. Rei und gi verweisen beide auf den Begriff der Norm und des Codes, rei meint die konkreten Gesten und Formen der Höflichkeit, während gi an das Prinzip erinnert, das diesem Code zugrundeliegt: die Gerechtigkeit.

Diese Zuerkennung eines ästhetischen Werts zur Höflichkeit ist in dem Wort shitsuke zu finden, das „Kindererziehung“ im weitesten Sinne bedeutet, ein ursprünglich japanisches Wort wie das Schriftzeichen, das es versinnbildlicht. Es gehört zu den wenigen Ideogrammen, die in Japan erfunden worden sind. Das japanische Ideogramm shitsuke enthält neben dem Schriftzeichen des „Körpers“ das des „Schönen“. Eine außerordentlich konzise Form, die besagt, daß die

„Obwohl die Japaner also privat unterschiedlicher Meinung sein können, wird jeder Konflikt hinter einem sanften Schleier der Höflichkeit verborgen. Wenn ernste Differenzen wirklich einmal hervortreten, führen sie oft zu emotionalen Krisen, die mit der völligen Trennung von der Gruppe führen.

... Die Harmonie kann zuweilen durch Bitterkeit und Faustschläge heftig erschüttert werden, nachdem das Zwischenstadium der rationalen Debatte einfach übersprungen wurde.“
Ian Buruma: Japan hinter dem Lächeln

Höflichkeit eine konkrete Geste ist, die man in bezug auf kodifizierte Regeln als schön wahrnimmt. Die Höflichkeit unterliegt dem Bereich des Ästhetischen, in dem die Form und die Sensibilität Vorrang vor der Vernunft haben. Während die ursprünglich chinesischen Begriffe die Wichtigkeit abstrakter, gesellschaftsbegründender Normen betonten, stellt die japanische Sprache den ästhetischen Charakter der Höflichkeit in den Vordergrund. Legen die Japaner größeren Wert auf die konkreten, formalen und ästhetischen Äußerungen der Höflichkeit als auf deren moralische und ethische Aspekte?

Bevor wir jedoch diese Frage beantworten, müssen wir unsere Nachforschungen durch die Untersuchung der Vokabeln erweitern, die mit der Gewalt verknüpft sind. Auch in diesem Bereich sind die Gattungsbegriffe chinesischer Herkunft. Bôryoku, die „Gewalt“, besteht aus zwei Ideogrammen: bô stellt ein zerrissenes Tierfell vor, das menschliche Hände in die Sonne halten, um es zu trocknen, und bedeutet „enthüllen“ im Sinne von „an den Tag bringen, was im Inneren verborgen ist, indem man es nach außen kehrt“, und im erweiterten Sinn „Akt der Gewalt“, anders ausgedrückt: sichtbare Handlung, die eine verborgene Kraft enthüllt; ryoku, Bild eines muskulösen Arms, ist die Kraft. Diese Schriftzeichen können mit zahlreichen anderen kombiniert werden, um eine ganze Reihe von Gattungsbegriffen abstrakter Natur zu bilden, die alle mit der Kraft oder der Gewalt zusammenhängen.

Im Gegensatz zur Höflichkeit jedoch drückt die Gewalt als rohe Gewalttat, als nicht kodifizierte physische und meistens irrationale Handlung, sich vor allem in Begriffen japanischer Herkunft aus. Hier nur einige aufs Geratewohl herausgegriffene Beispiele: abareru, „sich Gewalttaten ausliefern“; tatakau, „kämpfen“ oder „ringen“; arasou, „sich zanken“; okasu, „vergewaltigen“; shikaeshi, „Vergeltung“; utsu, „schlagen“; hageshii, „gewaltsam“, usw., sind alles einheimische Begriffe.

Diese Unterscheidung der abstrakten beziehungsweise konkreten Konnotationen, die mit den Vokabeln chinesischer oder japanischer Herkunft verbunden sind, wird besonders deutlich im inländischen Gebrauch der Worte harakiri und seppuku. Harakiri wird gebildet aus hara „Bauch“ und kiri, der Nominalform des Verbs kiru, „schneiden“ und ist inzwischen in den französischen (und auch deutschen) Wortschatz eingegangen. Im Wörterbuch wird es wie folgt definiert: „Selbstmord durch Bauchaufschlitzen“. Aber dieses Wort wird in Japan nur selten in dieser Bedeutung gebraucht, und wenn überhaupt, dann in der Redewendung hara o kiru, wörtlich „sich den Bauch aufschneiden“, die nur im übertragenen Sinn verwendet wird und „sich opfern“ bedeutet: in einem Unternehmen gegenüber dem Kollegen zurückzustecken, Geld für wohltätige Zwecke zu spenden. Um den eigentlichen Selbstmord zu benennen, greifen die Japaner auf die chinesische Leseweise der Schriftzeichen „Bauch“ und „schneiden“ zurück, seppuku, von se(tsu), „schneiden“, und fuku, „Bauch“.

Wenn wir von harakiri sprechen, um den rituellen Selbstmord zu bezeichnen, denken wir an blutige und allzu gewohnte Bilder, die nicht mit dieser heroischen Tat in Verbindung gebracht werden können. Der Ausdruck harakiri würde dieser besonderen Art und Weise des Selbstmords jeglichen ethischen und ästhetischen Aspekt nehmen. Der Begriff seppuku, dessen Aussprache weder an den Körper noch

„Die Rituale der Höflichkeit und Zurückhaltung (...) vermitteln angesichts der Menschenmassen ein angenehmes Gefühl. Tokio hat zudem die niedrigste Kriminalitätsrate aller vergleichbaren Großstädte, im Gegenzug jedoch leider die höchste Suizidrate unter Jugendlichen.“
Monika Struppler: Rituale der Höflichkeit in Tokios Einkaufsparadiesen, Süddeutsche Zeitung 31. 12. 1991

an den Akt des Schneidens denken läßt, ist natürlich besser geeignet, um eine von der Gesellschaft vorgeschriebene und ritualisierte Handlung zu bezeichnen.

Die Unterscheidung nach ursprünglich japanischen bzw. chinesischen Begriffen im Sprachgebrauch zeigt auch an, daß zwischen Höflichkeit und Gewalt kein radikaler Gegensatz besteht, da die Gewalt die Form der Höflichkeit annehmen kann.

Als ein Volk, das für seine Höflichkeit wie für seine Gewaltsamkeit bekannt ist, haben die Japaner den westlichen Wortschatz um ein anderes Wort bereichert, kamikaze: Flieger, der sich im Zweiten Weltkrieg beim Bombenangriff mit seinem Flugzeug auf das feindliche Ziel stürzte und dabei selbst opferte; im erweiterten Sinne: besonders draufgängerische oder gewalttätige Person; japanisch „göttlicher Wind“, in Anspielung auf die als übernatürlich angesehenen Stürme, die zweimal die Flotte der mongolischen Angreifer im 13. Jahrhundert zerstreuten.

„Nur Frau Yasumi, die seit dem Tod ihres einzigen Sohnes nicht mehr ganz klar im Kopf war, wiederholte wie ein Sterbesutra das Heldengedicht der Kamikaze-Flieger. Wie die weißen Kirschblüten, / Die ein Windstoß zum Himmel trägt, / So werden die Seelen der Helden / Zu den Wolken emporsteigen.“ Hisako Matsubara: Abendkranich. Eine Kindheit in Japan

Während des Zweiten Weltkriegs verschaffte Japan sich den Ruf großer Gewaltsamkeit, und die Gewalt regierte tatsächlich an der Front wie im Land. Während jedoch die äußere Gewalt in gewisser Weise kodifiziert war alleine durch die Erklärung des Krieges, bewirkte die Armut im Landesinneren Schlägereien, Diebstähle, Erpressungen usw., eine illegale und alltägliche Gewalt, die sich nach Kriegsende im Laufe des wirtschaftlichen Aufschwungs abschwächte.

In den Schulen jedoch lehrte man uns, unsere Feinde zu hassen. Während des Pazifikkriegs, als ich die Grundschule abschloß, um das Gymnasium zu besuchen, trichterte man mir die Überzeugung ein, daß man sich besser umbringt, als sich dem Feind auszuliefern. Die Schule war der Ort, an dem man die Kodifizierung von Gewalt erlernte. Sterben war demnach ethisch und ästhetisch zugleich: wer Selbstmord beging, konnte nicht zum Verräter werden, weil er sich dem Feind gar nicht erst auslieferte. Der Akt des Selbstmords bestand in einer Reihe von kodifizierten Ritualen, die den Tod zu etwas Schönem machten.

Kurz nach der Niederlage, zu einer Zeit, als wir sicherlich noch nicht sehr weit entfernt von dieser Denkweise waren, kam eine sonderbare Weisung aus dem Hauptquartier der amerikanischen Besatzungstruppen. Sie untersagte alle Vorführungen, sei es im Theater, Kino, usw., die Säbelgefechte zeigten. Ich möchte nicht eine mögliche Verbindung zwischen diesen Stücken und dem japanischen Militarismus leugnen. Aber die Kampfdarstellungen auf der Bühne zu verbieten, schien mir kein ernstzunehmendes Gegenmittel zu sein, um einem möglichen Wiederaufleben des militärischen Geistes zu begegnen. Wie auch immer bewirkte diese Anordnung eine beträchtliche Beschränkung des Repertoires im traditionellen Kabuki-Theater. Ironie des Schicksals, denn viele für dekadent befundene Stücke, insbesondere die Geschichten von Selbstmorden aus Liebe, waren bereits von der Militärregierung während des Krieges verboten worden …

Unter den während der Besetzung durch die alliierten Streitkräfte zeitweise abgesetzten Stücken war eines der berühmtesten, Kanadehon Chûshingura, ein Stück aus dem Jahre 1748, das im Westen unter dem Titel *Die siebenundvierzig Samurai* bekannt ist. Der Handlung liegt ein historisches Ereignis zugrunde: die Rache der Samurai, deren Meister sich umbringen mußte.

Dieses Stück spielt sich wie folgt ab: infolge eines selbst

„Er wurde herumgerissen und stand dem Samurai Aug' in Auge gegenüber. Die Schwerter hatten sie halb aus den Scheiden gezogen (…) Er spürte, wie ihm der kalte Schweiß ausbrach, als er sie alle bösartig auf sich herabstarren sah, und dachte: Herrgott, wie kann ich nur so unbedacht sein!

begangenen Verstoßes gegen die Etikette zieht der Meister seinen Säbel gegen einen anderen Hofherrn und wird dazu verurteilt, sich umzubringen. Die Untertanen des verurteilten Meisters müssen einem anderen Hofherrn dienen oder aber – was ein weitaus ehrwürdigeres Verhalten wäre – ihren Meister rächen, indem sie den Hofherrn töten, der ihn in den Tod getrieben hat. Siebenundvierzig Samurai wählen diesen edlen Weg und verwirklichen ihr Vorhaben nach langem Warten. Da sie nun ihr Ziel erreicht haben, begehen alle der Reihe nach Selbstmord durch seppuku, wie ihr Meister.

... Höflich verneigte er sich, und sogleich verflog die Feindseligkeit; alle verneigten sich ihrerseits und lächelten wieder.«
James Clavell: Shogun

Die Szene, die dem Stück das Aufführungsverbot einbrachte, war genau die, in der die siebenundvierzig Verschwörer in die Residenz ihres Feindes eindrangen, sich dort heftige Kämpfe lieferten und ihn töteten. Das Verbot, das die Besatzungsmächte verhängten, betraf ganz offensichtlich den physischen Ausdruck der Gewalt, denn sie wußten nicht, daß dieses Stück unendlich gefährlicher sein konnte allein dadurch, daß die verschiedenen Verhaltensregeln aufeinanderprallten und gerade dieser Konfliktstoff die japanischen Zuschauer faszinierte. Das Interessante an der Handlung bestand nicht in der eigentlichen Rache, sondern in den Zwangslagen, denen die Krieger sich ausgesetzt sahen. Am Anfang des Dramas steht eine einfache Verletzung einer höfischen Etikette, die wegen des übergeordneten Respekts, den jeder seinem eigenen Namen schuldig ist, einen schwerwiegenderen Verstoß nach sich zieht, nämlich am Hof den Säbel zu ziehen, ein Verstoß, der wiederum den Beginn einer schwerwiegenderen Gewalt kennzeichnet, den rituellen Selbstmord, usw. Die Triebfeder der Handlung ist nicht die eigentliche Gewalt, sondern die Art und Weise, wie die strenge Einhaltung des Ehrenkodex und der Höflichkeitsregeln, die durch einen winzigen Irrtum widersprüchlich geworden sind, ein Eskalieren der Gewalt heraufbeschwört. Die Übereinstimmung mit den ethischen Normen verleiht hier der Gewalt einen ästhetischen Ausdruck. Diese Seite der Gewalt wurde damals und wird noch heute von den Japanern als unentbehrlicher Bestandtteil ihrer Tradition und ihres kulturellen Erbes angesehen.

Für die Japaner, die mehr Wert auf die Form legen als auf die Bedeutung, liegt die Gültigkeit einer Handlung vor allem in ihrem äußeren Anschein. Die gerechtfertigte Handlung ist diejenige, die schön ist, ein Unterscheidungsmerkmal, das nur wenig mit den Kriterien der Ausgewogenheit oder der Harmonie zu tun hat und die Regeln der Höflichkeit oder der Gewalt transzendiert. Der rituelle Selbstmord, die ritualisierte und kodifizierte Gewalt, weckt im japanischen Bewußtsein gleichermaßen diese Gewalt und diese Höflichkeit, die in ihrer vollkommenen Ausformung das Schöne an sich erreichen müssen. Seppuku wird nicht als eine Gewalttat empfunden, sondern vielmehr als ein Akt äußerster Höflichkeit, der mit äußersten Raffinement ausgeführt wird.

„Sie sagte, daß die Seelen der toten Kamikaze-Flieger wie eine Kirschblütenwolke zum Himmel aufgestiegen seien, von wo aus sie das Vaterland beschützten.“
Hisako Matsubara: Abendkranich. Eine Kindheit in Japan

Aus dem Französischen von Eva Ludwig

Maria Maïlat

Die Hirschkälber am Ende der Karpaten

Eine Erzählung aus Rumänien

Im tiefsten Inneren der Karpaten lebte ein Hirsch, der war älter als die Zeit und wurde Meister genannt. Die Berge hatten kein Geheimnis vor ihm. Dorthin, wo er einst sein Reich errichtete, wagten weder Räuber noch Gendarme sich vor. Hinter manchen Felsen klafften Abgründe, die unter den Füßen Unerfahrener zur Falle werden konnten. Gipfel und Schluchten wechselten ständig. Wege, die am Rand des Abgrunds in die Felswand gehauen waren, endeten jäh vor einem Nebelschleier. Andere setzten sich auf dem Gebirgskamm fort, der sich vom Saphirblau des Himmels abhob. Die Wolken und Winde aus Litauen und Estland stießen sich die Bäuche aus Wasser und Staub an den Gipfeln der Karpaten.

Der Meister lebte inmitten einer Sippe von Ricken und Hirschkälbern. Jedes Jahr im Frühling wählte er zwei Kälber, die ihn auf seiner Pilgerfahrt zu den Höhenzügen begleiten sollten. Der Weg war gefährlich, oft bezahlten die Kälber auf der Wanderschaft die Gunst ihres Meisters mit dem Leben. Dennoch träumten die Hirschkälber von nichts anderem, als zu den Auserwählten zu gehören, und sie bereiteten sich auf diesen denkwürdigen Augenblick vor.

Eines Jahres taten sich zwei Hirschkälber durch ihre Lebhaftigkeit und Hartnäckigkeit für diese Prüfung hervor. Die gesamte Sippe freute sich, als sie einander gegenüberstan-

len, anmutigen und ausgelassenen Spiels. Nichtsdestotrotz suchte ein jeder seinem Meister zu zeigen, daß er der Beste wäre: der Klügste, der Versöhnlichste, der Stolzeste. Im Hinblick auf den großen Aufbruch versahen ihre Mütter sie mit Gras, frischem Wasser und guten Ratschlägen.

Nach einer Nacht gab der Meister – er hatte entschieden, daß die Stellung der Gestirne ihnen günstig sei – das Zeichen zum Aufbruch. Die Hirschkälber hatten kaum Zeit, noch ein letztes Mal zu ihren Müttern zurückzuschauen.

Tage und Nächte unterwarf der Meister sie einem gnadenlosen Lauf. Zunächst folgten sie dem verbotenen Großen Pfad, der ins Tal hinabführte: dorthin, wo der Geruch von Feuer, Blut und Mist sich vermischen. Die Hirschkälber entdeckten verschiedene Tiere.

Darunter war ein sonderbares Wesen, das nur zwei Pfoten gebrauchte, um zu laufen. Mit Hilfe der beiden anderen fällte es Bäume, hob es die Erde aus und tötete Tiere. So machten die Kälber Bekanntschaft mit der Welt des Menschen und der Vergänglichkeit. Der Meister hielt sich nicht lange an diesem rätselhaften Ort auf, kehrte um und schlug einen anderen, kürzeren Weg ein. Er wollte möglichst schnell in sein Reich zurückkehren. Er war so in Gedanken versunken, daß er die beiden Kälber zu vergessen schien. Um seine Aufmerksamkeit auf sich zu ziehen, zankten sich die Jungen, wer direkt hinter dem Meister laufen dürfe. Je enger und gefährlicher der Weg wurde, desto hartnäckiger wurde ihr Wettstreit. Bis zu dem Punkt, daß das Gezänk zu einem heftigen Kampf wurde. Der Meister mußte stehenbleiben. Er redete lange mit ihnen. Als er geendet hatte, fragte er sie, ob sie seine Worte verstanden, ob sie noch Fragen hätten. Die Antwort der Kälber war untertänig und mit Lobreden und

„Vorhandensein gegensätzlicher Tugenden in der Seele des Heiligen. Hierauf bezieht sich die Metapher der Erhebung. Nehme ich meinen Weg auf der Flanke eines Berges, so kann ich erst einen See sehen, dann nach einigen Schritten einen Wald.

Dankesworten gespickt. Sie versprachen, seine Ratschläge ohne Umschweife zu befolgen.

Die Stille der Berge hüllte die drei Wanderer ein.

... Will ich See und Wald gleichzeitig sehen, so muß ich höher hinaufsteigen. Allein, der Berg ist nicht vorhanden. Er besteht aus Luft. Man kann nicht steigen: man muß gezogen werden.“ Simone Weil: Schwerkraft und Gnade

Abwechselnd faßte der Meister die beiden Hirschkälber ins Auge. Dann schweifte sein Blick in die Berge. Er sprach mit trauriger und fester Stimme: – An dieser Stelle müssen wir uns trennen. Jeder wird einen anderen Weg einschlagen. Wenn der Zufall uns wieder zusammenführt, vergeßt vor allem einen meiner Ratschläge nicht. Wenn ihr wollt, kann ich ihn wiederholen.

Die Kälber schrien einstimmig: – Nein, nein! Wir kennen ihn auswendig!

Ihre Ungeduld, sich nach dem Vorbild ihres Meisters allein mit den Bergen zu messen, machte sie taub, blind und redselig.

Der Meister wies jedem seinen Weg: dem einen nach Westen, dem anderen nach Osten. Ohne einander „Auf Wiedersehen“ zu sagen, überstürzten sich die beiden Kälber, um loszukommen.

Die Pfade erstreckten sich längs von Schluchten, die zu den Toren der Hölle führten. Die Kälber rannten über wilde Pfade voller Knoten und Krümmungen, sie zählten nicht die Tage und sprangen von einem Gipfel zum nächsten, ohne irgendeinen Schatten oder den Knochen eines noch lebenden Wesens zu sehen. Der Mond löste die Sonne mehrere Male ab. Die Kälber liefen weiter. Die Winde wiederholten die Worte des Meisters: „Der Weg ist genauso wichtig wie das Ziel der Reise.“

Und dann, eines schönen Morgens, standen die beiden Kälber einander gegenüber. Die Begegnung kam so plötzlich und überstürzt zustande, daß jeder den Eindruck hatte, sein Abbild in einem Spiegel zu sehen. Der Meister hatte ihnen gesagt, daß die Berge und die Einsamkeit oft Einbildungen, drohende Visionen hervorbringen. Nach einigen Sekunden wurde ihnen klar, daß sie nicht träumten, die Begegnung fand wirklich statt.

Sprachlos und lange beobachteten sie einander. Jeder fand, daß der andere gewachsen und kräftig geworden war. Sie standen einander gegenüber, auf einem schmalen Pfad, der steil abwärts ging: wie sollte der eine am anderen vorbeikommen? Um den Weg fortsetzen zu können müßte einer von beiden ausweichen, sich in eine Mulde zurückziehen, dem anderen den Vortritt lassen. Wer würde als erster seinen Weg fortsetzen?

Die Kälber waren schnell am Ende ihrer Geduld. Sie senkten ihre Stirn, stemmten sich und stürzten aufeinander los. Ihre Körper waren kaum ineinander verhakt, als sie in die Schlucht fielen.

Der Meister verließ den Felsen, von dem aus er das Zusammentreffen verfolgt hatte, stieg in den Grund der Schlucht hinab und betrachtete ihre Überreste aus der Nähe. Der Untergrund der Schlucht war mit Knochen und Schädeln zahlreicher Kälber übersät. Der Fall der Kälber hatte einige lange Sekunden gedauert, und vielleicht hatten sie genug Zeit, die Stimme des Meisters zu hören: „Die dunklen Schluchten des Todes lauern den unhöflichen Kindern auf".

Die Geschichte der zwei Hirschkälber ist ein Märchen meiner Kindheit, die ich in Transsilvanien verbracht habe. Ich habe es mehrere Male gehört: auf Rumänisch und auf Ungarisch. Erzählt wurde es von den Alten meiner großen Familie, die aus Rumänen, Juden und Ungarn besteht. Nacht für Nacht, bevor ich in den Schlaf sank, sah ich die Kälber

„Die Heiterkeit und der Lebensmut unserer Jugend beruht zum Teil darauf, daß wir, bergauf gehend, den Tod nicht sehen, weil er auf der anderen Seite des Berges liegt (...) Solange wir jung sind, mag man uns sagen, was man will, halten wir das Leben für endlos und gehn danach mit der Zeit um."
Arthur Schopenhauer: Aphorismen zur Lebensweisheit

vor mir, wie sie aufeinanderstießen. Ich habe versucht, den Ausgang der Geschichte zu verändern. Ich habe mich bemüht, sie lächeln und zueinander sagen zu lassen:

– Guten Tag, Bruder.

– Möchtest Du vorgehen?

– Nach Dir, bitte.

– Danke, nein, bitte nach Dir.

Dieses Spiel scheiterte jedes Mal, die Kälber hörten nicht auf mich: der Zusammenstoß war unvermeidlich. Ohnmächtig erlebte ich ihr Ende mit. Angesichts des Todes der beiden Kälber verbitterten mich die banalen Formeln – wie „danke", „nach Ihnen", „bitte" – und stimmten mich traurig. Ich war jäh zerrissen zwischen dem Tod und der Höflichkeit. Unsinnige, groteske Zweieinigkeit.

„Wenn Arbeiterführer Walesa einer Genossin die Hand küßt, rührt es uns irgendwie – obwohl sich nichts anderes darin ausdrückt als die nachhaltig prägende Kraft aristokratischer Umgangsformen in der einstigen Adelsrepublik Polen."
Kyra Stromberg: Lebensart oder der diskrete Charme der Bourgeoisie, Freibeuter 47/1991

In meiner Familie, die sich am Kreuzweg Mitteleuropas befand, wurde die Geschichte der beiden Kälber von Generation zu Generation weitergegeben. Jedes Jahr nahm die Geschichte andere Bedeutungen an: so habe ich erfahren, wie schwierig und riskant der Übergang einer Beziehung von Auge in Auge zur Schulter an Schulter ist.

Die Logik des Zusammenstoßes und die Logik des Dialogs.

In Rumänien, in einer Gesellschaft, in der das Prinzip der Gleichheit nur der Deckmantel eines Orwellschen Totalitarismus war, wurden die Höflichkeit und vor allem die Vornehmheit immer mehr verbannt. In den siebziger Jahren untersagte ein Präsidialerlaß von Ceaucescu die Verwendung der Worte „Meine Dame und mein Herr". Bei schwerer Strafe waren die Bürger gezwungen, ausschließlich die Formel Genosse zu benutzen. Der Erlaß untersagte auch den Gruß „Küß' die Hand, gnädige Frau" („Sarut mina, doamna") sowie die dazugehörige Geste. Der Handkuß als Zeichen der Begrüßung gehörte zu einem traditionellen Zeremoniell. Gewöhnlich verurteilt man die Unhöflichkeit, die Ungeschliffenheit, die Unaufmerksamkeit. Erst wenn die Gebote der Höflichkeit übertreten werden, erfolgt die gesellschaftliche Sanktionierung. Hier wurde das Verhältnis umgekehrt. In diesem Fall wurde die Überschreitung unvermeidlich, damit das alte Ritual einer galanten Begrüßung aufrechterhalten werden konnte.

Als ich nach Frankreich kam, wurde meine Wahrnehmung der Höflichkeit wieder geweckt. Ich hatte begonnen, ein Verzeichnis feststehender Redewendungen zu erstellen, denn es gab immer wieder Nuancen, die mir entgingen. Über ein einfaches „Guten Tag, Madame" bin ich gestolpert. In Transsilvanien kennzeichnet das Guten Tag/Guten Abend/Gute Nacht in erster Linie den Zeitpunkt der Begegnung. In Frankreich zielt die Begrüßung auf die Person: man kann gut und gerne auf das „Guten Tag" verzichten, wichtig ist das „meine Dame, mein Herr". Das geht soweit, daß ich in den Bistros oft eine Art Begrüßungsbrummeln gehört habe. Die Begrüßung wird ergänzt oder ersetzt durch das unsägliche ça va? (wie geht's?) Ich habe mehrere Monate gebraucht, um zu realisieren, daß derjenige, der einem ein ça va? hinwirft, sich als Antwort mit dem Echo begnügt: ça va (es geht so) oder höchstens: ça peut aller (es geht schon). Die Wirkung eines bezwungenen Echos.

Auf ein gutgemeintes „ça va?" habe ich einmal „nicht besonders" geantwortet. Jäh hat das Gesicht meines Gesprächspartners sich verkrampft, das Lächeln gefror und der

„So quittiert der Franzose heute eine Dankesbezeugung mit Vorliebe mit: Je vous en prie. Durch die gewohnheitsmäßige Wiederholung nützen sich diese Ausdrücke ab, und viele von ihnen erstarren zu stereotypen Redewendungen.

Blick wich aus in einen dunklen Winkel der Straße. Ich hatte deutlich den Eindruck, die Grenze zur Unhöflichkeit gestreift zu haben: ein unsichtbarer Abgrund tat sich zwischen ihm und mir auf. Um den Ausgleich wieder herzustellen, genügte ein Lächeln und ein: „ça va“, um wieder Abstand zu gewinnen.

Was mir blieb, war der Trost von Jonathan Swift: „Wenn ein Mensch mich auf Abstand hält, tröste ich mich damit, daß auch er sich selbst daran hält.“

... Es kann geschehen, dass nach einer Periode allgemeiner Beliebtheit die Vitalität gewisser Höflichkeitswörter plötzlich abnimmt, weil sie zu einer mechanisiert gebrauchten Formel herabgesunken sind; sie werden von neuen unverbrauchten Ausdrücken abgelöst.“ Helene Kremos: Höflichkeitsformeln in der französischen Sprache, Dissertation Zürich 1955

Eine Höflichkeitsformel, die mich jedes Mal aufhorchen läßt, ist die Verknüpfung „merci – de rien“. (danke – nichts zu danken). Wenn jemand Ihnen eine Auskunft gibt, einen Rat, Ihnen einen Gegenstand leiht oder einen Dienst erweist, sagt man: danke.

Danke ist überall auf der Welt bekannt.

Auf Rumänisch ist die üblichste Entgegnung „gern geschehen“ (ou placera). Auf Ungarisch antwortet man: „von Herzen“ (szivesen). Der Franzose antwortet: „de rien“ (nichts zu danken). Nichts – als wäre da nicht ein Bemühen, ein Verhältnis herzustellen, die Suche nach einem Übergang, das Vermeiden von Abgründen der Gleichgültigkeit, der Unhöflichkeit. Nichts – als fordere der Anschein der Höflichkeit den Verzicht auf einen wahrhaften Austausch. Nichts – als müsse die kühle Vernunft gegenüber dem Herzen gewinnen. Seien wir objektiv und unparteiisch. Kühl und würdevoll. Tun wir, als sei nichts. Nichts – als sei nichts: mit einem Wort löscht er seine Geste und unseren Dank aus. Tabula rasa. Ewige Wiederkehr. Höflichkeit ohne Erinnerungsvermögen.

Und dennoch! Die Geschichte der beiden Hirschkälber hat sich tief in mein Gedächtnis eingegraben. Wo die Menschen die Gebote der Höflichkeit vergessen, stiften die Kräfte der Konfrontation – ohne Herz und Verstand – das Chaos; das Chaos der Barbarei.

Aus dem Französischen von Eva Ludwig

Pierre Desproges

Offener Brief an den Taxifahrer mit der Nummer 790 BRR 75 in Paris

Sehr geehrter Taxifahrer mit der Nummer 790 BRR 75,

„Wer das Recht auf seiner Seite fühlt, muß derb auftreten: ein höfliches Recht will gar nichts heißen.“ Goethe: Maximen und Reflexionen

ich werde Sie niemals vergessen. Solange Gott mein Leben erhält (ich danke dir, Gott, daß mein Krebs nur langsam wächst), werde ich mit der teuflischen Genauigkeit eines Insektenforschers Ihre jämmerliche, aufgedunsene, dreckige Fresse eines schlappen Lottospielers vor Augen haben, die durchtriebene Tölpelhaftigkeit Ihres bornierten Blicks und die unsagbare Vulgarität Ihrer grotesken Gesichtszüge, die hinter der Windschutzscheibe die Anmut eines Preßkopfs verbreiten, der in der Auslage des Kuddelhändlers die scharfe Kräutersoße anglotzt.

Homer oder Ray Charles, ich weiß nicht mehr, welcher Blindgeborene zu behaupten wagt, daß Kleider nicht die Leute machten. Es gibt nämlich Schädel, die sind die reinste Offenbarung, und der Ihre, Herr Fahrer des Taxis mit dem Kennzeichen 790 BRR 75, verdient keine Nachsicht.

Es war einer dieser Pariser Aprilmorgen, die sich schon ganz frühlingshaft geben mit ihren grünenden Platanen, an denen nur Schwachköpfe und Dichter das Leben schön finden können.

So schritt ich denn tölpelhaft jambisch einher, den Kopf

voll schillernder Gedanken, als Ihr, mein Herr, erschient, meine Ruhe plötzlich störtet.

Ihr standet zehn Meter vor mir am Straßenrand. Ihre rechte hintere Tür öffnete sich endlos langsam unter dem zaghaften Druck einer fiebrigen Hand, die in einen knöchrigen Arm überging.

Es war eine vom Rheuma furchtbar verkrümmte Hand, ein Haken, der hoffnungslos krampfhaft am Leben festhält, eine wächserne Hand, die übersät war von diesen seltsamen braunen und glatten Flecken, die auf der Haut sterbender Alter manchmal unwahre Fliegen nachzeichnen. Um den Preis einer übermenschlich malerischen Anstrengung der anderen Hand schimmerte diese mitleiderregende Hand fünfmal stärker als der alberne Glanz des kirschroten Nagellacks: Lächerliche Gefallsucht der sehr alten Dame, die zweifelsohne hinter dem noch verborgenen Rest der kaum höhergelegenen Gliedmaßen steckte.

Ich sage das nicht zu Ihrer Verteidigung, Herr Fahrer des Taxis mit dem Kennzeichen 790 BRR 75, denn nach meinem Dafürhalten gibt Ihnen die Unbekümmertheit Ihrer umfassenden Verdummung nicht das Recht, Ihre Auffassungsgabe über diejenige eines plumpen Kopf- und Magen-Wiederkäuers zu setzen. Mir scheint jedoch, wir sollten dieses letzte Bemühen um Schönheit von alten Leuten, die bereits am Rande des Grabes stehen und sich dennoch weiterhin kämmen, nicht belächeln. Vielleicht handelt es sich um einen Ausdruck des Selbsterhaltungstriebs. Simone Veil merkte einmal an, daß die meisten Überlebenden der Todeslager der Nazis ihre moralische und physische Kraft aus einer einfachen Sorge um die zerbrechliche Würde schöpften, die sie dazu veranlaßte, bis ans Ende ihrer Hölle weiter-

„Wenn man mir Böses tut, wünschen, daß dieses Böse mich nicht erniedrige, dem zuliebe, der es mir zufügt, damit er nicht wahrhaft Böses getan habe."
Simone Weil: Schwerkraft und Gnade

hin den Schnurrbart zu schneiden oder sich die Zöpfe zu flechten.

Aus der Wagentür, die von der einen Hand eher schlecht als recht aufgehalten wurde, erschien plötzlich die zweite, krampfhaft um einen einfachen weißen Stock geklammert, der auf der blinden Suche nach einem Stück Gehsteig oder Rinnstein in der Luft herumfuchtelte. Gleichzeitig unternahmen der Kopf sowie das linke Bein Ihrer Kundin, Herr Taxifahrer, einen ersten Ausstiegsversuch aus dem gauloisesverrauchten und mit rissigem Skaileder bezogenen Fahrgastraum, mit dem Sie Ihren Lebensunterhalt verdienen.

Es war ein mehr als altes Bein, anders gesagt, ein knöchriges Schienbein, mit einem lächerlich großen Knie darüber. Am anderen Ende ein schwarzer Schuh, dessen goldene Schnalle vergeblich darum bemüht war, dieser posthumen Wade den Anschein der Fröhlichkeit eines Stiels zu verleihen.

Da es dieser sehr alten Dame nicht möglich war, allein aus Ihrem Taxi herauszukommen, versuchte sie so gut es ging, durch kleine, ruckweise Bewegungen ihres faltigen Nakkens, ihren verrunzelten Kopf einer verendenden Schildkröte gleich herauszustrecken. Über dem demütigen Lächeln, das typisch ist für die Alten, von denen Brel sagte, daß sie sich noch dafür entschuldigen, nicht bereits weiter weg zu sein, riefen ihre verbrauchten Augen vergeblich um Hilfe.

Schließlich erschien sie vollständig auf der Straße. Auf dem Rand einer Bank ruhte sie sich aus, verstört, verloren, die Arme ins Nichts weisend, die Beine über dem Asphalt baumelnd, den Körper gebrochen, mühevoll gekleidet in ein düsteres, vergangenes und veraltetes Knistern. Sie erschien so lächerlich wie eine flügellahme Möwe, die nicht mehr von ihrem Felsen herunterkommt.

Diese Szene, die für jemanden, der einen Blick für die Straße hat, von bestürzender Banalität war, dauerte nur einen kurzen Augenblick. Ich selbst machte ihr ein Ende, indem ich der alten Dame dabei behilflich war, wieder Boden unter den Füßen zu fassen. Dieser Augenblick aber schien sich mir auf unerträgliche Weise bis in die Ewigkeit zu verlängern, und zwar wegen Ihnen, Herr Fahrer des Taxis mit dem Kennzeichen 790 BRR 75. Während der ganzen Zeit, in der diese halb bettlägrige Dame ihre gewöhnliche Marter erleiden mußte, haben Sie Ihren dicken glücklichen Arsch eines mittelmäßigen einfachen Dummkopfs nicht einen Millimeter bewegt, und Ihre behaarten Gewichtheberfinger nahmen Sie nicht für eine Sekunde vom Lenkrad, auf dem Sie ungeduldig herumtrommelten.

„Gemüt muß verschleifen, / Höflichkeit läßt sich mit Händen greifen." Goethe: Sprichwörtlich

Schlafen Sie ruhig, Herr Fahrer des Taxis mit dem Kennzeichen 790 BRR 75. Es käme niemandem in den Sinn, Sie auf der Grundlage meiner Zeugenaussage wegen unterlassener Hilfeleistung anzuklagen. Sie haben überhaupt nichts Böses oder Unrechtes getan. Sie haben nicht tatenlos zugesehen, wie ein Kind ertrinkt. Sie haben nicht zugesehen, wie ein verletzter Fußgänger vor Ihrer Motorhaube verblutet. Man kann Ihnen nichts vorwerfen. Die unendliche Mittelmäßigkeit Ihrer Feigheit, die nicht faßbare Engstirnigkeit Ihres niederträchtigen Egoismus und die wenig elegante, kleinliche Gleichgültigkeit werden Ihnen nichts als die Schmach eines x-beliebigen Passanten einbringen, der in der Hoffnung verbleibt, Sie eines Tages mit Ihren Krücken umfallen zu sehen, um die Ehre zu haben, Ihnen vom Boden aufzuhelfen und Sie, sehr geehrter Herr Fahrer des Taxis mit dem Kennzeichen 790 BRR 75, hochachtungsvoll grüßt.

„Wenn sie konnten, mieteten sie ein Taxi, in das sie sich alle drei mit dem Kind zwängten und dessen Chauffeur sie mit jener mitleidlosen Habgier der Armen gegenüber den Armen bestahl (nicht, daß sie arm waren (...); nicht diese Art Armut erriet er (der Chauffeur), sondern die andere: die des Unglücks." Claude Simon: Die Akazie

Aus dem Französischen von Bernd Wilczek

Marthe Coppel

Der Erzieher, der Psychoanalytiker und die schlechten Hintergedanken

Rousseau, Freud und die Herzogin von Ségur

Ein für jeden von uns schwer greifbares und zu ertragendes Mysterium ist die Innenwelt des anderen. Wir können die Entwicklung der Gedanken bei dem Menschen, der uns am nächsten ist, nicht anschauen; wir können sie uns nur vorstellen.

Man könnte für jeden von uns eine eigene Geographie beschreiben, die Pläne, Reden, Katastrophenszenarios und Träume vom Glück gleichermaßen enthielte …

„Vom Standpunkt der Triebeinschränkung, der Moralität, kann man sagen: Das Es ist ganz amoralisch, das Ich ist bemüht, moralisch zu sein, das Über-Ich kann hypermoralisch und dann so grausam werden wie nur das Es.“ Sigmund Freud: Das Ich und das Es

Manche erschrecken über ihre Gedanken, andere richten sich so ein, daß sie möglichst wenig zum Nachdenken kommen, wieder andere beschäftigen sich vergnügt und selbstgefällig mit den eigenen Gedanken. Die Einzigartigkeit und die Verschiedenheit der Innenwelt, die jeder von uns in sich trägt, kann man mit der unendlichen Vielfalt unserer Fingerabdrücke vergleichen.

Nehmen wir als Beispiel das Eheleben: man wird solche finden, die in aller Ruhe darüber nachdenken, wie sie ihre Frau abschaffen können; solche, die Pläne machen für den Tag, an dem sie endlich Witwer sein werden; solche, die sich vor Sorge verzehren, wenn ihre Frau eine Viertelstunde später kommt, und diejenigen, die unter anhaltenden und unerklärlichen Schwindelgefühlen leiden. Was haben diese Ehemänner gemeinsam? Eine ordentliche Dosis Groll auf ihre Frau. Aber die Art und Weise, wie jeder sich mit seinen Gedanken abfindet, bringt bemerkenswerte Unterschiede im Verhalten hervor.

Die gleiche Verbitterung geistert in den Büros: die eine führt unermüdlich ihren ewigen und vergeblichen inneren Kampf gegen ihre Marketingleiterin; die andere, die mit derselben unerträglichen Chefin zu tun hat, kämpft vergeblich gegen eine hartnäckige und rätselhafte Schlafstörung; eine dritte, vom Glück begünstigtere, erfindet irgendwelche Geschichten, in denen die entsetzliche, mittellose, verwitwete und arbeitslose Marketingleiterin sie anflehen muß, um gelegentliche und unterbezahlte Jobs als Aushilfe zu bekommen.

Das Leben ist reich an Gelegenheiten zu Haß, Rachsucht und schändlichen Rivalitäten ... Das ist ein ernster Schlag für alle unter uns, die ausgeglichen und voller guter Absichten sind.

Wie können wir diese Bosheit bezwingen, die bei jeder Gelegenheit auftaucht, wie können wir sie mit unserem moralischen Anspruch der Toleranz und des Verzeihens vereinbaren?

Der Priester verlangt von seinen Schäfchen, daß sie ihre Gedanken reinhalten und die schlechten unter ihnen vertreiben. Er ist mit einer Schar von telepathischen Schutzengeln ausgestattet, die die Kinder nachts in ihrem Bett verfolgen.

Der Jurist hingegen macht die Unschädlichkeit der Gedanken geltend: das Recht regelt die Taten und die Worte, nicht die Gedanken, und abgesehen von einem hypothetischen „jüngsten Gericht“ unterstehen die Todeswünsche keiner Gerichtsbarkeit.

Diejenigen, die die innere Freiheit und die psychische Fä-

„Wir sollten vielmehr uns gegenwärtig erhalten, daß die gewöhnliche Höflichkeit nur eine grinsende Maske ist: dann würden wir nicht Zeter schreien, wenn sie einmal sich etwas verschiebt oder auf einen Augenblick abgenommen wird.“ Arthur Schopenhauer: Aphorismen zu Lebensweisheit

higkeit besitzen, allerhand Boshaftes über andere zu denken und sie dennoch dabei anzulächeln, sich ihnen gegenüber freundlich und wohlwollend zu zeigen, sind sicherlich eher glücklich und geachtet; besser gelitten jedenfalls als jener, der seinen Nachbarn abscheuliche Briefe schreibt in der immer wieder enttäuschten Hoffnung, seinen Geist davon zu befreien, der klassische anonyme Briefschreiber. Beklagenswertes Paradox des Anschwärzers: dieses trügerische Begehren, einen tugendhaften inneren Ausgleich zu erreichen, treibt ihn zu diesen böswilligen Unterstellungen. Um den schmerzlichen und demütigenden Neid zu vertreiben, der ihn befällt, wenn die hübsche Nachbarin ihren weißen Golf GTI Kabriolett vor seinem Haus parkt, ist ihm nichts Besseres eingefallen, als ihr wie beiläufig die Seitensprünge ihres Mannes zu eröffnen; nun wird er sie weinen sehen und wird voller Mitleid, Großherzigkeit und Erbarmen sein, endlich mit sich selbst ausgesöhnt.

„Die Gesten der Höflichkeit haben eine große Macht über unsere Gedanken und es hilft sowohl gegen schlechte Laune wie gegen Magenschmerzen, wenn man Liebenswürdigkeit, Wohlwollen und Freude mimt.“
Alain

Das alles entfernt uns nicht von der Höflichkeit: welche psychische Anstrengung muß man aufbringen, um ihren Regeln zu genügen? Und welche Auswirkungen hat die Höflichkeit ihrerseits auf die Struktur unserer Innenwelt?

Die Höflichkeit ist eine formale Anforderung und eine Einschränkung des sozialen Verhaltens; sie interessiert sich nicht für unterschwellige Gefühle. Von einem Kind verlangt man, daß es „der Dame guten Tag sagt“, man fragt es nicht, was es von der betreffenden Person hält. Ob das Kind die Frau häßlich und dumm findet, interessiert den Erzieher in diesem Fall nicht. Für das Kind ist die Sache erledigt, wenn es „Guten Tag“ und „Auf Wiedersehen“ gesagt hat, wie es sich gehört; selbstverständlich darf es darüber denken, wie es will.

Aber wenn der Erzieher seine ganze Kraft aufbringt, Nächstenliebe, Achtung und Aufrichtigkeit zu lehren, fühlt das Kind, von dem man obendrein verlangt, höflich zu sein, sich durch die vielen guten Absichten belastet.

Zu manchen Zeiten wurde in einem bestimmten sozialen Milieu der Wunsch nach Offenheit, Wahrhaftigkeit und Echtheit der Gefühle auf die Spitze getrieben; im Gegenzug wurde die Höflichkeit und alles, was sie zur etablierten Ordnung beitrug, von der Unterordnung bis zur sozialen Heuchelei, entwertet. Daher entscheidet sich der moralisch bewußte Mensch zu sagen, was er denkt, und er merkt nicht, daß er sich auf diese Weise dazu verpflichtet, nur noch das zu denken, was er auch sagen kann. Jean-Jacques Rousseau gibt auf schmerzliche Weise ein Beispiel für diese Haltung. Er, den man „den Bären“ nannte, hat seine Schwierigkeiten, höflich und weltgewandt zu sein, formuliert. Oft konnte er die Enttäuschung spüren, die sein zu offenes Verhalten ihm einbrachte; aber er rühmt sich dieser Eigenheit, die seiner Ansicht nach von einem starken und ganzen Charakter zeugt.

„Wahre Höflichkeit besteht darin, daß man sich gegenseitig wohlwollend gegenübertritt; wenn es daran nicht mangelt, ergibt sie sich von selbst.“
Jean-Jacques Rousseau: Emil oder Über die Erziehung

Ein Abschnitt der „Bekenntnisse“ veranschaulicht ein typisches psychisches Verhaltensschema bei Rousseau, und zwar im Verhältnis zu diesem „ganzen“ Wesen. Er erklärt, warum er es abgelehnt hat und auch in Zukunft ablehnen wird, das Erbe eines nahestehenden Freundes anzunehmen:

„Ich habe mit allen meinen Kräften solche Situationen vermieden, die mich in ein gegensätzliches Interesse zu einem anderen Menschen bringen könnten und wollte damit umgehen, mich den geheimen, obgleich unbewußten und möglicherweise bösen Absichten dieses Menschen ausgesetzt zu sehen. Vor zwei Jahren wollte mich der Lord-Marschall in seinem Testament bedenken. Ich ließ ihn wissen, daß ich um nichts auf der Welt in einem Testament, von wem auch immer es sei, und schon gar nicht in seinem, erwähnt werden wolle. Er sah es ein: jetzt will er mir eine Leibrente verschaffen, und ich widersetze mich nicht. Man wird sagen, daß ich durch diese Änderung auf meine Kosten komme, das kann sein. Indessen, oh mein Gönner und mein Vater, sollte ich so unglücklich sein, Sie zu überleben, so weiß ich, daß ich mit Ihrem Verlust alles zu verlieren habe und nichts zu gewinnen."

Rousseau will nicht etwa selbstlos sein oder erscheinen; ihm geht es vielmehr darum, mit sich selbst in Frieden zu leben. Er möchte nicht in einem verborgenen Winkel seines Gehirns irgendwelche Listen und Hintergedanken beherbergen. Rousseau ist „natürlich" gut: seine Natur ist gut, er kann und will nur „gute" Gedanken haben.

„Das Geld, das man hat, verhilft uns zur Freiheit; das Geld, dem man nachjagt, macht uns zu Knechten."
Jean-Jacques Rousseau: Bekenntnisse

Rousseau ist nicht in der Lage, seine inneren Konflikte auszutragen und ist ständig darum bemüht, mit sich selbst und seinen Gedanken eins zu sein; auf diese Weise versagt er sich offensichtlich die Vorteile, die die Höflichkeit bietet; schlimmer noch, er erleidet eine Paranoia.

Den psychologischen Mechanismus, der darin besteht, anderen seine eigenen unbewußten und verdrängten Gedanken zuzuordnen, nennen die Psychoanalytiker „Projektion". Sein Leben lang hat Rousseau unablässig seine Hintergedanken bekämpft: dieses Böse, das er vertreibt und aus seinem Innenleben verbannt, begegnet ihm wieder von Außen, und zwar in der feindseligen Form der Verschwörung.

Rousseau nimmt das Fehlen jeglicher Doppelzüngigkeit für sich in Anspruch, er findet sich mit seiner Unhöflichkeit ab, und er leidet schrecklich unter der Verschwörung, die ihn verfolgt, ohne jemals den engen Zusammenhang zwischen diesen drei Phänomenen zu begreifen.

Wie Rousseau hatte auch die Comtesse de Ségur ein exzentrisches Wesen; wie er war sie fremd in Paris. Mit achtzehn Jahren war sie aus Rußland gekommen und hat sich nie wirklich der weltgewandten Gesellschaft des Zweitern Kaiserreichs angepaßt. Den Pariser Salons zog sie das Leben auf dem Land im Kreise ihrer zahlreichen Kinder vor, mit denen sich sich liebevoll beschäftigte.

Obwohl es ihr selbst schwer fiel, sich den gesellschaftlichen Anforderungen zu fügen, hat die Comtesse de Ségur in ihren Romanen immer wieder gezeigt, daß die Höflichkeit den Mittelpunkt ihrer Erziehungsauffassung darstellt. Die Kinder müssen sich gegenüber Eltern, Kameraden und Dienstpersonal höflich verhalten; sie müssen sich die verschiedenen Regeln aneignen, die die Höflichkeit je nach Rang der Person bestimmen. Zum Beispiel kann man mit dem „Kindermädchen" vertrauter umgehen als mit den Eltern, aber man darf bestimmte Grenzen nicht übertreten: Georges in *Quel amour d'enfant*! (Wunderbare Kinderliebe!) wird von seinem Vater geschlagen, weil er sein Kindermädchen angespuckt hat; und die Comtesse verurteilt nachdrücklich die Nachgiebigkeit von Gisèles Eltern, die es ihr durchgehen lassen, sich über ihren alten Freund Monsieur Tocambel und über seine alberne Perücke lustig zu machen. Aber offensichtlich begreift die Comtesse de Ségur die Höflichkeit nicht als reine Übung der Anpassung oder der sozialen Heuchelei. Sie verlangt auch von ihren „guten Kindern", geradeheraus und anständig zu sein. Hier beginnt die Schwierigkeit: wie soll man zugleich höflich und aufrichtig sein? Das Problem ist nicht unlösbar, und die Comtesse

„Das Buch weist, wie alle schriftstellerischen Zeugnisse der Comtesse de Ségur, eine zugängliche, vereinfachte (...) Moral auf. (...) Außerdem lehrt es, daß nur gut behandelte Diener gute Leistungen erbringen, während Mißhandlungen Rachegelüste und Trotz hervorrufen." Monika Grünberg-Dröge in Kindlers Literatur Lexikon zu: Memoiren eines Esels

hat eine Antwort parat, und zwar die Antwort, die für Fragen vorgesehen ist, auf die es keine Antwort gibt: der liebe Gott.

Wie kann ich etwas Gutes über Léon sagen, wo ich ihn doch nicht liebe? fragt der kleine Jacques seinen Freund Paul in *Les Vacances* (Die Ferien).

„Jacques: ... Glaube mir, wenn ich es nicht irgendjemandem sage, wird es mich noch umbringen. (...) Ich kann also nicht einmal sagen, daß ich Léon nicht mag, nein, ich finde ihn sogar scheußlich, und ich mache mich über ihn lustig, wo ich nur kann, ich necke ihn, wann ich nur kann, und ich bin froh, daß Marguerite ihn auch scheußlich findet, und wir werden uns freuen, wenn er endlich weggeht.

Paul: Jacques, glaubst du, daß das alles gut und richtig ist? Glaubst du, daß es dem lieben Gott gefällt?

Jacques (nach einem Augenblick des Nachdenkens): Das glaube ich nicht.

Paul: Wenn du sowieso weißt, daß es nicht gut ist, dann sage ich dir ja nichts Neues. Stell' dir nur einmal vor, der liebe Gott würde mit dir so umgehen, wie du es mit anderen tust, mit dem Unterschied, daß du keine Macht besitzt und daß Gott allmächtig ist und dich bestrafen kann, während du nichts vermagst, außer Léon Schlechtes zu wünschen.

Jacques: Das ist wahr, das ist nur zu wahr, das werde ich Marguerite sagen. Was haben wir für einen großartigen Bruder!"

„Eine schwere Aufgabe ist freilich die Höflichkeit insofern, als sie verlangt, daß wir allen Leuten die größte Achtung bezeugen, während die allermeisten keine verdienen."
Arthur Schopenhauer: Aphorismen zur Lebensweisheit

Genauso schwer fällt es Sophie und Marguerite in *Les Petites Filles modèles* (Die vorbildlichen Mädchen), Madame Fichini, Sophies böser Schwiegermutter, den Respekt zu erweisen, den man seinen Eltern schuldet.

„Marguerite: Aber Mama, Madame Fichini ist zu böswillig, um gut zu sein: sie haßt Sophie viel zu sehr, um sie glücklich zu machen, und wenn sie zurückkehrt, wird sie es wieder darauf anlegen, Sophie unglücklich zu machen.

Madame de Fleurville: Meine Kleine, der liebe Gott vermag so vieles, wenn er nur will: er kann Madame Fichini umstimmen. Sophie, die Gott gehorchen und ihre Schwiegermutter achten muß, braucht nur liebenswürdig zu werden, um sie zu rühren und ihre Liebe zu gewinnen."

Die Religion der Comtesse de Ségur war keine konventionelle, kein allgemein üblicher oder reiner Katholizismus. Sie war Mystikerin; ihr Gott war irdisch, allgegenwärtig und konnte eine leichte Hysterie bewirken. In *Pauvre Blaise* (Armer Blasius) sieht man, wie ein junger Bauer zum moralischen Lehrmeister seiner Schloßherren wird; es bietet sich an, die Geschichte auf Rußland zu übertragen, wo einige Jahre zuvor ein ungebildeter Mönch einen außergewöhnlichen Einfluß auf die Mutter der Comtesse ausübte und sie schließlich zu einem exzessiven Katholizismus bekehrte.

Die Mystik bietet den inneren Konflikten einen Ausweg, den der einfache Glaube nicht geben kann. Die Comtesse de Ségur schlägt ihren jungen Lesern keine rationale Lösung eines rationalen Problems vor, sondern eine Art und Weise, innere Konflikte zu bewältigen: ein Muster des Seelenhaushalts.

Und dennoch kann die Religion nicht alles bewältigen. Auch wenn man noch so viel betet, gibt es Momente, in denen der Groll und die Wut sich kaum den Regeln der Höflichkeit unterordnen lassen. Sicherlich kann man seine Verstimmung höflich zum Ausdruck bringen, zum Beispiel in unterkühltem Ton antworten, wie Madame de Fleurville es gerne gegenüber Madame Fichini tut, die beide Makel auf

„So sei doch höflich! – Höflich mit dem Pack? / Mit Seide näht man keinen groben Sack."
Goethe: Zahme Xenien

sich lädt: Sophies strenge Schwiegermutter und ein Emporkömmling zu sein …

Wenn das Verlangen, jemanden zu ärgern und zu quälen zu groß wird, hat die Comtesse eine andere Lösung in petto, die sie sehr schätzt: den Streich.

Wie der Humor, ist der Streich ein Augenblick in der Schwebe, der zur skrupellosen Grausamkeit verleitet. Wer Streiche spielt, kann gemein sein, ohne die Regeln der Höflichkeit zu übertreten. Die Helden der Comtesse de Ségur gebrauchen dieses Mittel ständig, und manchmal mißbrauchen sie es. In *Jean qui grogne et Jean qui rit* (Hans grollt und Hans lacht), verfolgt Monsieur Abel, ein junger Pariser Aristokrat, das arme Hänschen, einen kleinen bretonischen Bauern, der neu in Paris ist, mit den schrecklichsten Streichen; niemand würde es einfallen, ihn zu rügen. In *Les Vacances* (Die Ferien) stecken alle, Kinder und Eltern, unter einer Decke, um Léon zu hänseln, der ein Angeber und ein Feigling ist: die Verschwörung gilt ihm allein. Sein Vater will ihn in einen hohlen Baum stecken, ein gefährliches Vorhaben. Die ganze Gesellschaft spielt mit und freut sich über den völlig berechtigten Schrecken des armen Léon.

„Seit über hundert Jahren gibt es kaum ein französisches Kind, dem die Figuren, die Ségur in ihren Büchern schuf, fremd wären. Mancher Buchtitel wurde zum geflügelten Wort (…) Es mag daran liegen, daß die von der Wahlfranzösin geschaffenen Figuren die vielschichtigen, oft verborgenen Charakterzüge des französischen Volkes widerspiegeln." Geneviève Humbert im Lexikon der Kinder- und Jugendliteratur

Jean-Jacques Rousseau und die Comtesse de Ségur sind Moralisten. Das heißt, daß sie beide von der Überlegenheit ihrer Werte überzeugt sind. Sie machen es sich zur Aufgabe, uns die besondere Strategie weiterzugeben, die, wie sie glauben, ihr Leben geleitet hat. Höflichkeit, Streiche und Mystik bilden die besondere Ausgewogenheit der Comtesse de Ségur; Geringschätzung der Sitten, Offenheit und Güte kennzeichnen das traurige Schicksal von Jean-Jacques Rousseau. Mehr noch als die Regeln, die sie weitergeben, hat ihre eigene innere Fähigkeit, Geschichten zu erfinden, eine vorranggige Rolle sich selbst, aber auch anderen gegenüber gespielt. Ihre Romane sind Zeugnisse des Vergnügens, das sie beide dabei empfinden konnten, wenn sie ihren Geist im imaginären Raum der Fiktion umherschweifen ließen. Obwohl Rousseau am Ende seines Lebens zu sehr von rachsüchtigen Gedanken gegenüber seinen Verfolgern eingenommen war, um noch in der Lage zu sein, schöne Geschichten zu erzählen.

Jedes Beispiel von Lebenskunst entwirft einen besonderen Raum für die innere Freiheit. Die Vorschriften, die darauf beschränkt sind, die Verhaltensweisen zu bestimmen, sind weniger aufdringlich als diejenigen, die Gedanken und Gefühle unterwerfen wollen. Im Mai '68 lehnte man die Höflichkeit als bürgerliche Heuchelei ab: man träumte von Solidarität und Wahrhaftigkeit, von Liebe und Aufrichtigkeit, von Frieden und Transparenz. Demzufolge wurde es zur Pflicht, daß man bestimmte Seiten an sich nicht wahrnahm.

„Denn das Ende der Höflichkeit bedeutet uns nicht den Untergang von Sensibilität, Zärtlichkeit und Takt, sondern den Anfang einer pädagogisch-politischen Arbeit, die mit der Veränderung der Gesellschaft auch eine Humanisierung des zwischenmenschlichen Verhaltens herbeiführen will." Diethart Kerbs und C. Wolfgang Müller im Vorwort zu: Das Ende der Höflichkeit

Die Höflichkeit ist ein ambivalenter Wert, der die Doppelbödigkeit und das Komplexe des Mentalen zuläßt; sie kann dem inneren Erleben Schutz bieten. Sie verliert jedoch sofort ihre befreiende Qualität und wird ein weiteres Kettenglied der inneren Repression, wenn ein inquisitorischer Moralist, der Aufrichtigkeit und Kohärenz fordert, sie verficht.

Aus dem Französischen von Eva Ludwig

Julia Kristeva

Höflichkeitsrituale zwischen List und Huldigung

Gespräch mit Régine Dhoquois und Annie Prassoloff

„GALANT, das franz. galant, bei uns etwa seit 1670 (das altmodisch ungefähr ablösend), (...) es spiegelt sich recht darin die geschichte des franz. einflusses in seinem aufsteigen und seinem niedergange, auch in seinen ausartungen bis ins widerliche.“ Grimm: Deutsches Wörterbuch

Régine Dhoquois: Was verstehen Sie unter Höflichkeit und Galanterie? Eher etwas Positives, Angenehmes oder etwas Negatives?

Julia Kristeva: Für mich sind das zwei entgegengesetzte Dinge. Da ist auf der einen Seite der Kavalier, der zum Beispiel bei Molière als „vornehmer Herr und schlechter Charakter“ die Galanterie strategisch einsetzt, um seine erotische Beute anzulocken; die Spielarten reichen von Don Juan, dem Verführer, der sein Opfer hintergeht, bis zu dem zerstreuten Casanova, der seine Eroberungen vergißt. In jedem Fall handelt es sich um Strategien, bei denen die Frauen bewußt oder unbewußt in die Rolle des Opfers fallen, selbst wenn sie bei den schmeichelhaften Komplimenten eine gewisse Genugtuung empfinden. Es bleibt ein Gefühl der Ausnutzung zurück, das mit gutem Grund so verbreitet ist.

Dann gibt es noch eine andere, vielleicht vergessene Form von Galanterie, die ich wieder salonfähig machen möchte: die des Troubadours, des Hofmannes, des zuvorkommenden Mannes, eine Form, die bis ins 20. Jahrhundert reicht, aber eher in östlichen Ländern als in Frankreich zu finden ist. In meinem Sinne wäre die höfische Lyrik höflich und galant zugleich. Ihr liegt eine Idealisierung der Frau zugrunde, und diese Idealisierung steigert sich und kippt in einen religiösen Kult. So konnte der Minnesang sich sehr schnell zum Marienkult entwickeln, denn das Jahrhundert der galanten Minnesänger war auch das Jahrhundert der zisterziensischen Gottesliebe. Der Heilige Bernhard war ein Zeitgenosse der Galane. Es gibt also eine Übereinstimmung zwischen diesen beiden Spielformen der Liebe, die beide von einer Idealisierung des Liebesobjekts ausgehen.

Ob die Umworbenen diese Idealisierung als wohltuend empfinden, ist schwer zu sagen. In der Tat enthält die Idealisierung auch ein Verkennen des anderen, und oft maskiert diese Idealisierung unterschwellige Abneigung oder gar Haß. Forschungen belegen, daß es sich beim Minnesang häufig um eine offene homosexuelle Verbrüderung handelt, die die Hofdame zum Objekt eines leeren Rituals macht, sie aber nicht als Person zum Ziel hat, es sei denn, sie konnte mit Reichtum oder Macht aufwarten. Diese Idealisierung geht völlig auf Kosten der Person.

Andererseits ist zu bedenken, daß die Suche nach Wahrheit in den zwischenmenschlichen Beziehungen, mit der uns die kritische Philosophie bis hin zu Freud vertraut gemacht hat, die Wahrheit in der Bindung zweier Menschen aneinander, vielleicht eine Utopie ist und daß sie einen sehr geschützten Raum braucht, um verwirklicht zu werden (wie zum Beispiel die psychoanalytische Couch, wo unter bestimmten Voraussetzungen, zu denen nicht zuletzt Geld gehört, Wahrheiten gesagt werden können). In den affektiven Beziehungen, zum Beispiel in einer Paarbeziehung, kann das gegenseitige Offenbaren des wahren Inneren oder der Wirklichkeit hingegen oft in Gewalt und Grausamkeit umschlagen. Wenn die Idealisierung, die das Höflichkeitsritual

„Den Menschen aus der Rohigkeit zu bringen, und ihn zuerst wenigstens die Manier des Guten (...) annehmen zu lassen."
Immanuel Kant: Kritik der reinen Vernunft

mit sich bringt, nicht den anderen verkennt, sondern ihn bewußt und luzide wahrnimmt, kann sie die Aggressivität bremsen, eine Aggressivität, die gerade durch übertriebene Anpassung noch gesteigert werden kann. Die Galanterie ermöglicht hier jenseits dieser Aggressivität eine Form des zivileren Umgangs.

R.D. Geht diese Idealisierung, diese Zügelung der Aggressivität, hauptsächlich vom Mann aus und wird dann auf die Frau übertragen?

Ich weiß es nicht. Zunächst bin ich geneigt, die Frage mit Ja zu beantworten. Ich frage mich nur, ob das nicht auch ein gesellschaftliches Phänomen ist. In diesem Zusammenhang fallen mir zwei Gegenbeispiele ein. Einer der wenigen höflichen Männer, die ich gekannt habe, nicht in der Literatur, sondern in der modernen Welt, war mein Vater, aber er war es vor allem, wenn er nach Frankreich kam, das heißt in bezug auf einen Zusammenhang, den er idealisierte, eine galante französische Tradition, die für ihn den Ausgleich zu der Unkultiviertheit bildete, die er in Bulgarien kennengelernt hatte. Diese Förmlichkeiten kann er dort nicht pflegen, weil er abgelehnt und lächerlich gemacht würde, und außerdem ist kein Raum vorhanden, wo er seine galanten Seiten ausleben könnte. Sobald er also nach Frankreich kam und dazu in der Rolle einer archaischen Figur, behandelt er Männer wie Frauen auf höfliche und galante Weise. Das Höflichkeitsritual wird eingesetzt, um den anderen aufzuwerten. Der Galan billigt seiner Angesprochenen eine Macht zu, aber eine vergängliche, ungefährliche Macht. Der höfische Dichter empfindet die Macht der Hofdame als zerbrechliche

„Es ist bei ihnen (den Franzosen) bis auf die neueste Frömmigkeit alles dasselbe wie bei uns, nur daß es bei ihnen ein wenig galanter und geistreicher zum Vorschein kommt.“ Goethes Gespräche, 21.1.1827

Macht. Ihre Erbschaft ist nicht gesichert, und in seiner Phantasie kann sie weder zur strengen Mutter noch zur tyrannischen Matrone werden. Das Beispiel des Fremden auf Reisen geht ein wenig in diese Richtung. Er kann sich höflich zeigen gegenüber Menschen, die er idealisiert, aber von denen er genau weiß, daß sie ihn nicht entmachten können, er kann also den Standpunkt der Ohnmacht einnehmen, des Zerfließens, der Unterwürfigkeit gar, und mit Wahr und Falsch spielen, ohne mit endgültigen Folgen rechnen zu müssen. Das Höflichkeitsritual enthält eine Art Kodierung der Macht, die dadurch in bestimmten Grenzen gehalten wird: der Kavalier weiß, daß die Person, der er seine Höflichkeit bekundet, ihrerseits die Höflichkeit nicht ausnutzen kann, um den Spieß umzudrehen und ihn in die Position der Ohnmacht und der Knechtschaft zu bringen. Der Galan verehrt eine fiktive Macht, bei der er sicher ist, daß keine Ausnutzung stattfindet.

„Vrowe, libiv frowe min, / An dinem dienst ich niht verzag. / Swie du wil, so wil ich sin; / Da bi so merke, waz ich sag!“ Ulrich von Lichtenstein: Frauendienst

Annie Prassoloff. – Die Persönlichkeit des Don Giovanni könnte das von Ihnen Gesagte illustrieren: er erweist sich als Ehrenmann gegenüber der Dienerin, aber nicht gegenüber Donna Anna!

Sie nennen das Beispiel eines exzessiven Galans: ein Verführer, ein eigennütziger, ein „schlechter Charakter“. Man kann sich dennoch das Gebaren der Galanterie an einem Hof oder aber in einer ausgewogenen Gesellschaft vorstellen in bezug auf eine Madame de Sévigné oder eine Madame de Stael, die keine Dienerinnen sind, aber von denen man weiß, daß die Macht nichtsdestotrotz begrenzt ist, weil sie Frauen sind, weil sie innerhalb der sozialen Spielregeln nicht die Rolle überschreiten können, die ihnen zugeteilt wird.

R.D. Aber die Frauen, denen man in der Minne huldigt, besitzen eine reale Macht am Hof …

Sicherlich, aber das ist ein Vorwand, den sich die Galanterie zunutze macht. Sie setzt ausgeglichene Gesellschaften voraus, in denen es zwar sehr grausame Beziehungen gibt, aber wenn es um Höflichkeitsrituale geht, scheinen die Mitglieder dieser Gesellschaften sich einen Raum oder eine Zeit gegeben zu haben, die die Macht zügelt. – Ein Unterjochen der Männer wie der Frauen wird vermieden, und man spielt mit der unterschwelligen Gewalt des Begehrens, ohne sie zu entfesseln.

„Aber ich bin nicht in der Frauenbewegung. Ich mag die Bewegung nicht." Romy Schneider im Gespräch mit Alice Schwarzer, Emma Februar 1977

R.D. In den siebziger Jahren hat die Frauenbewegung die männliche Zuvorkommenheit gegenüber Frauen sehr heftig angegriffen. Ich möchte einen Satz von Colette Guillaumin aus einem im Februar 1978 in der Zeitschrift „Questions Feministes" erschienenen Artikel zitieren: „Vielleicht ist es eine Frage des Alters oder des Einkommens, jedenfalls schreit die Körpersprache des rücksichtsvollen Mannes nach Anpassung, in jeder Bewegung, jeder Äußerung, jedem Blick. Und ich frage mich ernsthaft, ob diese männliche Geste, die man als fein bezeichnet und die übrigens ausstirbt, einer Frau ‚den Vortritt zu lassen', nicht lediglich die Rückversicherung war, sie nicht eine Sekunde aus den Augen zu verlieren: man weiß ja nie, selbst mit sehr hohen Absätzen kann man laufen und abhauen." Diese Angriffe gründeten auf der Verweigerung jeder Form von Unterordnung, auf dem Prinzip der Gleichheit. Kann man in dieser spätfeministischen Gesellschaft Ihrer Meinung nach von einem Comeback der Rücksichtnahme sprechen, vom Ende der Galanterie, von Schuldbewußtsein in bezug auf die Höflichkeitsformeln …?

Es fällt mir schwer, darauf zu antworten, weil ich über keine Erhebungen verfüge und Ihnen nur meine persönliche Meinung wiedergeben kann. Ich habe den Eindruck, daß die Höflichkeit keineswegs ein Comeback erlebt, daß wir vielmehr in einer versachlichten, ungeschliffenen Gesellschaft leben, wo man sich vor der Außenwelt verschließt, wo man ungern andere trifft oder gar Angst davor hat. Wir sind weit davon entfernt, uns wieder auf diese Tradition, von der wir gerade gesprochen haben, zurückzubesinnen. Dagegen habe ich auch den Eindruck, daß die Angst vor der Galanterie abnimmt. Wenn ein Mann mir Komplimente macht, selbst wenn sie nicht ehrlich gemeint wären oder ich sie als unehrlich empfinden würde, könnte er mich nicht kränken. Ich glaube, daß die Argumentation der Feministinnen auf ein extremes Gefühl der Selbstentwertung zurückzuführen ist, aufgrund deren sie das Spiel, von dem wir sprechen, als Beleidigung empfinden. Wenn man sich hingegen in ausreichendem Maß sicher fühlt, „Herrin" seiner selbst ist und einer kleinen Macht gewiß, die man auf seinem Gebiet besitzt, kann man sich das Spiel gefallen lassen und sogar darauf reagieren. Ich stelle mir gerade vor, wie eine Frau einen Mann mit Höflichkeitsformeln umwirbt, den sie in der Position des Untergeordneten annimmt. Aber das gehört noch in den Bereich der Phantasie. Ich glaube, daß wir uns zwischen zwei Situationen befinden: galant zu sein steht jedem frei, aber deswegen haben Höflichkeitsrituale gegenüber Frauen bei weitem nicht zugenommen. Es geht nicht notgedrungen darum, auf irgendwelche Spielchen zurückzukommen – die übrigens nicht unangenehm sind – sich den Stuhl zurechtrücken oder den Mantel abnehmen zu lassen, sondern es müssen andere Formen der Aufmerksamkeit gefunden wer-

„Es gibt keinen besseren Grund, höflich zu sein, als die Überlegenheit."
Marie von Ebner-Eschenbach

den. Vielleicht gibt es Kreise, in denen sie praktiziert werden, aber ich spüre sehr wenig davon. Und wenn überhaupt, dann in Form eines unmißverständlichen Scherzens, als wäre uns bewußt, daß wir etwas Archaisches praktizieren. Der Respekt, den die Galanterie meint, auch wenn er nicht aufrichtig ist, bleibt unerreicht.

Ich komme auf das Unaufrichtige zurück, weil es ein wichtiger Bestandteil des besagten Spiels ist. Ich frage mich – und das lehrt mich die Erfahrung als Psychoanalytikerin – ob das Unaufrichtige durch das Spiel nicht eine Existenzberechtigung erhält und zu einer gewissen Wahrheit führt. Überspitzt könnte man sagen: indem wir etwas vortäuschen, lernen wir, wahrhaftig zu sein. Kleine Kinder tun das gleiche, sie ahmen nach. Zuerst machen sie alles „wie Mama". Das ist lästig, aber es ist auch der Weg zur Erkenntnis der „eigenen" Wahrheit.

Anders gesagt, wenn wir auf unbeschwerte Weise höflich und zuvorkommend sind, kann ich das Spiel beginnen und diese offenbar falsche Haltung in einer Weise verändern, daß sie zu einer authentischen Reaktion auf das Gegenüber wird. Wenn der Funke überspringt, kann man zu gegenseitigem Respekt gelangen.

„Da lob ich mir die Höflichkeit / Das zierliche Betrügen. / Ich weiß Bescheid, du weißt Bescheid / Und allen macht's Vergnügen."
Wilhelm Busch

R.D. Kann man durch Höflichkeitsformen auf eine Art kleinsten gemeinsamen Nenner kommen, der ganz einfach den anderen an und für sich anerkennt? Aber wenn diese Kommunikation nicht der Wahrheit entspricht, kann man dann überhaupt noch von Kommunikation reden?

Ich möchte noch einmal auf das zurückkommen, was ich vorhin gesagt habe. Wir haben vielleicht zu lange mit dem absoluten Wunsch nach Wahrheit in den Beziehungen zwischen Einzelpersonen, zwischen Mann und Frau gelebt. Denken Sie bitte nicht, daß ich Heucheleien verherrlichen möchte, aber aus Erfahrung wissen wir, wie schwierig es ist, Wahrheitspflicht mit Partnerschaft in Einklang zu bringen und daß wir uns nicht der Verwilderung bewußt sind, der sie uns oft aussetzt. Eine Roheit, die furchtbare Ängste bewirkt. Paare, bei denen der Alltag einkehrt, schleudern sich plötzlich gegenseitig „Wahrheiten“ ins Gesicht und das Ganze wird zum Gemetzel. Offensichtlich gibt es dennoch auch äußerst zivilisierte und aufmerksame Menschen, die sich und ihre Partner achten, die einander Wahrheiten sagen und diese verkraften können. Aber das ist sehr selten. Zwischen diesen beiden Beispielen gibt es einen gewissen Raum des Spiels, der Unwahrheit, des Geschenks, der Höflichkeit, der freundlichen Worte, denen man keinen Glauben mehr schenkt, aber die durch die Wiederholung auf einmal den anderen in einem anderen Licht zeigen: „Ich sage dir, daß du schön bist. Ich glaube kein Wort davon, aber vielleicht entdecke ich dadurch Eigenschaften an dir, die gar nicht so übel sind“ … Dieses Verzahntsein mit der Täuschung legt den Kult der Wahrheit zugunsten eines gewissen Spiels aus, der spielerischen Fähigkeit der Menschen, die auch der wahre Kern der Lust ist.

A. P. Ich dachte an die Zeit zurück, als man das Spiel mit der Wahrheit spielte, in den sechziger Jahren. Das bewirkte eine Gier, Scheußlichkeiten zu sagen, einen Rausch, da kam ein Anti-Verhalten zum Vorschein. Aber ich habe mir auch damals schon überlegt, wie man eigentlich merkt, ob jemand einfach nur höflich ist und nicht doch ein sexuelles Interesse hat? Die Galanterie hat etwas, das nach Allgemeinheit strebt und das möglicherweise die Einmaligkeit einer Beziehung zwischen zwei Menschen zunichte macht.

Die Galanterie kann ein Weg zu Erotik und Lust sein, andererseits kann sie auch eine Art und Weise sein, das erotische Verhältnis zu umgehen, den Nahkampf, und diese Körperlichkeit der Liebe auf ein raffinierteres Niveau verlagern. Ich habe über eine solche Wendung im Zusammenhang mit Aids gesprochen. Aids bedeutet das Ende der Erotik, die körperlichen Beziehungen werden schwierig oder erfordern äußerste Vorkehrungen, die die Lust ersticken. Das ist eine Tatsache. Aber im Gegenzug kann man darüber nachdenken, ob diese tödliche Bedrohung nicht auch einen anderen Raum ermöglicht, einen Raum, in dem die Galanterie sich einrichtet, in dem die erotische Beziehung sich in Worten entfaltet, in Gesten, in einer Art Sprechrausch, einer Trunkenheit der Signifikanten, einem erhabenen Eros. Das Risiko, das daraus folgt, ist die Auslöschung des Begehrens, eine Entwürdigung der Galanterie zu einem Ritual des „lächerlichen Preziösen". Diese Rhetorik der Liebe kann aber auch einen Wiedergewinn an Zivilisiertheit und ein Erwachen der Kultur begründen. Die Kunst der Rede, die die großen Zivilisationen kennzeichnete, ist verschwunden; sind wir noch imstande, die Kunst der netten Worte wiederzufinden?

„Ich fasse Höflichkeit als eine Art Gymnastik gegen die Leidenschaften auf. Höflichkeit heißt, mit jeder Geste und jedem Wort ausdrükken: Regen wir uns nicht auf, verderben wir uns diese Minute nicht."
Alain

A. P. Das Land meiner persönlichen Erfahrungen ist vor allem Dänemark. Die Gleichheit bringt den höflichen Umgang in Verruf. Man schlägt Ihnen die Türe vor der Nase zu, man läßt Ihnen niemals den Vortritt ... Wenn man aus Dä-

nemark zurückkommt, stellt man fest, daß diese Sprache der Höflichkeit in der französischen Gesellschaft existiert, doch wer umgekehrt in Dänemark von ihr Gebrauch macht, wird als komischer Vogel, als Exot angesehen.

Das kenne ich. In Bulgarien habe ich kürzlich die Brutalität der zwischenmenschlichen Beziehungen kennengelernt, die in der gegenwärtigen Krise zugenommen hat. Die positive Entwicklung hin zu einer gewissen Demokratisierung verdeckt eine noch nie dagewesene wirtschaftliche Krise, die die Menschen an den Rand der Verzweiflung bringt. Die bäuerliche Zivilisationen, die ihre eigene Form von Höflichkeit hatte, scheint sie vergessen zu haben. In den Warteschlangen der Geschäfte behandeln die Leute einander wie Tiere, es ist wirklich schrecklich. Im Verhältnis dazu ist das falsche Lächeln der französischen Bäckersfrau wundervoll, es ist der Nullpunkt der Galanterie, die oft bei den unteren Schichten überdauert hat. Die Intellektuellen haben mehr Schuldgefühle, solche Regungen zu zeigen, sie haben Angst, als hinterwäldlerisch oder unehrlich angesehen zu werden.

„Nichts gegen die Höflichkeit! Sie schafft zwischen Menschen, die sich hassen, ablehnen oder verabscheuen, immerhin ein Polster weicher Abstoßung, ohne das sie sich aneinander wundreiben würden.“ Arno Plack: Ohne Lüge leben. Zur Situation des Einzelnen in der Gesellschaft

R.D. Ich möchte noch einmal auf die Rücksichtnahme zu sprechen kommen, die Bestandteil der Ungleichheit ist. Galanterie ist nicht gleichbedeutend mit der Ritterlichkeit und dem Minnesang, von denen Sie eingangs gesprochen haben.

Ich weiß nicht, ob es nicht inzwischen auch eine Anerkennung des Unterschieds gibt. Die Frauenbewegung forderte eine Gleichheit, die auch eine Form von Brutalität ist.

Mich persönlich kränkt es nicht, im Verhältnis zu Männern als ungleich angesehen zu werden, weil ich mich tatsächlich anders fühle, wobei das Wort ungleich keine hierarchische und herabwürdigende Note hat. Aber wenn Galanterie zum Vorschein bringt, daß ich schneller weine als ein Mann oder daß die Erregbarkeit meiner Haut anders ist als die eines Mannes, oder daß ich einen Sonnenuntergang so wahrnehme, daß es meinen ganzen Körper erfaßt, fühle ich mich überhaupt nicht „herabgesetzt". Wie gesagt, wahrscheinlich ist ein Mann zu denselben Reaktionen der Sinne imstande. Aber kulturell zugestanden wird solche Empfindsamkeit viel eher den Frauen. Aufmerksamkeit zu üben heißt, diese Unterschiede anzuerkennen, ohne sie skrupellos auszunutzen.

„Es gibt aber eine Art, mit Frauenzimmern umzugehn, die nur von ihnen selbst erlernt werden kann; und wer die nicht versteht, der mag mit allen innern und äußern Vorzügen ausgerüstet sein – er wird ihnen nicht behagen." Adolph Freiherr von Knigge: Über den Umgang mit Menschen

A. P. Mir fallen bestimmte galante Gesten ein, die sehr sonderbar sind: warum hilft ein Mann Ihnen dabei, eine Jacke anzuziehen? Es gibt Dinge, die gehören zur Kategorie des Beschirmens. Aber eine Jacke anzuziehen ist im Grunde keine schwierige Angelegenheit. Wenn eine Frau einem Mann in die Jacke hilft, wäre das wahrscheinlich nicht akzeptiert. Ein anderes Beispiel: wenn man plötzlich stark bremst, streckt man den Arm reflexartig zur Seite, um den Beifahrer zu schützen. Ich habe das bei einem Herrn getan, der ungeheuer wütend wurde. Obwohl doch ich besser voraussehen konnte, daß ich bremsen mußte. Da gibt es also eine festgeschriebene Hierarchie.

In diesem Fall ist Zuvorkommenheit nicht notwendig. Die Geschichte der Jacke zeigt, daß Hilfe überhaupt nicht notwendig ist. Die Geste ist nicht nützlich, sondern vielmehr symbolisch oder bildlich. Das Höflichkeitsritual zeigt, wie ein Mann meine Zerbrechlichkeit wahrnimmt. Trotzdem kann diese Haltung Haß verbergen, eine Verachtung, die wir uns schon in bezug auf den „vornehmen Herrn mit schlechtem Charakter" vor Augen geführt haben. Die Galanterie erscheint uns demnach wie das äußerst buntgescheckte und fidele Spielzeug eines tiefen Hasses und einer tiefen Verachtung. Sicherlich kann sie auch ein Filter sein, ein Schutz vor roher Gewalt. Wir sollten sie als Staudamm gegen die ansteigende rohe Gewalt kultivieren.

„Wer aber die Weiber haßt, ist im Grunde galanter gegen sie, als wer sie liebt; denn jener hält sie für unüberwindlich, dieser hofft noch mit ihnen fertig zu werden." *Goethes Gespräche, 6.9.1810*

R.D. Vorhin habe ich die Frauen um mich herum gefragt, was sie von der Höflichkeit halten. Eine junge Frau sagte mir: „Was wollen Sie, das ist eine Ehrerbietung dafür, daß wir sie verwöhnen, sie unterstützen, und das sind sie uns wohl schuldig ..."

Die Aufmerksamkeit kann tatsächlich eine Art alter Schuld gegenüber der Mutter ausdrücken, die soviel für uns getan hat, daß wir uns gezwungen fühlen, ihr zu helfen, beim Hinsetzen, beim Anziehen ... Es ist auch eine Würdigung der leidgeprüften Mutter, die den Mann so sehr auf Händen getragen hat, daß ihr irgendwann einmal Dank gebührt.

R.D. Wie erscheint der höfliche Umgang in der psychoanalytischen Behandlung?

Die analytische Behandlung ist notgedrungen ein asozialer Raum. Das zeigt sich in der unterschwelligen Aggressivität gegenüber der Höflichkeit. „Ich habe mich galant gezeigt, aber wie dumm bin ich doch gewesen, sie ist es nicht wert!" oder aber in Form von Spott, indem man zeigt, daß das Ganze nur eine Maskerade war. Männer nehmen die Sprache der Galanterie nicht ernst. Was nicht bedeutet, daß sie sie nicht wollen. Die Notwendigkeit einer Art von zwischenmenschlicher Bescheidenheit wird intellektuell anerkannt. Aber in der Analyse werden Bescheidenheit und Mäßigung in Klammern gesetzt. Hier kommen die extremen Seiten des Menschen zum Vorschein.

R.D. Sie wollten noch etwas über die Unterschiede in Ost- und Mitteleuropa sagen.

Ja, ich möchte noch zwei Dinge ergänzen. In Ost- und Mitteleuropa gibt es immer noch ein äußerst lebendiges Bild von Frankreich, gewissermaßen ein Vorbild ... Die Demokratie, die Gewaltenteilung, die Revolution natürlich, aber auch die Zuvorkommenheit, die Galanterie, die Höflichkeit. Die älteren Männer und Frauen sind in dieser Tradition erzogen worden und bewahren dieses Frankreichbild wie einen Schutzwall gegen die Barbarei, ein Bild, das sie vergeblich zu überliefern suchen ... Der Kommunismus, der als moralische Instanz nur den Wettbewerb kannte, ist sprachlos geblieben gegenüber der Intimsphäre der Personen und der Geschlechter. Da ist nichts, und das Nichts ist wild. Zum Vorschein kommt die Barbarei, die auch die Überreste der bäuerlichen Zivilisation zunichte macht. Ich glaube, daß es nicht damit getan ist, den osteuropäischen Ländern auf der Ebene der Ausbildung zu helfen, indem man Managementschulungen einrichtet, man muß darüber hinaus die Unersetzlichkeit der Geisteswissenschaften, der Literatur, der Kunst immer wieder bewußtmachen. Hier geht es nicht nur um die Übermittlung von kulturellen Fetischen, sondern auch um die Lehre einer Lebenskunst. Neben der wirt-

„Denn man kann den Kommunismus nicht anders und mit nichts anderem aufbauen als mit dem Menschenmaterial, das der Kapitalismus geschaffen hat.“ Lenin: Werke

schaftlichen Notlage gibt es auch eine moralische, die nur durch die Neubestimmung der Regeln der Zivilisiertheit überwunden werden kann. Diese neue Wertsetzung kann sich an der Erinnerung der Älteren und an der Unruhe der Jungen orientieren.

R. D. Ich möchte jetzt gewisse semantische Aspekte erörtern, die sich mit der Zeit beim Nachschlagen in Lexika angesammelt haben: dem Wort Kavalier für den Mann entspricht häufig der Ausdruck der Koketten für die Frau. Was verbinden Sie mit diesen Wörtern und sehen Sie eine Beziehung zwischen der Koketterie und der Galanterie?

Ich glaube nicht, daß hier eine exakte Symmetrie besteht. Die Koketterie ist ein Spiel der Verführung, bei dem sich die Frau häufig herausputzt oder ihre Schwächen, die den männlichen Partner unangenehm berühren könnten, vertuscht. Aber die Koketterie geht nicht in die Richtung einer Wertschätzung des anderen, was die Galanterie immerhin anstrebt, selbst wenn Heuchelei im Spiel ist. Die kokette Frau ist eher narzißtisch als aufopfernd, während der Kavalier zumindest aufmerksamer ist. Eine aufmerksame Kokette ist kaum vorstellbar.

„Talanders Liebes-Cabinett der Damen oder curieuse Vorstellung der unterschiedlichen Politic und Affecten, welcher sich alles galante Frauenzimmer in der Liebe bedienet." Buchtitel von August Bohse, 1685

R. D. Ja, aber der Kavalier könnte das Pendant zur weiblichen Koketten sein. Ich denke vor allem an die Untersuchungen von Georg Simmel.

An das Bedürfnis der Frau, für ihre Schönheit umschmeichelt, verehrt und anerkannt zu werden.

A. P. Célimène in Molières „Menschenfeind“ sagt, daß sie galante Halbwahrheiten nicht nur zuläßt, sondern liebt. Wo beginnt die Koketterie von Célimène?

Wenn eine Frau sich kokett verhält, löscht sie sich selbst aus. Sie macht sich schön, und dabei macht sie sich klein. Da die Frau Zuwendung und Lob braucht, nimmt der Mann diesen Wunsch auf und befriedigt ihn. Die Koketterie entspricht einem bestimmten narzißtischen und regressiven Spiel, in dem man sich unwichtiger, unfähiger, kindhafter, fälschlich keusch gibt.

R. D. Ich bin auf eine andere sprachliche Parallele gestoßen, nämlich die zwischen dem galanten Mann und der galanten Frau. Wie kommt es, daß es so große Bedeutungsunterschiede ein und desselben Wortes für Männer und Frauen gibt?

„Ihr Bestien, ihr wolltet glauben, / Ich sollte höflich sein? / Der Hund, der seine Steine kennt, / Er sch … auch auf den Stein.“ Goethe: Zahme Xenien

Ein Mann kann es sich herausnehmen, sich mit sexuellen Eroberungen zu brüsten, indem er eine oft raffinierte Rhetorik einsetzt. Die Kunst der Rede hat mehr Gewicht als die Fakten. Eine Frau hingegen, die Männer verschlingt, bringt sich eher in Verruf. Wenn man von einer galanten Frau spricht, denkt man nicht an ihre rhetorischen Fähigkeiten. Man denkt, daß sie animalisch ist, vielleicht Opfer ist, aber nicht selbst andere ausnutzt.

R. D. Wir begegnen wieder der Ungleichheit, von der wir gesprochen haben.

In diesem Bereich, ja. Ich frage mich, ob die Höflichkeitsregeln nicht eine List der Zivilisation sind, die die Ungleichheit als Wesensunterschied ausgibt. Anstatt die Ungleichheit als solche zu benennen und ihre erniedrigenden Seiten hervorzuheben, setzt sie eine Hierarchie, in deren Rahmen der schwächere Teil sich auch einmal amüsieren darf.

R. D. Lassen Sie uns über die galanten Umgangsformen sprechen. Ist die Tatsache, daß der Mann im Restaurant bezahlt, für Sie eine positive Form der Zuvorkommenheit?

Ich schlage immer vor, die Rechnung zu teilen, aber ich bin nicht unglücklich, wenn dieses Angebot ausgeschlagen wird. Ich glaube, daß eine gewisse Gleichheitsforderung mich dazu verpflichtet, meine Unabhängigkeit zu behaupten.

R. D. Hingegen ist es gang und gäbe, zum Beispiel eine Frau während einer Diskussion zu unterbrechen. Derselbe Mann, der Ihnen in die Jacke geholfen hat, ist imstande, Sie zu ignorieren oder Ihnen schroff ins Wort zu fallen, und er wird dies noch nicht einmal als groben Patzer wahrnehmen!

Die Galanterie betrifft mehr die Intimsphäre, wo die Erotik offensichtlicher und erkennbarer ist. Auf Veranstaltungen geht es um Karriere oder politische Macht und die Sexualität, die immer unterschwellig vorhanden ist, wird eher verdrängt. Da verschwindet jede Zuvorkommenheit gegenüber dem anderen Geschlecht, und man bekämpft sich bis aufs Messer, weil man nach Macht strebt.

„Was man in der Galanterie am wenigsten findet, ist Liebe."
La Rochefoucauld: Maximen und Reflexionen

R. D. Noch einmal zur Ungleichheit ... Bestimmte Männer – die meisten? – verhalten sich nur galant gegenüber Frauen, die man gemeinhin als hübsch bezeichnet. Dadurch fällt ihre Rüpelhaftigkeit gegenüber den anderen Frauen um so mehr auf. Häufig hört man Männer über Frauen wahre „Todesurteile" verhängen, wenn sie sie als abgrundtief häßlich bezeichnen. Wo bleibt unter diesen Umständen die Achtung des anderen, seiner Zerbrechlichkeit?

Die Galanterie wird dort bemüht, wo ein sexuelles Interesse besteht, das ist offensichtlich. Und wenn kein sexuelles Interesse vorhanden ist, wäre, um sie als Kulturgut einzusetzen, eine äußerste Raffinesse geboten. Man müßte versuchen, sie zu kultivieren, auch wenn das sexuelle Begehren nicht bewußt angesprochen wird, und sie darüber hinaus in der Familie üben. Wir wissen nur zu gut, daß die Umwerbung in der Ehe verlorengeht ... durch die Macht der Gewohnheit, durch diesen Zwang zur Offenheit, die das schöne Blendwerk, von dem die Liebe lebt, zerstört. Im Grunde ist es eine Art geistige Übung, sich zur Umwerbung und zur Aufmerksamkeit zu verpflichten, um innerhalb einer beständigen Paarbeziehung vom Schein zur Wahrheit zu gelangen.

„Sie hatte von Jugend auf so was Besondres, Stilles, Melancholisches; aber sonst sehr manierlich und freundlich im Umgange gegen jedermann." Friedrich von Müller, Goethe: Unterhaltungen mit dem Kanzler Friedrich von Müller

R.D. Gehören das Umwerben und die Höflichkeit zum Liebesvertrag?

Ja, auf jeden Fall. Dieser Vertrag verpflichtet zur Achtung des anderen und diese Achtung erfordert eine gewisse Rethorik. Ich sehe die Höflichkeit vielmehr als eine Rethorik, die die Schwächen und Wünsche des anderen in den Vordergrund stellt, die Aufmerksamkeit erregt und gegenseitige Achtung erheischt.

A. P. Ich möchte etwas zur Vermittlung dieser Werte sagen. Man braucht nur Kinder zu beobachten, um zu sehen, daß sie den Raum des anderen nicht respektieren. Wie kann unter diesen Umständen eine Erziehung zur Höflichkeit stattfinden, ja noch mehr, zur Rücksichtnahme? Welche feinen Unterschiede soll man zwischen einem Jungen und einem Mädchen einführen? Läßt sich das letzten Endes nicht anders durchsetzen als durch eine Verdrängung der Aggressivität?

Jeder glaubt, daß er der Nabel der Welt sei. Wir dringen leicht in das Gebiet des anderen ein ... Eine Studie belegt, daß Jungen unter Beobachtung gewalttätiger waren als Mädchen, aber sobald der Beobachter verschwunden war, fingen die Mädchen vor einer unsichtbaren Kamera an zu toben und waren gewaltsamer als die Jungen ... Offensichtlich ist es sehr wichtig, Kindern Respekt vor anderen beizubringen, denn schließlich ist die höfliche Rücksichtnahme, die mittels Verstellung eingeübt wird, eine Schule der Achtung. Und da der primäre Trieb der Todestrieb ist, die Aggressivität und der Haß, vollzieht sich dies durch eine bestimmte Dressur, durch Verbote. Ich bin nicht dagegen. Ich denke vielmehr, daß das Verbot das in Wut geratene Kind entlastet, eine gewisse gemäßigte Strenge erscheint mir wünschenswert. Noch ein anderer Gesichtspunkt betrifft die französische Tradition. Es gibt viele Märchen, Lieder, Gedichte, die Höflichkeit zum Thema haben, die die Kinder aber in der Schule nicht mehr vermittelt bekommen. Der höfliche Umgang gehört auch zum kulturellen Fundus. Unmerklich prägt sich die Geschichte ins Gedächtnis ein, und die Höflichkeit, die Rücksichtnahme kommen bei Gelegenheit zum Vorschein.

Das kollektive Gedächtnis wird durch die Literatur und die Musik weitergegeben.

„Selbstliebe ist der größte aller Schmeichler." La Rochefoucauld: Maximen und Reflexionen

R. D. Zuerst einmal müßte das als ein Wert angesehen werden, den es zu übermitteln gilt, und zwar nicht nur in bestimmten sozialen Schichten. Übrigens fällt mir dabei auch Charlie Chaplin ein: immer wenn er eine (hübsche) Frau sieht, ist er wie verwandelt. Sein extremer Charme als Verführer ist sehr ergreifend, weil er das Ergebnis einer tatsächlichen Faszination, eines aufrichtigen Respekts zu sein scheint.

Ja, dahinter steckt dieser Wunsch nach Idealisierung, von dem wir bereits gesprochen haben. Der jüdische Geist ist kritisch und entlarvend, er bringt diese Wahrheit hervor, die sich in der Klage, aber auch im Spiel, im Witz, im Über-Alles-Lachen offenbart. Die Idealisierung kann hier ein Gegengewicht darstellen und diese luzide, analytische Haltung ausgleichen. Die Gläubigen haben dafür Gott. Aber auch Chaplin bringt diesen Wunsch nach Idealisierung zum Ausdruck. Die Frage ist ebenbürtig mit der „Sinnkrise" und dem „Verlust von Idealen". Wie soll man sich Idealen annähern, ohne gläubig oder einfach leichtgläubig zu werden? Höflichkeit und Galanterie sind Bestandteil der französischen Zivilisation, die dieses Ideal zu schützen verstand, aber sich hütet, dem Götzendienst zu verfallen: mit Humor, ohne sich etwas vorzumachen … Die Spannung liegt in diesem Zwischenbereich. Ich persönlich ziehe die Galanterie dem Tschador, dem islamischen Schleier, vor, und zwar als Gegengewicht zur Religion. Die Galanterie stillt eine Sehnsucht nach etwas Idealem, nach Achtung, nach Schutz (den die Religion auf massive und schwerwiegende Weise gewährt), hat aber darüber hinaus etwas Spöttisches, das wachsam hält, das zeigt, daß man sich nichts vormacht, selbst wenn man sich in das galante Spiel hineinziehen läßt, um am Ende zu weinen oder darüber zu lachen.

R.D. Haben die Frauen nicht immer zwei Eisen im Feuer? Ist die Forderung nach Gleichheit mit der Idealisierung, von der Sie gesprochen haben, vereinbar? Handelt es sich nicht um ein scheinheiliges Ausspielen der nur zu berechtigten Forderung nach Gleichheit und des Wunsches nach Äußerlichkeiten, die, ob man will oder nicht, die Schwäche der Frauen unterstreichen?

Ich bin nicht gegen ein doppeltes Spiel, weil ich der Überzeugung bin, daß wir vielschichtige Wesen sind und daß man das komplexe psychische Erleben zu schnell auf die einzige Betrachtungsebene des sozialen Nutzens reduziert hat (Ich denke an die Frauenbewegung). Ich bin zum Beispiel sehr froh, daß ich einen Reifen wechseln kann, und ich mache es auch. Aber wenn mir jemand vorschlägt, es für mich zu tun, dann heißt das nicht, daß er mich als unfähig ansieht. Das beweist, daß er mir ein Geschenk macht, und an diesem Punkt befindet man sich nicht mehr in einer Beziehung der Nützlichkeit, sondern in einer Beziehung der Verführung, der Erotik oder des Beschenktwerdens. Diese Gleichheit um jeden Preis und in allen Bereichen zu fordern heißt auch, von einer eindeutigen Gesellschaft zu träumen, die möglicherweise totalitär ist, nur unter anderen Vorzeichen.

R.D. Ist die Galanterie nicht ein Mittel, die Frauen sehr effektiv bei ihrem Narzißmus zu packen?

„Ich fände es sehr schade, wenn es die Anstandsregeln nicht mehr gäbe. Für mich bedeutet Anstand vor allem, daß ich mich auf das Wort meines Partners verlassen kann, daß mich niemand übers Ohr haut. Der andere Anstand – Handkuß und so – na ja, da soll jeder für sich selbst entscheiden. Ganz spontan."
Jürgen von Manger

Ja, aber der Narzißmus ist etwas Grundlegendes, das man häufig vernachlässigt hat. Wenn man den Narzißmus nicht beachtet, braucht man einen sehr guten Psychoanalytiker ... oder aber man setzt sich der Depression aus. Wenn man sich weder das eine noch das andere leisten kann, sollte man besser einige galante Gesten in Kauf nehmen, die dem Narzißmus huldigen. Eine Gesellschaft, die den Narzißmus verletzt und verurteilt, die ihn nicht als eine sehr schwer zu überwindende Schwäche betrachtet, ist eine Barbarei.

R.D. Wer dem Narzißmus huldigt, kann egoistisch und eiskalt berechnend werden.

Das ist das andere Extrem. Zwischen den jungen Gänsen, die nur mit sich selbst beschäftigt sind und den Leuten, die dauernd Fußtritte einstecken, muß man die richtige Mitte finden. Das galante Spiel ist eine mögliche Verhaltensweise, wir sollten noch andere finden! Vielleicht muß man sagen, daß es keineswegs darum geht, die Tradition unverändert wiederaufzunehmen, sondern darum, sie zu denken, sie als Tradition wiederherzustellen, zu verbessern, sie anzupassen, sie als Therapie in bezug auf die Gefahren des Narzißmus zu begreifen, von denen wir gesprochen haben. Die Kirchenväter, wie zum Beispiel Thomas von Aquin, achteten sehr auf das Ego, und geißelten dabei den Egoismus, wie es sich nach der Morallehre gehört. „Man muß zuerst ein Ich entwickeln, bei sich sein", sagten sie. Wie soll man in sich selbst ruhen, wenn man nicht bestätigt wird, wenn keiner einem „die Wunden leckt", wenn man nicht unterstützt wird? Wer ist in bestimmten Lebenssituationen nicht ein wenig Kind? Die Regression ist ein Bedürfnis. Wer gestattet sie? Für die einen der Psychoanalytiker. Die Kernfamilie ist nicht stabil genug, um den anderen dabei zu helfen. Das Arbeitsklima ist verbissen, das moderne Gemeinwesen eine Anhäufung von Einsamkeiten.

R.D. Wie würden Sie das galante Ritual der Frauen gegenüber Männern beschreiben?

Ich frage mich, ob die Galanterie sich nicht auch mit dem Weiblichen verbinden läßt. Damit meine ich die Aufmerksamkeit, das Geschenk, das Kompliment, die Anerkennung der geleisteten Arbeit; auch auf Kleidung, Frisur, Parfüm sollten wir achten und die Eßgewohnheiten pflegen und schätzen. Das alles zeugt von einer Sensibilität für die Privatsphäre des anderen. Ich glaube, daß die Frauen das spontan tun, wenn sie nicht starr am Prinzip der Gleichheit festhalten und sich einbilden, daß Zuvorkommenheit aus Zuneigung und Liebe sie herabwürdigen könnte.

Aus dem Französischen von Eva Ludwig

Anmerkungen

André Comte-Sponville: Die minimale Tugend: Höflichkeit

1) Immanuel Kant: *Über Pädagogik*, Einleitung, in: *Werke in sechs Bänden*, herausgegeben von Wilhelm Weischedel, Band VI, Darmstadt 1975, S. 699
2) a. a. O. S. 697
3) Aristoteles: *Nikomachische Ethik*, „Die sittliche Tugend der Gewöhnung", in: *Hauptwerke*, ausgewählt, eingeleitet und übersetzt von Wilhelm Nestle, Stuttgart Kröner 1977, S. 224
4) Aristoteles, a. a. O.
5) Kant, *Über Pädagogik*, a. a. O., S. 697
6) Kant, a. a. O., S. 757
7) Kant, a. a. O., S. 699
8) Immanuel Kant: *Kritik der reinen Vernunnft*, 2. Abschnitt, „Die Disziplin der reinen Vernunft in Ansehung ihres polemischen Gebrauchs", in: *Werke in sechs Bänden*, herausgegeben von Wilhelm Weischedel, Band II, Darmstadt 1975, S. 637
9) Aristoteles, a. a. O., S. 224–225
10) Alain, *Définitions*, Bibliothèque de la Pléiade, darin: *Les arts et le dieux*, S. 1080
11) Alain, *Quatre-vingt-un chapitres sur l'esprit et les passions*, Bibliothèque de la Pléiade, darin: *Les passions et la sagesse*, S. 1243

Cora Stephan: Gesinnung und Form. Wider die Dialektik des Herzens

1) Zuerst in: *Süddeutsche Zeitung*, Nr. 105, 8./9. Mai 1993. Vgl. auch C. Stephan, *Der Betroffenheitskult. Eine politische Sittengeschichte*, Berlin 1993.

Manfred Schneider: Der Betrug der guten Sitten

Folgende Ausgaben werden zitiert:
La Bruyére: *Les Caractères*. In: *Œuvres Complètes*. Texte établi et annoté par Julien Benda. Paris 1951 (Bibliothèque de la Pléiade) Übers. von mir. Zitate mit Seitenzahl unter dem Sigle LB.
Baldesar Castiglione: *Il libro del cortegiano*. A cura di Giulio Preti. Torino 1960. Übersetzung nach B.C.: *Das Buch vom Hofmann*. Übersetzt und erläutert von Fritz Baumgart. Mit einem Nachwort von Roger Willemsen. München 1986. Zitate mit den Seitenzahlen erst der italienischen Ausgabe, dann der Übersetzung unter dem Sigle BC.
La Rochefoucauld: *Réflexions ou sentences et maximes morales*. In: *Œuvres complètes*. Edition établie par L. Martin-Chauffier. Revue et augmentée par Jean Marchand. Introduction par Robert Kanters. Paris 1964 (Bibliothèque de la Pléiade). Übers. von mir. Zitate mit Seitenzahl und laufender Nr. unter dem Sigle LR.
Adolf Freiherr Knigge: *Über den Umgang mit Menschen*. In: A.F.K.: *Sämtliche Werke*. In Zusammenarbeit mit Ernst-Otto Fehn, Manfred Grätz, Gisela von Hanstein und Claus Ritterhoff herausgegeben von Paul Raabe. Nendeln/Liechtenstein 1987. (Photomechanischer Nachdruck der Ausgabe letzter Hand. Hannover 1796), Bd. 10. Zitate nach der Paginierung der Neuausgabe unter dem Sigle FK.
Johann Wolfgang von Goethe: *Die Leiden des jungen Werthers. In der Urfassung von 1774*. Wiesbaden 1957. Zitate unter dem Sigle Werther.
Immanuel Kant: *Metaphysik der Sitten*. In: *Kant's gesammelte Schriften*. Herausgegeben von der Königlich Preußischen Akademie der Wissenschaften. Berlin 1910ff. Erste Abtheilung: Werke. Zitate unter dem Sigle Kant, Bandzahl römisch, Seitenzahl arabisch.
Norbert Elias: *Über den Prozeß der Zivilisation. Soziogenetische und psychogenetische Untersuchungen*. 2. Bde. Vierte Auflage. Frankfurt/M 1977.

1) Jean-Jacques Rousseau: *Emile ou de l'éducation*. In: J.-J. R.: *Œuvres complètes*. Edition publiée sous la direction de Bernard Gagnebin et Marcel Raymond. 4 Bde. Paris 1959. (Bibliothèque de la Pléiade), Bd. 4, S. 312. Deutsche Version: Emile oder über die die Erziehung. Herausgegeben, eingeleitet und mit Anmerkungen versehen von Martin Rang. Unter Mitarbeit des Herausgebers aus dem Französischen übertragen von Eleonore Sckommodau. Stuttgart 1975, S. 199.

2) Vgl. hierzu mein Buch: *Liebe und Betrug. Die Sprachen des Verlangens*. München, Wien 1992, S. 143 ff.

3) David Riesman, Reuel Denney, Mathan Glazer: *Die einsame Masse. Eine Untersuchung der Wandlungen des amerikanischen Charakters*. Mit einer Einführung in die deutsche Ausgabe von Helmut Schelsky. Aus dem Amerikanischen übertragen von Renate Rausch. Reinbek 1958, S. 120 ff.

4) Vgl. hierzu: Pierre Legendre: *Le désir politique de Dieu. Etude sur les montages de l'Etat et du Droit*. Paris 1988. (Leçons VII).

5) Vgl. hierzu die Überlegungen von Jacques Derrida: *Gesetzeskraft. Der „mystische Grund der Autorität"*. Aus dem Französischen von Alexander Garcia Düttmann. Frankfurt/M 1991.

6) Vgl. hierzu Verf.: *Liebe und Betrug* (Anm. 2), S. 152 ff. sowie Verf.: Recycling der Wahrheit. In: Peter Kemper (Hg.): *Opfer der Macht. Müssen Politiker ehrlich sein?*. Frankfurt/M 1993, S. 165–180.

Guy Bedos: Die Höflichkeit des verzweifelten Komikers

1) Das von Jean Vilar ins Leben gerufene und geleitete Volkstheater in Paris.

2) Der „Molière" ist im Bereich des Theaters das Pendant zum „César", der seinerseits das französische Pendant zum amerikanischen „Oscar" ist.

3) In Carpentras wurde 1989 ein jüdischer Friedhof von Neonazis verwüstet, was in der französischen Öffentlichkeit großes Aufsehen erregte und angesichts der zunehmenden Bedeutung der

rechtsradikalen „Front National“ zu einer lebhaften Debatte über Rassismus und Antisemitismus führte. (Anm. d. Ü.)

4) Hierbei handelt es sich um ein nicht übersetzbares Wortspiel mit dem französischen Ausdruck „four“, der sowohl „Ofen“, was eine Anspielung auf den Genozid an den Juden darstellt, als auch „Reinfall“ oder „Mißerfolg“ bedeutet.

5) Der von Barbie veranlaßte Abtransport und die damit verbundene Tötung der jüdischen Kinder aus diesem Heim spielte während des gesamten Prozesses um den „Henker von Lyon“, Klaus Barbie, sowie bei der Bewertung des Phänomens der Kollaboration eine zentrale Rolle. (Anm. d. Ü.)

Max Goldt: Ich möchte Maria Distel nicht kennenlernen

1) Dieser Beitrag wurde entnommen aus: Max Goldt, *Quitten für die Menschen zwischen Emden und Zittau. Aus Onkel Max' Kulturtagebuch.* Copyright © 1993 by Haffmans Verlag AG Zürich.

Peter Zudeick: „Anzug beliebig, aber erwünscht“. Krawatten im Bundestag und andere Protokollnotizen

1) Hans-Georg von Studnitz, *Bismarck in Bonn*, Stuttgart 1965, S. 269.

2) Walter Henkels, *Der rote Teppich*, Bergisch Gladbach 1989, S. 64 f.

3) Karlheinz Graudenz / Erica Pappritz: Das Buch der Etikette. Marbach 1956. S. 182.

4) Graudenz / Pappritz a.a.D., S. 66. Chuterhosen S. 189, Schirm 191.

5) Knigge, a. a. O., S.. 178.

6) Knigge, a. a. O., S. 154.

7) Knigge, a. a. O., S. 136.

8) Jürgen Hartmann, *Staatszeremoniell*, Köln 1990, S. 30.

9) Hartmann, a. a. O.

10) Norbert Elias, *Über den Prozeß der Zivilisation*, Bd. II. Bern, München 1969, S. 351 ff.
11) Norbert Elias, *Die höfische Gesellschaft*, Darmstadt 1981, S. 180.
12) Christian Wolff, *Vernünfftige Gedancken von dem gesellschaftlichen Leben der Menschen und insonderheit dem gemeinen Wesen*. Frankfurt, Leipzig 1740, S. 505.
13) Hartmann, *Staatszeremoniell*, S. 113.
14) Elias, *Über den Prozeß der Zivilisation*, Bd. II, S. 370.
15) Adolph Freyherr Knigge, *Über den Umgang mit Menschen*, Frankfurt 1962, S. 147.

Klaus Farin / Eberhard Seidel-Pielen: Skinheads. „Das Gefühl genießen, gehaßt zu werden"

1) Die folgenden Daten basieren auf einer Erhebung der Autoren, an der sich 234 Skinheads beteiligten.
2) SHARP = Skin Heads Against Rasial Prejudice, 1988.

Eric Mension-Rigau: Distinktion durch Distinguiertheit. Wie sich Eliten bilden

1) Erasmus von Rotterdam, *Ausgewählte pädagogische Schriften*, herausgegeben von Anton Gail, Paderborn 1963, darin: „Über die Umgangserziehung der Kinder", S. 106.
2) a. a. O., S. 106.

Jean Dulck: Vom Gentleman zum Hooligan. Der gewisse englische Unterschied

1) Max Weber, *Die protestantische Ethik*, Band 1, Gütersloh 1981, S. 135.

Zu den Autoren

Guy Bedos
französischer Schauspieler, enfant terrible des Fernsehens und Komiker, schrieb u. a. *Petites drôleries et autres méchancetés sans importance* (Kleine Lustigkeiten und andere Bösartigkeiten ohne Bedeutung), das wie ein Schauspiel aufgebaut ist; oder Inconsolable et gai (Untröstlich und froh) Envie de jouer (Lust zu spielen), das 30 Berufsjahre zurückspiegelt.

André Comte-Sponville
Moralphilosoph, von ihm erschien bereits ein Beitrag über die Treue des Gedächtnisses und der Erinnerung als Voraussetzung von Philosophie im „Treue-Band" dieser Moral-Reihe. Comte-Sponville prägte in Frankreich am Ende einer Nietzsche-Euphorie, die durch Georges Bataille, Gilles Deleuze und Michel Foucault ausgelöst worden war, eine Anti-Nietzsche-Schule. Seinen verzweifelten Humanismus äußerte er in Werken wie *Contre Nietzsche, Traité du désespoir et de la béatitude, Une éducation philosophique*. Zuletzt erschien *L'amour, la solitude* (Die Liebe, die Einsamkeit; 1992).

Marthe Coppel
französische Psychiaterin und Psychoanalytikerin, für die die Aufrichtigkeit im Zentrum der analytischen Behandlung steht, auch wenn sie nicht immer ausgesprochen wird, son-

dern durch Formeln der Höflichkeit umschrieben, abgeschwächt und geschützt werden soll. Sie setzt die spielerische Maskerade der comtesse de Ségur gegen die weinerliche Offenheit und das plumpe Bekennertum von Jean-Jacques Rousseau.

Pierre Desporges
französischer Schriftsteller, der für seinen beißenden Humor und seine kalte Ironie bekannt ist; veröffentlichte unter anderem 1983 Manuel de savoir vivre à l'usage des rustres et des malpolis (Handbuch zur Lebenskunst für unhöfliche Tölpel). 1985 erschien Des Femmes qui tombent (Fallende Frauen) und 1992 kam Les étrangers sont nuls (Die Ausländer taugen nichts) heraus.

Jean Dulck
Professor für englische Literatur und Landeskunde, zuerst in Bordeaux, dann in Nanterre, schließlich an der Sorbonne nouvelle in Paris. Dulcks Spezialgebiet ist das 18. Jahrhundert, das Jahrhundert der Aufklärung und der Hoffnungen auf eine menschlichere Zivilisation. Dulck forschte auch über das englische Erziehungssystem, den Transfer der guten Manieren an den „public schools", die die Eliten für England liefern.

Klaus Farin und Eberhard Seidel-Pielen
leben als freie Journalisten und Buchautoren in Berlin.

Mit ihrer Film-Reportage „Krieg in den Städten. Jugendgangs in Deutschland" erregten die beiden das Interesse einer größeren Öffentlichkeit. Farin und Seidel-Pielen sind ohne Arroganz in die verschiedenen Szenen der „skinheads" eingetaucht, konnten einige hundert Skins über ihre Umgangsformen wie Lebensarten befragen und ihre rauhen Riten als negative Spiegelung der bürgerlichen Maskerade entschlüsseln.

Im Münchner Beck-Verlag ist 1993 ihr Buch *Skinheads* erschienen.

Julia Kristeva
Schriftstellerin, Psychoanalytikerin, Professorin an der Universität von Paris-VII. 1965 trat sie aus Bulgarien kommend ihr ständiges Exil in Paris an. Ende der 60er Jahre eröffnete sie mit einer fulminanten Zeichentheorie (Semiotike und Revolution der poetischen Sprache) und in Zusammenarbeit mit der Telquel-Zeitschrift um Philippe Sollers und Roland Barthes den Angriff auf die rationalistische Aufklärung und den subjektorientierten Humanismus. In ihren letzten Romanen und Essays – auf Deutsch sind *Geschichten von der Liebe* und *Fremde sind wir uns selbst* erschienen – kehrt sie zu den Idealen des 18. Jahrhunderts zurück und schwört auf Montesquieu und Diderot.

Claus Leggewie
geboren 1950, Professor für Politikwissenschaft in Gießen. In der ZEIT eröffnete Leggewie mit einem „Plädoyer eines Antiautoritären für die Autorität“ eine „Erziehungsdebatte“. Jüngst erschien sein Protokoll einer „rechtsradikalen Gewalttat“ im Kusrbuch 113 (Jugend) (zusammen mit Jörg Bergner recherchiert). Zuletzt publizierte er: *Multikulti. Spielregeln für die Vielvölkerrepublik* (Berlin 1993); *Alhambra. Der Islam im Westen* (Reinbek 1993); *Druck von rechts. Wohin treibt die Bundesrepublik?* (München 1993).

Maria Maïlat
Schriftstellerin und Soziologin, ist in Rumänien geboren, ging 1986 nach Frankreich ins Exil. In Paris veröffentlichte Maria Mailat 1988 *S'il est défendu de pleurer* (Wenn es verboten ist, zu weinen) und 1990 *La tanière des singes* (Der Affenbau).

Eric Mension-Rigau
Dozent an der Universität von Paris-VII. Mension-Rigau hat soziologische Untersuchungen über die Ausbildung der französischen Eliten im 20. Jahrhundert unternommen. Zuletzt erschien von ihm: *L'Enfance au château: l'éducation familiale des élites francaises au XXe siècle* (Kindheit im Schloß; die Familienerziehung der französischen Eliten im 20. Jahrhundert).

Moto Miho
Professorin für französische Sprache und Linguistik an der Internationalen Christlichen Universität von Tokyo (ICU). Sie übersetzte u. a. Werke von Claude Lévi-Strauss und Raymond Aron ins Japanische.

Peter Pörtner
1954 geboren, lancierte Ende der 70er Jahre die „Zeitschrift für Vernunftkritik" – das „Konkursbuch"; ging dann nach Japan, wo er fünf Jahre lang an verschiedenen Universitäten studierte und unterrichtete. Herausgeber der *Japan – Lesebücher I und II*, die im Claudia-Gehrke-Verlag erschienen sind. Peter Pörtner leitet das „Japan-Zentrum" der Münchner Maximilians-Universität.

Manfred Schneider
geboren 1944, Professor für Neuere Deutsche Literatur an der Universität Essen. Übergreifendes Erkennen von Funktionsweisen der medialen Existenz ist Ziel seines Schreibens. Promovierte über *Subversive Ästhetik. Regression als Bedingung und Thema von Marcel Prousts Romankunst*, Tübingen 1975; schrieb *Die Angst und das Paradies des Nörglers. Versuch über Karl Kraus*, Frankfurt 1977. 1986 erschien die Autobiographie-Studie *Die erkaltete Herzensschrift bei Hanser*, 1992 *Liebe und Betrug. Die Sprache des Verlangens* ebenfalls bei Hanser.

Ruthard Stäblein
1953 geb., acht Jahre Studien- und Lehraufenthalt in Frankreich, zusammen mit C. Klinger gab er 1989 *Identitätskrisen und Surrogatidentitäten. Zur Wiederkehr einer romantischen Konstellation* bei Campus heraus; verschiedene Übersetzungen sowie Essays über Benjamin, Hofmannsthal, Barrès, die 'décadence'; seit 1988 arbeitet er in Frankfurt als Kulturjournalist für den Hessischen Rundfunk; Herausgeber der Moral-Reihe im Elster-Verlag.

Cora Stephan
1951 geboren, promovierte über die Sozialdemokratie im 19. Jh., lehrte an der Universität in Frankfurt am Main, arbeitete beim Pflasterstrand, beim Hessischen Rundfunk und beim Spiegel, lebt seit 1987 als freie Hörfunkjournalistin und Essayistin in Frankfurt und in Vogelsberg. Schrieb u. a. *Weiterhin unbeständig und kühl. Nachrichten über die Deutschen*, Reinbek 1988 und *Der Betroffenheitskult. Eine politische Sittengeschichte*; sie veröffentlicht u. a. im Spiegel und in der Süddeutschen, im Merkur und im Kursbuch.

Marc Wetzel
französischer Rundfunkjournalist und Dozent; Marc Wetzel publizierte u. a. *La méchanceté* (Die Boshaftigkeit). Der Titel paßt zu dem Radiogespräch, das wir hier abdrucken, wie die Faust aufs Auge.

Peter Zudeick
geboren 1946 in Haan, Studium der Philosophie, Germanistik, Theaterwissenschaft, Pädagogik, 1977 Promotion in Philosophie mit einer Arbeit über Ernst Bloch *Die Welt als Wirklichkeit und Möglichkeit. Die Rechtfertigungsproblematik der Utopie in der Philosophie Ernst Blochs.* Redakteur und Reporter beim Südwestfunk, seit 1982 als Bonner Korrespondent.

»MORAL«

MORAL
Erkundungen über einen strapazierten Begriff
Herausgegeben von Ruthard Stäblein.

Inhalt:
Paul Virilio: Augen zu – Aufgepaßt! – Für eine Ethik der Wahrnehmung; *Jean Baudrillard*: Unmögliche Moral. Gespräch mit Nicole Czechowski; *Hanna Gekle*: Geburt der Moral: Prometheus und Ödipus; *Bernd Nitzschke*: Von weiblichen und männlichen Tugenden & von dem, was der Auffassung widerspricht, sie seien natürlich, gottgewollt oder guten Willens zu dekretieren; *Ebba Drolshagen*: Perfekt ist nicht genug. Zur Konjunktur der Körperbilder; *Mona Singer*: Weibliches Subjekt und Gastfreundschaft. Ende und Anfang einer Moral; *Matthias Rüb*: Der kategorische Relativ. Selbstsorge und Lebenskunst beim späten Michel Foucault; *Uwe Wesel*: Recht, Natur, Moral. Gespräch mit Ruthard Stäblein; *Maurice Blanchot*: Die Verantwortlichkeit des Intellektuellen.

272 Seiten, Engl. Broschur, ISBN 3-89151-400-X.

In der gleichen Reihe sind außerdem erschienen: MUT (ISBN 3-89151-402-6), TREUE (ISBN 3-89151-401-8), GEDULD (ISBN 3-89151-404-2) und HÖFLICHKEIT (ISBN 3-89151-403-4), herausgegeben von Ruthard Stäblein.

Im Buchhandel!

Falls Sie unser weiteres Programm interessiert, schreiben Sie uns: Elster Verlag, Schillerstr. 7, D-76530 Baden-Baden.

ELSTER VERLAG

»MUT«

MUT
Wiederentdeckung einer persönlichen Kategorie
Herausgegeben von Ruthard Stäblein.

Inhalt:
Jens Reich: Mut zum Widerstand, Mut zur Selbstbekenntnis. Gespräch mit Ruthard Stäblein; *Roland Topor*: Die Politik des Archipels. Allein auf der Straße; *Rolf Bieniek*: Rostock 92. Fremdenhaß ohne Courage. Eine Reportage des Jugendradios dt 64; *Etienne Smoes*: Achilles und Odysseus: Vom Mythos zur Vernunft; *Peter Hartl*: Der Mutwilligen Zähmung. Kriegserlebnis und Vorstellungswelt von deutschen Soldaten an der Ostfront; *Georges Canguilhem*: Leben und Tod von Jean Cavaillès; *Jörg Möller*: Bushidō. Japans Schwertkampf als Spiegel von Entschlossenheit; *Daniel Mayer*: Wahrheit in der Politik; *Dominique Eudes*: Die große Herausforderung oder der Kampf gegen den Krebs; *Cypora Gutnic*: Frauen in Auschwitz.

274 Seiten, Engl. Broschur, ISBN 3-89151-402-6.

»Vier beeindruckende Beiträge im Band Mut beziehen Stellung gegen den Terror im Rahmen nationalsozialistischer Werte - und rehabilitieren Mut als persönliche Kategorie im Kampf gegen die Ideologie.« *(Frankfurter Rundschau)*

Im Buchhandel!

ELSTER VERLAG

»TREUE«

TREUE
Zwischen Vertrauen und Starrsinn
Herausgegeben von Ruthard Stäblein.

Inhalt:
Jean-Pierre Winter: Variationen über das Versprechen; *Botho Strauss*: Monotropie; *Cecile Wajsbrot*: Das Verbrechen aus Leidenschaft als schöne Kunst; *Doris Weber*: Auf ewig dein. – Treue zum Partner oder Treue zu sich selbst; *Ruth Stegassy*: »In schlechten und in guten Zeiten« – Treue für immer als Treue von gestern; *Doris Dörrie*: »Ich kauf mir nichts Besseres ein als wie meinem Mann«. Deutsche Paare im Gespräch; *Hannes Elster*: Treue heute oder Potemkins Geheimnis; *Hans Buchheim*: »Die Treue ist meine Ehre«. Die Kameradschaft der SS; *Franck Venaille*: Verrat – Monolog. Die Maulwürfe von Cambridge; *Andras Zemplini*: Die Freundin und der Fremde. Afrikanische Treue; *André Comte-Sponville*: Selbst die Jahreszeiten sind vergänglich.

251 Seiten, Engl. Broschur, ISBN 3-89151-401-8.

»Ruthard Stäbleins Konzeption ist in erster Linie auf die Verunsicherung des Blickes angelegt, also auf seine Erweiterung und seine Brechung.« *(Süddeutsche Zeitung)*

Im Buchhandel!

ELSTER VERLAG